Barbara Friehs

Die amerikanischen Präsidenten

Barbara Friehs

Die amerikanischen Präsidenten

Von George Washington
bis Donald Trump

marixverlag

Bibliografische Information der Deutschen Nationalbibliothek
Die Deutsche Nationalbibliothek verzeichnet diese Publikation in der Deutschen
Nationalbibliografie; detaillierte bibliografische Daten sind im Internet über
http://dnb.d-nb.de abrufbar.

2. erweiterte Auflage 2017

© by marixverlag in der Verlagshaus Römerweg GmbH, Wiesbaden
Lektorat: Hans Joachim Kuhn
Covergestaltung: Nicole Ehlers, marixverlag GmbH
Bildnachweis: Mount Rushmore (USA);
Foto: Günther Lachmuth, 1996 /akg images GmbH, Berlin
Satz und Bearbeitung: Andreas Waldmann, Weimar
Gesetzt in der Palatino
Gesamtherstellung: CPI books GmbH, Leck – Germany

ISBN: 978-3-86539-985-4

www.verlagshaus-roemerweg.de

Inhalt

EINLEITUNG

Der jeweilige Präsident der Vereinigten Staaten von Amerika gilt in der heutigen Zeit als einer der bekanntesten, aber auch mächtigsten Menschen der Welt. Bislang wurden die USA von 43 Präsidenten regiert, wobei Grover Cleveland Ende des 19. Jahrhunderts das Amt mit einer Unterbrechung zweimal innehatte. Nicht alle Präsidenten übten ihre Funktion mit gleichem Erfolg aus, alle prägten allerdings die Geschicke des eigenen Landes, und spätestens ab dem Beginn des 20. Jahrhunderts auch jene der ganzen Welt maßgeblich mit.

Der amtierende amerikanische Präsident hat sowohl die Funktion des Staatsoberhauptes als auch des Regierungschefs des Landes inne und ist Oberbefehlshaber der amerikanischen Streitkräfte. Als Regierungschef leitet er das von ihm ernannte Kabinett, dessen Mitglieder (»Secretaries«) er jederzeit entlassen kann. Gegenüber dem Kongress, welcher das Parlament darstellt, hat er regelmäßig Berichte zur Lage der Nation zu erstatten, was meist jährlich in der »State of the Union Address« erfolgt.

Der amerikanische Präsident wird für jeweils vier Jahre gewählt, wobei seit 1951 nur eine Wiederwahl zulässig ist. Somit verkörpert er die Exekutivgewalt, der Kongress ist für die Gesetzgebung zuständig und den Bundesgerichten kommt die Verantwortung für die Judikative zu. Der Grundsatz der Gewaltenteilung untersagt dem Präsidenten die Mitgliedschaft im Kongress und die Übernahme von Funktionen in Bundesgerichten. Die Trennung der Staatsgewalten und die damit verbundene wechselseitig Kontrolle wird in den USA als »checks and balances« bezeichnet.

Da der Präsident häufig einer anderen Partei als die Mehrheit der Abgeordneten angehört, muss er sich stets intensiv um die Unterstützung des Kongresses, welcher die oberste Gesetzgebungsinstanz darstellt, bemühen. Falls der Präsident gegen bestimmte Gesetze Vorbehalte hat, kann er ein Veto einlegen, welches allerdings vom Kongress mit Zweidrittelmehrheit in beiden Kammern, also dem Senat und dem Repräsentantenhaus, zurückgewiesen werden kann.

Der amerikanische Präsident schließt im Namen der USA Verträge mit anderen Staaten ab, die vom Senat mit Zweidrittelmehrheit ratifiziert werden müssen. Er ist zuständig für die Entsendung von Diplomaten und den Empfang von Gesandten aus anderen Ländern, wofür er ebenfalls die Zustimmung des Senats benötigt. Diese ist auch für die Ernennung von Richtern an Bundesgerichten erforderlich, wobei jene von Richtern des Obersten Gerichtshofes auf Lebenszeit erfolgt.

Der Präsident kann den Kongress nicht auflösen, aber auch nicht von diesem entlassen werden. Eine Amtsenthebung ist nur durch das »Impeachment« möglich, welches ein strafrechtliches Verfahren ist, das zum Einsatz kommt, wenn dem Präsidenten Verstöße gegen Gesetze vorgeworfen werden. Das Repräsentantenhaus fasst mit einfacher Mehrheit einen Beschluss zur Einleitung eines solchen Amtsenthebungsverfahrens, über das dann der Senat in Form eines Urteils entscheidet. Zur Enthebung des Amtes ist eine Zweidrittelmehrheit erforderlich.

Die Wahl des Präsidenten folgt einem komplizierten Verfahrensablauf. Am Beginn stehen Vorwahlen, in deren Rahmen die Präsidentschaftskandidaten einer Partei nominiert werden. Daraufhin erfolgt die Wahl eines dieser Kandidaten durch das Volk und anschließend durch die Wahlmänner, deren Stimmenmehrheit letztendlich über den Sieg entscheidet. Aufgrund dieses Systems ist es möglich, dass ein Kandidat Präsident wird, obwohl sein Gegenspieler vom Volk mehr Stimmen erhalten hat: Um als Präsident gewählt werden zu können, muss man von Geburt an die amerikanische Staatsbürgerschaft besitzen, darf nicht vorbestraft oder entmündigt sein, muss mindestens 35 Jahre alt sein und seinen Wohnsitz über längere Zeit in den Vereinigten Staaten gehabt haben. Der Amtssitz des amerikanischen Präsidenten befindet sich im Weißen Haus in der Hauptstadt Washington, D. C.

Das vorliegende Buch versucht nun, die Biographien der amerikanischen Präsidenten – bislang hat noch nie eine Frau dieses Amt bekleidet – nachzuzeichnen, ihren Werdegang zu beleuchten und deren Tätigkeit im höchsten Amt des Staates zu dokumentieren. Das private Leben der Präsidenten wird ebenso thematisiert, wie ihre Ausbildung, die politische Laufbahn und die Zeit nach ihrem Ausscheiden aus dem Amt.

George Washington

* 22. Februar 1732 in Wakefield, Virginia
† 14. Dezember 1799 in Mount Vernon, Virginia

1. Präsident der USA (1789–1797) – Föderalist

> »Seine Integrität war die reinste, seine Rechtsauffassung die
> unbedingteste, die ich je erlebt habe. Keine Motive des Interesses
> oder der Blutsverwandtschaft, von Freundschaft oder Hass waren
> fähig, seine Entscheidung zu beeinflussen. Er war in der Tat, in
> jeder Hinsicht der Worte, ein weiser, ein guter und großer Mann«
>
> (Thomas Jefferson in einer Würdigungsrede
> über George Washington).

George Washington, ein stattlicher General, war der militärische
Oberbefehlshaber im Unabhängigkeitskrieg der USA und der erste
Präsident der Vereinigten Staaten. Geboren wurde er am 22. Februar 1732 in Virginia, als Nachfahre englischer Auswanderer. Der
Vater war ein erfolgreicher Plantagenbesitzer und verstarb, als der
junge George elf Jahre alt war. Seine Vormundschaft übernahm daraufhin sein älterer Halbbruder Lawrence. George Washington erhielt eine einfache Schulbildung und arbeitete ab dem siebzehnten
Lebensjahr als Landvermesser. Nach dem Tod seines Halbbruders
erbte er 1752 den familiären Landbesitz Mount Vernon, den er im
Laufe seines Lebens noch beträchtlich vergrößern sollte.

Im Alter von zwanzig Jahren wurde er, ebenso wie sein inzwischen verstorbener Bruder, Major der Miliz von Virginia. In dieser
Funktion übernahm er Ausbildungsaufgaben und befasste sich
intensiv mit militärischer Kriegsführung. George Washington
nahm selbst auf Seiten Großbritanniens am »French and Indian
War« (1754–1763) teil und errang viel Ruhm als Kriegsheld. Im
Rahmen dieser kriegerischen Auseinandersetzungen der beiden
Kolonialmächte Frankreich und Großbritannien wurde, jeweils
von indianischen Verbündeten unterstützt, um die Vorherrschaft
in Amerika gekämpft.

1759 heiratete George Washington Martha D. Custis, die Witwe eines wohlhabenden Plantagenbesitzers. Sie brachte zwei Kinder mit in die Ehe, die George Washington, der selbst keine Kinder hatte, adoptierte. Die Familie lebte von den Einkünften der Plantagen, die hauptsächlich von schwarzen Sklaven bewirtschaftet wurden. 1758 wurde George Washington in das Kolonialparlament von Virginia gewählt. Er entwickelte sich immer stärker zu einem Führer der Opposition gegen die britische Kolonialpolitik und nahm als Delegierter Virginias 1774 am ersten Kontinentalkongress teil. Ein Jahr später wurde er am zweiten Kontinentalkongress, welcher sich mehr und mehr zum revolutionären Machtorgan der aufständischen Kolonien entwickelte, wegen seiner militärischen Erfahrungen zum General der Kontinentalarmee ernannt. George Washington galt als gemäßigt, für radikale Revolutionäre hatte er wenig Verständnis. Er setzte sich jedoch ganz für die amerikanische Unabhängigkeit ein und verstand sich als überzeugter Republikaner.

George Washington führte seine Armee im amerikanischen Unabhängigkeitskrieg zum Erfolg und kehrte im Dezember 1783 auf sein Landgut zurück. Die ersten Jahre in der Unabhängigkeit machten deutlich, dass die dreizehn Staaten eine starke Zentralregierung benötigten, um Fragen rund um Steuern, Währung, Wirtschaft, Verteidigung, Transport, Außenpolitik und vieles mehr zu koordinieren. Die lose Konföderation von Staaten war nicht nur bedroht von äußeren Feinden, da weder eine funktionstüchtige Armee, noch eine Flotte existierten, sondern auch von inneren anarchistischen Strömungen, die sich etwa im Westen von Massachusetts entwickelten, jedoch letztlich von privaten paramilitärischen Gruppen niedergeschlagen werden konnten.

George Washington machte sich auch daran, die erste Verfassung der USA aus dem Jahre 1777 zu überarbeiten. Auf einem Verfassungskonvent in Philadelphia wurde er einstimmig zum Präsidenten gewählt, woraufhin im September 1787 die neue, bis heute gültige Verfassung der USA verabschiedet werden konnte. Die wichtigsten Punkte waren das Prinzip der Gewaltentrennung, eine föderative Staatsordnung, eine starke Bundesregierung mit einem mächtigen Präsidenten an der Spitze und die Akzeptanz der Sklaverei. Im Zuge der Entstehung der neuen Verfassung begann sich bereits das künftige Zweiparteiensystem in den USA abzuzeichnen. Die Föderalisten, die von Alexander Hamilton angeführt wurden, sprachen sich für eine starke Bundesregierung und eine Finanz- und Wirtschaftspolitik aus, die vor allen Dingen die Interessen von Industrie, Handel und Schifffahrt vertrat. Die Anhänger der Demokratisch-Republikanischen Partei, welche von Thomas Jefferson angeführt wurden, vertraten primär die Interessen einer agrarisch ausgerichteten Demokratie. Sie favorisierten eine Erweiterung der demokratischen Rechte, lehnten eine zu starke Bundesregierung ab und setzten sich verstärkt für die Rechte der Einzelstaaten ein. George Washington selbst stand in seiner politischen Haltung den Föderalisten nahe.

Die Verfassung wurde von neun der dreizehn Einzelstaaten ratifiziert, und George Washington am 4. Februar 1789 vom Wahlmännerkollegium einstimmig zum Präsidenten gewählt. Am 30. April 1789 fand in New York die Vereidigung des ersten Präsidenten der Vereinigten Staaten von Amerika statt. John Adams, ein Föderalist aus Massachusetts, wurde sein Vizepräsident.

George Washington präsentierte sich als republikanischer, humanistischer und aufgeklärter Staatsmann. Ihm kam die Aufgabe zu, die Stabilisierung und Erweiterung der neuen republikanischen Institutionen des Landes voranzutreiben. Er prägte die politische Tradition der Vereinigten Staaten maßgeblich mit, da er die Unauflösbarkeit der Union, staatliche Gerechtigkeit und die Aufrechterhaltung von Frieden ins Zentrum seiner Politik stellte. Die Wirtschaftspolitik ließ erste kapitalistische Züge erkennen und war geprägt von den Auswirkungen der industriellen Revolution. Ab 1789 wurden Regierungsbehörden errichtet und Minister bestellt. Alexander Hamilton, der Wortführer der Föderalisten, wurde Finanzminister, Thomas Jefferson, der Verfasser der Unabhängigkeitserklärung und überzeugter Demokrat, übernahm den Posten des Außenministers und Henry Knox, ein Freund George Washingtons aus der Zeit des Unabhängigkeitskrieges, wurde zum Kriegsminister ernannt. Die meisten der Kabinettsmitglieder waren Föderalisten und hatten selbst am Unabhängigkeitskrieg teilgenommen. John Adams und Thomas Jefferson waren außerdem Mitunterzeichner der Unabhängigkeitserklärung.

Das Rechtswesen wurde mit der Etablierung eines Obersten Gerichtes, sowie Distrikts- und Bezirksgerichten weiter ausgebaut. Die gesetzliche Grundlage dafür war der »Federal Judiciary Act« von 1789. George Washington erhielt als Präsident die Befugnis, alle Richter zu berufen. Zudem wurde unter George Washingtons

Präsidentschaft ein Postsystem installiert, die Flotte und die Armee der Vereinigten Staaten reorganisiert und 1791 mit der »Bill of Rights« der erste Zusatzartikel zur Verfassung ratifiziert. Damit wurden Religions-, Rede- und Pressefreiheit, das Recht des Volkes Waffen zu besitzen und zu führen, das Recht auf Eigentum und eine Reihe weiterer demokratischer Rechte zu einem fixen Bestandteil der Verfassung. Mit Washington im District of Columbia wurde auch die neue Hauptstadt der Vereinigten Staaten bestimmt.

Die finanz- und wirtschaftspolitische Ausrichtung unter George Washingtons Präsidentschaft wurde primär von Finanzminister Alexander Hamilton festgelegt. Er setzte sich für die Schaffung einer Nationalbank der Vereinigten Staaten ein, führte eine Verbrauchersteuer auf alkoholische Getränke ein und befürwortete staatliche Förderungen für die Landwirtschaft. Außerdem sprach er sich für den Ausbau von Verkehrsverbindungen und den Schutz der heimischen Industrie durch Zölle aus. All diese Bestimmungen wirkten sich positiv auf den Produktionssektor aus, begünstigten Handel, Industrie und Finanz und unterstützten die Entwicklung einer bürgerlichen Gesellschaftsordnung. Viele Farmer protestierten gegen die zusätzlichen Belastungen durch die Einführung von Verbrauchersteuern auf Alkohol und erhoben sich im Westen Pennsylvanias 1794 schließlich zu einer Rebellion. Diese wurde durch einen Militäreinsatz der Bundesregierung niedergeschlagen, womit George Washington Stärke bewies und dazu beitrug, dass sich die Lage schnell beruhigte.

Unter seiner Präsidentschaft fanden auch immer wieder Kämpfe mit Indianerstämmen statt. Zwar sprach er sich wiederholt für eine gerechte und humane Politik gegenüber den Indianern aus, in der Realität wurden diese aber Zug um Zug ihres Territoriums beraubt. So verloren sie etwa 1795 durch den »Vertrag von Greenville« große Teile ihres Gebietes, das rasch von weißen Siedlern übernommen wurde.

George Washington wurde am 5. Dezember 1792 zum zweiten Mal zum Präsidenten der USA gewählt. Auch John Adams behielt sein Amt als Vizepräsident. Während Washingtons zweiter Amtszeit wurden außenpolitische Themen gewichtiger, wobei die demokratische Opposition ihren Einfluss deutlich verstärken konnte. Die Revolution in Frankreich blieb auch in den Vereinigten Staaten nicht ohne Resonanz und fand in großen Teilen der Öffentlichkeit Unterstützung. Die Föderalisten fühlten sich durch die als radikal wahrgenommenen Ziele der demokratischen Republik Frankreichs in ihrer gemäßigten, republikanischen Haltung bedroht, während die Demokraten-Republikaner offen mit dem revolutionären Frankreich sympathisierten. George Washington befürchtete, dass die USA in den europäischen Konflikt mit hineingezogen werden könnten, weshalb er sich für außenpolitische Zurückhaltung entschied. In diesem Sinne erklärte er am 20. April 1793 auch ganz offiziell die Neutralität der Vereinigten Staaten im ersten europäischen Koalitionskrieg, in dem sich auf der einen Seite Österreich und Preußen und auf der anderen Seite Frankreich gegenüberstanden. 1794 wurde dieser Kurs vom Kongress mit dem Neutralitätsgesetz unterstützt. Bis zum Ersten Weltkrieg verfolgten die USA erfolgreich den Grundsatz, sich nicht in europäische Kriege und Konflikte involvieren zu lassen. 1794 wurde zudem der »Jay's Treaty« mit Großbritannien unterzeichnet, in dem festgehalten wurde, dass die britischen militärischen Vorposten und Garnisonen in den USA aufzulösen seien, ein Handelsvertrag bereits abgeschlossen und Grenz- und Schuldenregelungen umgesetzt wurden. In vielen Kreisen der amerikanischen Bevölkerung wurde dieser Vertrag als zu englandfreundlich abgelehnt. Dennoch gelang es George Washington, diesen auch gegen den anfänglichen Widerstand im Kongress 1796 in Kraft zu setzen.

George Washington lehnte es ab, sich ein drittes Mal für das Präsidentenamt zu bewerben. Diese Entscheidung Washingtons hatte für alle seine Nachfolger die Begrenzung der Amtszeit auf zwei Perioden zufolge und prägte somit von Anfang an die politische Kultur der USA mit. In seiner Abschiedsrede ermahnte er die Amerikaner nochmals, an der Einheit der Union festzuhalten, stets das Gesamtwohl des ganzen Landes im Auge zu haben, Machtmissbrauch durch die Regierung zu verhindern, die Trennung der Gewalten sicherzustellen und die Gesellschaft auf religiöse und moralische Werte aufzubauen. George Washington empfahl auch, in Frieden mit anderen Ländern zu leben und kriegerische Auseinandersetzungen zu vermeiden. Er sah die Interessen Europas in eine andere Richtung gehen als jene der USA und sprach sich demnach auch für eine stärkere außenpolitische Isolierung aus.

George Washington zog sich nach seiner zweiten Amtszeit zunächst ins Privatleben zurück, wurde aber 1798 von seinem Nachfolger im Präsidentenamt, John Adams, aufgrund der Krise mit Frankreich abermals zum Oberbefehlshaber der Armee der Vereinigten Staaten ernannt. Der Konflikt konnte schließlich friedlich beigelegt werden und George Washingtons Einsatz war nicht mehr erforderlich. Am 14. Dezember 1799 starb er auf seinem Landsitz in Mount Vernon, Virginia, im Alter von siebenundsechzig Jahren. Er hinterließ ein beträchtliches Vermögen und hatte in seinem Testament verfügt, dass nach seinem, bzw. dem Tod seiner Frau, alle ihre Sklaven freizulassen seien.

JOHN ADAMS

* 30. Oktober 1735 in Braintree, Massachusetts
† 4. Juli 1826 in Quincy, Massachusetts

2. Präsident der USA (1797–1801) – Föderalist

>*»Er meint es gut mit seinem Land, ist immer ein
ehrlicher, oft ein weiser Mann, aber manchmal und
in manchen Dingen absolut von Sinnen.«*

(BENJAMIN FRANKLIN ÜBER JOHN ADAMS IN EINEM BRIEF
AN ROBERT LIVINGSTON VOM 22. JULI 1783)

John Adams wurde am 30. Oktober 1735 in Braintree, Massachusetts geboren. Seine Familie war aus England emigriert und lebte
von der Tätigkeit des Vaters als Farmer und Schuhmacher. John
Adams wuchs in einfachen Verhältnissen auf und stellte sich seine
Zukunft ebenfalls als Farmer vor, da er das Interesse an schulischer
Bildung zeitweilig verlor. Von geringer Körpergröße, wenig umgänglich, launenhaft und an Depressionen leidend, suchte er lange
kaum Kontakt zu seinen Mitmenschen.

Seine Eltern drängten ihn, das 1636 gegründete Harvard-College
zu besuchen, wo er bis 1755 studierte. Er begann seine berufliche
Karriere als Grundschullehrer in Worcester – eine Tätigkeit, an der
er sehr schnell jegliches Interesse verlor. Gleichzeitig verwehrte er
sich gegen den elterlichen Wunsch, den Priesterberuf zu ergreifen.
Stattdessen begann er wenig später ein Studium der Rechtswissenschaften und erhielt 1758 seine Zulassung als Anwalt. Nebenbei
betätigte er sich auch als Schriftsteller.

Einige Jahre später heiratete er Abigail Smith, die politisch in-
teressierte Tochter eines Geistlichen, die sich sehr für die Rechte
von Frauen einsetzte. Sie schenkte ihrem Mann sechs Kinder – der
älteste Sohn, John Quincy Adams, sollte zum sechsten Präsidenten
der USA werden – und übte von Anfang an starken Einfluss auf die
politische Karriere ihres Mannes aus.

Anfangs machte sich John Adams einen Namen als Verfassungs-
rechtler und verfasste 1765 anonym vier Artikel in der »Boston Ga-

zette«, in denen er sich mit dem Konflikt zwischen Individualismus und Herrschaft auseinandersetzte. 1765 hatte das britische Parlament das so genannte »Stempelsteuergesetz« verabschiedet. Dieses legte fest, dass ein kostenpflichtiger Stempel auf alle Druckstücke in den Kolonien anzubringen sei. Ziel war es, Geld einzunehmen, um die Kosten der Verteidigung der Kolonien abzudecken, was dort zu großen Proteststürmen führte. Im selben Jahr verfasste John Adams eine Rede für den Gouverneur und begründete die Rechtswidrigkeit der Stempelsteuer damit, dass das Gebiet von Massachusetts keine Vertretung im britischen Parlament hätte. Als 1770 britische Soldaten im Boston-Massaker das Feuer auf protestierende Menschen eröffneten und fünf Männer töteten, übernahm John Adams allerdings die Verteidigung der Soldaten. Dies brachte ihm große öffentliche Kritik ein, obwohl er die Meinung vertrat, dass jeder das Recht auf einen fairen Prozess hätte.

Seiner politischen Karriere schadete das nicht, und 1774 wurde John Adams, zunächst auf dem ersten und ein Jahr später auch auf dem zweiten Kontinentalkongress, Abgeordneter seiner Kolonie. Dort sprach er sich offen für die Unabhängigkeitserklärung Amerikas von Großbritannien aus. John Adams war auch Mitglied des Komitees, welches die Unabhängigkeitserklärung verfassen sollte, wobei Thomas Jefferson die Hauptverantwortung übertragen wurde. John Adams selbst forderte in seiner Streitschrift »Thoughts of Government«, die er 1776 verfasste, eine republikanische Regierung, häufige Wahlen, eine Legislative aus Ober- und Unterhaus, eine mit Vetorecht ausgestattete Exekutive und eine unabhängige Gerichtsbarkeit. Er sprach sich vehement gegen die Erblichkeit von Ämtern aus und unterstützte das Rotations-Prinzip bei der Besetzung von Machtpositionen. In einer Resolution vom 10. Mai 1776 rief er alle Kolonien dazu auf, souveräne, vom Mutterland unabhängige Organe einzusetzen. John Adams wurde vom zweiten Kontinentalkongress auch mit der Funktion eines »Kriegsministers« betraut, war Mitbegründer der amerikanischen Marine und unterstützte die Errichtung der Militärakademie von West Point, New York.

Die Spannungen mit England verschärften sich und der Wunsch nach einer Trennung vom europäischen Mutterland nahm angesichts der Gefechte bei Lexington, Concord und Bunker Hill immer weiter zu. 1777 brach John Adams in diplomatischer Mission nach Frankreich auf und war auch als Unterhändler in Holland tätig. 1780, zu einem Zeitpunkt, als der Abschluss eines Friedensvertrages mit England noch in weiter Ferne lag, setzte sich John Adams bereits für gute Beziehungen mit diesem Land ein. Am 30. November 1782 gelang es ihm auch, Vorvereinbarungen für einen Friedens- und einen Handelspakt zwischen den USA und England zu treffen. Dies geschah in direkten Verhandlungen mit England und ohne, dass die französische Regierung darüber informiert worden wäre, da sie solche Beziehungen zwischen England und den USA abgelehnt hätte. Der eigentliche Friedensvertrag wurde dann 1783 unterzeichnet, womit der Unabhängigkeitskrieg beendet war.

John Adams gelang es auch, ein Freundschafts- und Handelsabkommen mit Preußen zu erzielen und holländische Anleihen auszuhandeln. In den Jahren 1785 bis 1788 war er als erster amerikanischer Gesandter in London tätig. Dort verfasste er eine weitere Schrift, die vor einseitiger Machtkonzentration warnte und eine ausgeglichene Gewaltenteilung von Legislative, Exekutive und Judikative propagierte, um der Gefahr von Tyrannei vorbeugen zu können. Der Französischen Revolution stand er, ganz anders als Thomas Jefferson oder James Madison, eher kritisch gegenüber, da er den unkontrollierten politischen Einfluss des Volkes als Gefahr ansah.

Als 1796 die Amtszeit von George Washington zu Ende ging und dieser auf eine neuerliche Kandidatur verzichtete, kam es zu einem intensiven Wahlkampf zwischen seinen beiden Vizepräsidenten John Adams, der seit 1789 dieses Amt bekleidete, und Thomas Jefferson. 1796 gewann John Adams die Präsidentschaftswahlen gegen Jefferson, der das Amt des Vizepräsidenten übernahm, und sah sich gleich zu Beginn seiner Amtszeit mit großen Problemen konfrontiert. Der Gegensatz zwischen den Föderalisten und den republikanischen Oppositionellen wurde immer größer. Zudem drohte die Gefahr eines Krieges mit Frankreich, da sich die Beziehungen weiter verschlechterten, obwohl John Adams mit allen Mitteln versuchte, einen militärischen Konflikt zu verhindern. 1796 brachte die französische Marine amerikanische Handelsschiffe auf und man weigerte sich, den neuen amerikanischen Gesandten in Frankreich zu empfangen. Dennoch gelang es John Adams auch gegen den Widerstand in den eigenen politischen Reihen, 1798 einen Friedensvertrag mit Frankreich zu unterzeichnen.

John Adams verfolgte einen autokratischen Führungsstil, der ihm nicht nur viel Kritik einbrachte, sondern auch ehemalige

Freunde, wie beispielsweise Alexander Hamilton, zu erbitterten Gegnern werden ließ. Während etwa Thomas Jefferson in einem Volk gleichberechtigte Menschen sah, und jedem einzelnen das gleiche Recht in seinem Streben nach Glück zusprach, betrachtete John Adams das Volk als ungebildeten Pöbel, den man vor sich selbst schützen musste. Für ihn waren Menschen selbstsüchtig, habgierig und eitel, weshalb eine strenge Ordnungsmacht und Regierung erforderlich wären. Der Idee der natürlichen Gleichheit aller Menschen, die von den Aufklärern der französischen Revolution propagiert wurde, konnte John Adams nichts abgewinnen. Ihm schwebte eine »monarchische Republik« vor, die weniger privilegierte Mitglieder einer Gesellschaft nicht miteinschloss. Als John Adams 1800 abermals als Kandidat der Föderalisten für das Präsidentenamt kandidierte, war seine Popularität aufgrund dieser elitären Haltung auch in der eigenen Partei extrem gesunken. Seinem Gegner Thomas Jefferson wurde weitaus mehr Vertrauen entgegengebracht, was ihm schließlich auch das Präsidentenamt sicherte.

John Adams zog sich nach der Niederlage in seine Heimat Massachusetts ins Privatleben zurück. Er nahm dennoch weiter Anteil am öffentlichen Geschehen und widmete sich wiederum verstärkt seiner publizistischen Tätigkeit. 1825 konnte er noch miterleben, wie sein Sohn John Quincy die Präsidentschaftswahlen gewann. John Adams starb am 4. Juli 1826, und somit am fünfzigsten Jahrestag der Unterzeichnung der Unabhängigkeitserklärung, im hohen Alter von neunzig Jahren. Nur wenige Stunden zuvor war sein ehemaliger Mitstreiter und späterer Widersacher Thomas Jefferson gestorben.

THOMAS JEFFERSON

* 13. April 1743 in Shadwell, Virginia
† 4. Juli 1826 in Monticello, Virginia

3. Präsident der USA (1801–1809) – Republikaner (auch Demokraten-Republikaner)

> »Hier ruht Thomas Jefferson, Autor der
> Unabhängigkeitserklärung, des Statuts von Virginia über
> religiöse Freiheit und der Vater der Universität von Virginia.«
>
> (VON IHM SELBST VERFASSTES EPITAPH.)

Thomas Jefferson wurde am 13. April 1743 auf einer Farm in Virginia geboren. Seine Familie war angesehen und wohlhabend und lebte von den Erträgen der Plantagen, die sie bewirtschaftete. Der Vater war auch als Landvermesser und Friedensrichter tätig. In jungen Jahren wurde Thomas Jefferson von Privatlehrern unterrichtet und begann 1760 mit dem Studium am College of William and Mary in Williamsburg. Neben der Beschäftigung mit klassischen Sprachen und Philosophie widmete er sich vor allem den Rechtswissenschaften. 1767 erhielt er die Zulassung als Rechtsanwalt und war als Farmer und Anwalt gleichermaßen erfolgreich. In diesen Jahren entdeckte er auch seine Liebe zur Architektur und entwarf Pläne für ein Haus samt Mobiliar auf seinem Landgut Monticello.

Die Übernahme von Verantwortung für die Gemeinschaft durch die Ausübung öffentlicher Ämter war eine Tugend, die von den wohlhabenden Familien Virginias erwartet wurde. So war es nur selbstverständlich, dass der gebildete Thomas Jefferson 1769 mit sechsundzwanzig Jahren Mitglied im Parlament von Virginia wurde. 1772 heiratete er die Witwe Martha Wayles Skelton, mit der er sechs Kinder hatte, von denen allerdings nur zwei das Erwachsenenalter erreichten.

1774 veröffentlichte er die Streitschrift »A Summary View of the Rights of British America«, in der er sich gegen das Recht des britischen Königs aussprach, in den amerikanischen Kolonien Steuern einzutreiben. Er vertrat die Auffassung, dass in jedem

Staat die ultimative Autorität beim Volk liegt. Zwei Jahre später wirkte er als Delegierter Virginias im Zweiten Kontinentalkongress in Philadelphia, Pennsylvania maßgeblich an der Verfassung der Unabhängigkeitserklärung der Kolonien mit. Ganz im Sinne der Aufklärung wurde darin festgehalten, dass alle Menschen gleich sind und (von Gott) mit gewissen unveräußerlichen Rechten, wie Leben, Freiheit und dem Streben nach Glück, ausgestattet wurden.

Als Thomas Jefferson wieder nach Virginia zurückgekehrt war, wurde er abermals ins Parlament gewählt und brachte dort das Virginia-Statut zur Religionsfreiheit ein, welches in diesem Staat Bekenntnisfreiheit garantieren sollte. Außerdem arbeitete er an einer großen Reform des virginischen Rechtssystems mit und war verantwortlich für über hundert Gesetzesentwürfe. Dabei trat er besonders für den Schutz der individuellen Bürgerrechte, die Erweiterung des Wahlrechtes, die Pressefreiheit und das Recht auf Bildung ein.

Zwischen 1779 und 1781 bekleidete er das Amt des Gouverneurs von Virginia. Während seiner Tätigkeit wurde das Territorium im Zuge des Unabhängigkeitskrieges zeitweise von britischen Truppen besetzt, was ihm den Vorwurf einbrachte, Virginia militärisch nicht ausreichend verteidigt zu haben. Eine parlamentarische Untersuchungskommission bestätigte diesen Vorwurf allerdings nicht. Trotzdem zog sich Thomas Jefferson daraufhin vorübergehend aus der Politik zurück und lebte einige Zeit auf seinem Anwesen Monticello, wo seine Frau bald darauf bei der Geburt des sechsten Kindes verstarb.

Die nächsten Jahre verbrachte Thomas Jefferson als Gesandter in Paris, wo er die Anfänge der Revolution miterlebte. Er unterstützte die revolutionären Bestrebungen in Europa und half beim Entwurf der Erklärung der Menschen- und Bürgerrechte. Zudem nützte er seinen Aufenthalt auf diesem Kontinent auch für ausgedehnte Reisen. 1789 kehrte er in die USA zurück. George Washington ernannte ihn daraufhin zum Außenminister der Vereinigten Staaten, ein Amt, das er bis Ende 1793 ausüben sollte.

Gemeinsam mit Alexander Hamilton wurde Thomas Jefferson in der Folge zu einem der engsten Vertrauten und wichtigsten Berater des Präsidenten. Mit der Zeit nahmen jedoch die Konflikte und Rivalitäten zwischen den beiden zu, da sich Alexander Hamilton etwa für die Errichtung einer nationalen Zentralbank aussprach, während Thomas Jefferson die Meinung vertrat, dass die Verfassung der Regierung diesbezügliche Vollmachten nicht einräume. Dazu kam, dass Alexander Hamilton, der aus New York stammte, vor allen Dingen die Industrie schützen und fördern wollte, für den Plantagenbesitzer Thomas Jefferson im Gegensatz dazu die Landwirtschaft größere Bedeutung hatte. Auch außenpolitisch waren sich die beiden nicht einig, da sich Alexander Hamilton eher auf der Seite der Briten befand und Thomas Jefferson stärkere Bindungen zu Frankreich unterstützte.

Die politischen Auseinandersetzungen zwischen den beiden Kontrahenten führten schließlich erstmals zur Bildung von zwei Parteien in den USA. Um Thomas Jefferson gruppierte sich die Republikanische Partei, während Hamilton die Föderalistische Partei anführte. Selbst Vermittlungsversuche des Präsidenten blieben erfolglos. Als die Konflikte anhielten, schied Thomas Jefferson 1793 aus dem Kabinett aus und zog sich wieder auf sein Landgut Monticello zurück. Dieses wurde von Sklaven bewirtschaftet, für die Thomas Jefferson allerdings wie ein Patriarch sorgte. Er selbst war kein direkter Befürworter der Sklaverei, sah aber auch keine Möglichkeit, dieses Problem in zufriedenstellender Form zu lösen. Auch für ihn war dem Zeitgeist entsprechend die schwarze Bevölkerung zweitklassig, während er diese Haltung gegenüber den Indianern nicht hatte. Sie erachtete er aufgrund ihres nomadischen Lebensstils zwar als »Wilde«, aber dennoch als gleichwertig mit den Weißen. Thomas Jefferson empfahl ihnen in Briefen auch die Übernahme des weißen Lebensstils, um so ihre Existenz sichern zu können.

1796 kehrte Thomas Jefferson als Präsidentschaftskandidat der Republikaner in die Politik zurück. Er unterlag dem bisherigen Vizepräsidenten und Kandidaten der Föderalisten, John Adams, noch knapp an Stimmen, bevor er ihm wenige Jahre später im Amt nachfolgen sollte. Aufgrund der damaligen Bestimmungen wurde der stimmenstärkste Kandidat zum Präsidenten gekürt und der zweitstärkste zum Vizepräsidenten ernannt. Daher war es auch möglich, dass beide unterschiedlichen Parteien angehörten. Die Aufgabe eines Vizepräsidenten bestand in erster Linie in der Leitung der Sitzungen des Senates. In dieser Zeit entstand auch Thomas Jeffersons Handbuch mit klaren Anleitungen zu den Abläufen in dieser Einrichtung.

Bei den Wahlen von 1800 bewarb sich Thomas Jefferson erneut um das Präsidentenamt. Er und sein republikanischer Mitbewerber Aaron Burr erhielten gleich viele Stimmen. Die Entscheidung lag nun beim Repräsentantenhaus, das sich – nicht zuletzt auf Empfehlung von Thomas Jeffersons einstigem Gegenspieler, Alexander Hamilton, der in ihm das kleinere Übel sah – mehrheitlich für Thomas Jefferson aussprach. Somit wurde er im Februar 1801 zum vierten Präsidenten der Vereinigten Staaten und Aaron Burr zum Vizepräsidenten gewählt. Die ganze Wahl stand unter schlechten Vorzeichen, da Aaron Burr den Verdacht auf sich zog, die Parteilinien wechseln zu wollen, um sich mit der Stimme der Föderalisten zum Präsidenten wählen zu lassen. Dies beeinträchtigte nicht nur in hohem Maße die Beziehung zwischen ihm und Thomas Jefferson, sondern war auch der Anlass, das Prozedere bei Präsidentschaftswahlen generell zu verändern. Seitdem stimmen bis heute die Wahlmänner für den Präsidenten und den Vizepräsidenten getrennt ab.

Mit Thomas Jefferson kam der Präsident der Vereinigten Staaten zum ersten Mal aus den Reihen der Demokratisch-Republikanischen Partei. Während seiner Amtszeit wurde Louisiana von den Franzosen abgekauft, wodurch sich das Territorium der USA weiter vergrößerte. Er war daran interessiert, einen Wasserweg zum Pazifik zu finden und freundschaftliche Beziehungen mit den im neu erworbenen Gebiet ansässigen Indianern zu pflegen. Zudem hob er eine Reihe von unpopulären Gesetzen aus der Amtszeit John Adams auf.

Die Bedingungen während Antritt der ersten Amtszeit Thomas Jeffersons waren günstig, da sich das Land einer wirtschaftlichen Hochkonjunktur erfreute. Innenpolitisch gelang es ihm mit Hilfe seines Finanzministers, des in der Schweiz geborenen Albert Gallatin, sogar die Staatsschulden zu reduzieren. 1803 erfolgte eine richtungsweisende Entscheidung des Obersten Gerichtes, in dem dieser Institution das Recht zugesprochen wurde, über die Verfassungsmäßigkeit von Gesetzen zu entscheiden und diese auch annullieren lassen zu können.

In außenpolitischer Hinsicht war der neue Präsident allerdings gleich zu Beginn seiner Präsidentschaft mit größeren Problemen konfrontiert. Das Mittelmeer wurde von nordafrikanischen Schiffen kontrolliert, die von ausländischen Handelsflotten Schutzgelder forderten. Zuvor waren die amerikanischen Schiffe von der britischen Marine geschützt worden, doch nach der Unabhängigkeit wurden sie vermehrt Ziel von Piratenangriffen. Der Pascha von Tripolis erhöhte 1801 seine finanziellen Forderungen und erklärte zudem der USA den Krieg. Dieser zog sich über mehrere Jahre hin und mündete 1805 in einem Vergleich.

Thomas Jeffersons Umgang mit Mitarbeitern und Diplomaten war umgänglich und zwanglos. Er war ein guter Gesprächspartner, allerdings kein guter Redner. So verwundert es nicht, dass er die Jahresbotschaften des Präsidenten an den Kongress nicht mehr selbst vortrug, sondern verlesen ließ. Auch seine Nachfolger folgten lange diesem Beispiel, und erst mehr als hundert Jahre später beschloss Präsident Woodrow Wilson, die Reden vor dem Kongress wieder persönlich zu halten.

Die Popularität von Thomas Jefferson als Präsident war auch bei der Bevölkerung sehr groß, und so wurde er 1805 mit großer Mehrheit wiedergewählt. Daran konnte auch die Tatsache nichts ändern, dass ihm im Wahlkampf von der Gegenseite vorgeworfen wurde, dass der Kauf von Louisiana nicht verfassungsmäßig gewesen wäre und er mit einer schwarzen Sklavin namens Sally Hemings zusammenlebe und mehrere Kinder habe. Thomas Jefferson selbst trat letzterer Behauptung nie entgegen und heute gilt aufgrund von DNA-Analysen als ziemlich sicher, dass dies den Tatsachen entsprach.

1807 unterzeichnete Thomas Jefferson ein Gesetz, das fast ein Jahr lang die Einfuhr weiterer Sklaven untersagte. Die Bedeutung der Sklaverei im Süden nahm jedoch zu, da diese besonders im neuen Territorium Louisiana massiv nachgefragt wurden. Die Folge davon war eine rege Schmuggeltätigkeit. Insgesamt war Thomas Jeffersons zweite Amtszeit um einiges schwieriger als die erste. Widerstand kam auch aus den eigenen Reihen, wo man sich teilweise gegen seinen Plan aussprach, den Spaniern Teile von Florida abzukaufen. Außerdem verschärften sich die Napoleonischen Kriege, was negative Auswirkungen auf den amerikanischen Handel und das Wirtschaftswachstum des Landes hatte. Aaron Burr, Thomas Jeffersons Vizepräsident der ersten Amtsperiode, musste sich nach einem tödlichen Duell mit Alexander Hamilton aufgrund einer Mordanklage in zwei Bundesstaaten aus der Politik zurückziehen und plante vermutlich eine Verschwörung im Westen des Landes, wo er einen eigenen Staat errichten wollte. Vom Vorwurf des Landesverrats wurde er zwar freigesprochen, dennoch war der Vorfall Spiegelbild der immer stärker werdenden inneren Zerrissenheit der Demokratisch-Republikanischen Partei.

Thomas Jefferson stellte seine Politik ganz ins Zeichen der Nichteinmischung in europäische Kriege. Ungeklärt blieb aber der Konflikt zwischen England und dessen Kriegsgegner Frankreich hinsichtlich der maritimen Rechte der USA, die neutral bleiben wollten. 1807 wurde daher der »Embargo Act« verabschiedet, der die Ausfuhr amerikanischer Waren nach Europa unterbinden sollte. Amerikanische Schiffe durften keine fremden Häfen mehr anlaufen und umkehrt auch keine ausländischen Schiffe nach Amerika kommen. Thomas Jeffersons Absicht war es, auf diese Weise England und Frankreich zu zwingen, die amerikanische Neutralität zu respektieren. Dieses Ziel konnte nicht erreicht werden, wohl aber begünstigte eine derartige Politik den Ausbruch des britisch-amerikanischen Krieges von 1812. Außerdem verloren viele Seeleute ihre Arbeit, der Handel kam fast völlig zum Erliegen, die Wirtschaft stagnierte und Thomas Jefferson selbst sah sich gezwungen, noch vor Ende seiner Amtszeit dieses kontraproduktive Gesetz wieder aufzuheben.

Für eine dritte Amtszeit wollte Thomas Jefferson nicht mehr kandidieren, sondern entschied sich zu einem endgültigen Rückzug auf sein Landgut Monticello. Dort widmete er sich dem weiteren Ausbau seiner Villa. Er blieb zwar mit einstigen Freunden und engen Vertrauten in brieflichem Kontakt, nahm aber nicht mehr am politischen Leben teil. 1819 gründete er die Universität von Virginia in Charlottesville, deren Mittelpunkt keine Kirche bildete, wie an anderen Universitäten üblich, sondern eine Bibliothek.

Seine letzten Lebensjahre waren gekennzeichnet von großen finanziellen Schwierigkeiten, nicht zuletzt aufgrund der großzügigen Investitionen in den Ausbau von Monticello und der Übernahme einer Bürgschaft für einen Freund. Er musste große Teile seines Landgutes, aber auch die gesamte Bibliothek mit über sechstausend Büchern verkaufen.

Am 4. Juli 1826, genau am 50. Jahrestag der Verkündigung der Unabhängigkeitserklärung, starb Thomas Jefferson – am gleichen Tag wie sein Amtsvorgänger im Präsidentenamt und politischer Gegner John Adams. Er prägte seine Zeit, ebenso wie die Nachwelt mit einer Reihe von beeindruckenden staatstheoretischen Schriften und gilt bis heute neben George Washington und Abraham Lincoln als einer der wichtigsten Präsidenten der Vereinigten Staaten, dessen Überzeugungen geleitet waren von den humanistischen Bestrebungen der Aufklärung.

JAMES MADISON

* 16. März 1751 in Port Conway, Virginia
† 28. Juni 1836 in Montpelier, Virginia

4. Präsident der USA (1809–1817) – Demokrat-Republikaner (auch Republikaner)

»In Republiken besteht die große Gefahr, dass die Mehrheit die Rechte der Minderheit nicht ausreichend respektieren könnte.«

(JAMES MADISON IN EINER REDE AM KONVENT IN VIRGINIA 1829)

James Madison war gemeinsam mit Thomas Jefferson, zu dem er eine lebenslange enge Freundschaft pflegte, und Alexander Hamilton einer der Vordenker der amerikanischen Unabhängigkeitsbewegung. Ihm wird die Rolle des Schöpfers der Verfassung von 1787 zugesprochen, da große Teile davon unter der Verantwortung dieses bedeutenden politischen Pioniers entstanden waren.

James Madison stammte ebenso wie George Washington und Thomas Jefferson aus Virginia, wo er am 16. März 1751 als ältestes von zwölf Kindern geboren wurde. Sein Vater war ein vermögender Plantagenbesitzer, der auch als Friedensrichter fungierte und in der Kirche sehr aktiv war. Seine Mutter kam ebenfalls aus einer wohlhabenden Familie. James Madison verbrachte seine Kindheit auf dem väterlichen Landgut, das er später auch erben sollte. Er hatte das Glück einer hervorragende Schulbildung erhalten zu haben und begann seine universitäre Ausbildung am College of William and Mary in Williamsburg. Anschließend studierte er am College of New Jersey, der heutigen Princeton University, alte Sprachen, Philosophie und Geschichte. Diese Studien ergänzte er später noch um weitere Disziplinen.

Ab 1774 engagierte sich James Madison im Namen des revolutionären Virginias und setzte sich für Bürgerrechte und Religionsfreiheit ein. In seinem ersten politischen Amt als Delegierter in Virginia ersetzte er im Text der Verfassung dieses Staates den Begriff der »Religionstoleranz« durch jenen der »religiösen Freiheit«. Wenig später wurde er Mitglied des Gouverneursrates und war von 1780 bis 1783 mit erst neunundzwanzig Jahren der jüngste Delegierte am Kontinentalkongress. Angesichts der Schuldenkrise der neuen Regierung und der hohen Inflationsbelastung befürwortete er eine Gesetzesänderung, die es dem Kongress gestattete, neue Steuern zu erheben.

James Madison war bis 1787 als Delegierter für Virginia tätig und setzte sich für ein stärkeres Miteinander aller Einzelstaaten in wirtschaftlichen Fragen ein. Seine große Stunde schlug beim Verfassungskonvent in Philadelphia, dessen Gelingen zu einem Großteil seiner Genialität zuzuschreiben war und ihm den Ehrennamen »Father of the Constitution« einbrachte. Die am Konvent ins Leben gerufene neue Verfassung stand im Geiste von Montesquieu und Locke und zeichnete sich durch eine ausgewogene Gewaltentrennung, liberale Kontrollmechanismen und später die Sicherung der Grund- und Freiheitsrechte aus. Obwohl es anfangs große Widerstände in der Bevölkerung gab, wurde die Verfassung dank des Einflusses von James Madison in Virginia letztendlich doch ratifiziert.

Unter dem Pseudonym »Publius« verteidigte er gemeinsam mit Alexander Hamilton und John Jay in den »Federalist Papers« diese neue Verfassung, auch wenn er im Gegensatz zu den anderen beiden kein Föderalist war, sondern gemeinsam mit Thomas Jefferson wenig später die Partei der Demokraten-Republikaner gründete. Gewisse Grundsätze und Ideen verbanden ihn zwar mit Alexander Hamilton und John Jay, allerdings lehnte er vor allen Dingen deren Finanzpolitik ab. Als Abgeordneter des Repräsentantenhauses war James Madison zwischen 1789 und 1797 auch federführend bei der Verabschiedung der »Bill of Rights«, jener ersten zehn Zusatzartikel zur Verfassung, in denen die demokratischen Grundrechte verankert wurden.

Nach einer Enttäuschung mit einer jungen Frau heiratete er 1794 mit bereits dreiundvierzig Jahren die sechsundzwanzigjährige Witwe Dolley Payne. Aus der Ehe gingen keine Kinder hervor, wohl hatte seine Frau aber einen Sohn aus erster Ehe und wurde zu einer sehr beliebten First Lady.

In den Jahren von 1801 bis 1809 war James Madison unter Präsident Thomas Jefferson als Außenminister tätig und verhielt sich bei den Napoleonischen Kriegen bewusst neutral. Er unterstützte sowohl den Ankauf Louisianas, als auch Thomas Jeffersons Embargopolitik. 1808 wurde er selbst zum neuen Präsidenten der USA gewählt, wohl auch, weil die Popularität seines Förderers Thomas Jefferson trotz der katastrophalen Auswirkungen des von ihm verursachten Handelsembargos, das die Ausfuhr amerikanischer Waren nach Europa unterband und die Wirtschaft der USA massiv beeinträchtigte, noch immer sehr groß war. Anders als Thomas Jefferson begann James Madison langsam von der Überzeugung einer Höherwertigkeit der Landwirtschaft gegenüber dem Handel und der Manufaktur abzuweichen, und machte sich für ein Nebeneinander der verschiedenen Bereiche stark. Durch eine ausgewogene Berücksichtigung aller Interessen versuchte er, Stabilität im Land zu schaffen.

James Madisons Amtszeit war aber auch gekennzeichnet von annexionistischen Bestrebungen, weshalb er Spanisch-Westflorida eingliederte und das Gebiet zwischen New Orleans und dem Perdido River zu amerikanischem Hoheitsgebiet erklärte. 1811 wurde auch der Osten Floridas annektiert. Der Häuptling der Shawnee-Indianer, Tecumseh, versuchte mit einem Bündnis von Indianerstämmen der weiteren Vertreibung seines Volkes Einhalt zu gebieten, was zu kriegerischen Auseinandersetzungen führte. James Madison brachte für die Anliegen der amerikanischen Ureinwohner insofern Verständnis auf, als er Pläne für das Angebot einer Hilfe zu ihrer Selbsthilfe andachte. Umgesetzt wurden diese Integrationsprogramme für die Indianer allerdings nicht.

Der britisch-amerikanische Krieg von 1812 bis 1814 war die Folge von verschiedenen britischen Übergriffen auf amerikanisches Staatsgebiet. Ziel war die Eroberung Kanadas durch die Briten, die, obwohl geschwächt durch die Napoleonischen Kriege, der amerikanischen Armee immer wieder schmerzliche Niederlagen zufügten. 1814 zerstörten britische Truppen sogar öffentliche Gebäude in Washington. Obwohl die amerikanische Marine einige Erfolge verzeichnen konnte, erreichten die Vereinigten Staaten ihre Kriegsziele nicht. In der Zwischenzeit war James Madison zum zweiten Mal zum Präsidenten gewählt worden. Da sich ein Zerfall der Union abzeichnete, weil einige der Neuenglandstaaten aufgrund des Krieges gegen die Briten mit der Abspaltung drohten, kam es Ende 1814 zur Unterzeichnung des Friedensvertrages von Gent, der den Status quo der Zeit vor Ausbruch des Krieges wiederherstellte. Man einigte sich auf eine schiedsgerichtliche Schlichtung von offenen Grenz- und Fischereifragen zwischen Großbritannien und den USA, die Neutralitätsrechte wurden allerdings nicht erwähnt.

Dennoch war durch den Frieden von Gent die Unabhängigkeit und Souveränität der USA bestätigt worden. Die internationale Stellung des Landes war gefestigt und Präsident James Madison gewann mit Ende des Krieges wieder Sympathien zurück.

Die amerikanische Industrie erlebte endlich auch wieder einen Aufschwung, weshalb Schutzzölle eingeführt wurden, die speziell der Textil- und Eisenindustrie zugutekamen, und den Bau von Straßen und Kanälen forcierten. Schon als Mitglied des Repräsentantenhauses hatte James Madison versucht, gemeinsam mit Thomas Jefferson, ein Gesetz zur Gründung der »First Bank of the United States« als Nationalbank des Bundes zu verhindern. Dies misslang zwar, die Lizenz der Bank sollte aber 1811, also während seiner Präsidentschaft, auslaufen. 1814 sprach sich der Kongress mehrheitlich für ein Gesetz zur Gründung einer neuen Nationalbank aus, woraufhin James Madison von seinem Vetorecht Gebrauch machte und so verhinderte, dass das Gesetz in Kraft treten konnte. Die wirtschaftliche Situation im Land wurde aufgrund der hohen Kriegskosten immer dramatischer, dazu kam eine hohe Inflation. Gemeinsam mit dem Kongress wurde daraufhin eine Lösung gesucht und 1816 die »Second Bank of the United States« gegründet.

Nach dem Ende seiner Amtszeit kehrte James Madison auf sein Anwesen nach Montpelier zurück. Er wurde 1826 Rektor der einst von seinem Freund Thomas Jefferson gegründeten Universität von Virginia und war 1829 Delegierter im Verfassungskonvent des Bundesstaates, der sich der Überarbeitung der Staatsverfassung Virginias widmete. Zu Fragen der Sklaverei äußerte er sich nie eindeutig. Wie viele seiner gebildeten Zeitgenossen besaß er selbst Sklaven, die er für die Bewirtschaftung seiner großen Plantagen benötigte, wurde aber immer wieder von Skrupeln hinsichtlich der Rechtmäßigkeit der Sklaverei befallen. Eine konkrete Lösung für das Problem sah er nicht, dachte aber die Möglichkeit der Befreiung der Sklaven und ihrer Rückführung ins afrikanische Liberia an. Er war auch Vorsitzender der 1817 gegründeten »American Colonization Society«, die sich mit dieser Idee befasste.

Am 28. Juni 1836 starb James Madison, der letzte noch lebende Gründer der Nation und Unterzeichner der Verfassung, im Alter von fünfundachtzig Jahren in Montpelier, Virginia.

JAMES MONROE

* 28. April 1758 in Westmoreland County, Virginia
† 4. Juli 1831 in New York City, New York

5. Präsident der USA (1817–1825) – Demokrat-Republikaner (auch Republikaner)

> »Wir haben niemals an den Kriegen der europäischen Mächte
> teilgenommen oder uns in die Angelegenheiten gemischt, die
> damit in Zusammenhang standen, denn das ließe sich nicht mit
> unserer Politik vereinbaren (…). Der Verteidigung aber unserer
> eigenen Regierungsform, die unter Verlust von so viel Blut
> und Vermögen durchgesetzt (…) worden ist (…), hat sich diese
> ganze Nation geweiht. Wir sind es deshalb der Aufrichtigkeit
> und den freundschaftlichen Beziehungen schuldig, die zwischen
> den Vereinigten Staaten und jenen Mächten bestehen, zu
> erklären, dass wir jeden Versuch von ihrer Seite, ihr System auf
> irgendeinen Teil dieser Hemisphäre auszudehnen, als Gefährdung
> unseres Friedens und unserer Sicherheit betrachten würden«.

(AUSZUG AUS DER MONROE-DOKTRIN VOM 2. DEZEMBER 1823)

James Monroe war der letzte Zeitgenosse jener Generation, die die amerikanische Unabhängigkeit persönlich miterlebt hatte. Er wurde am 20. April 1758 in Virginia geboren und wuchs in eher bescheidenen Verhältnissen auf. Mit sechzehn Jahren nahm er sein Studium am College of William and Mary in Williamsburg auf. Bedingt durch die Wirren des Unabhängigkeitskrieges musste er sein Studium zunächst abbrechen und als junger Offizier, später als Major, in der Kontinentalarmee George Washingtons kämpfen. Dabei trug er schwere Verletzungen davon, von denen er sich jedoch schnell erholte. 1780 war er Militärbeauftragter in Diensten des Gouverneurs Thomas Jefferson und setzte auf dessen Anraten sein Studium fort.

Einige Jahre später begann James Monroe in Fredericksburg als Anwalt zu arbeiten und wurde 1782 Mitglied der gesetzgebenden Versammlung Virginias. Daraufhin ging seine politische Karriere steil bergauf: in den Jahren 1783 und 1788 wurde er in den neuen US-Kongress gewählt, wenig später war er bis 1794 Mitglied des Senats. Politisch stand er der Demokratisch-Republikanischen Partei Thomas Jeffersons nahe, mit dem er in enger Freundschaft verbunden war. Er verfolgte nationalistische und expansionistische Ideen und stimmte 1788 gegen die Ratifizierung der neuen Verfassung der USA, in erster Linie deswegen, weil ihr ein Grundrechtskatalog fehlte.

James Monroe vermählte sich 1786 mit Elizabeth Kortright, der Tochter eines zu Reichtum gekommenen ehemaligen britischen Offiziers, mit der er zwei Töchter hatte. In den Jahren 1794 bis 1796 bekleidete er den Posten eines Gesandten in Paris, von dem er allerdings abberufen wurde, als er im Ersten Koalitionskrieg zu sehr mit den Franzosen sympathisierte und damit von der neutralen Haltung George Washingtons abwich. Monroe setzte sich auch für die Freilassung des amerikanischen Revolutionärs Thomas Paine ein, der öffentliche Kritik an der Hinrichtung Ludwig XVI. geübt hatte.

Von 1799 bis 1802 war er Gouverneur von Virginia und wurde 1803, diesmal in der Funktion eines Sonderbeauftragten, abermals nach Paris geschickt, um dort gemeinsam mit Robert R. Livingstone Verhandlungen über den Kauf von Louisiana zu führen. Wenig später konnte er diese Mission erfolgreich abschließen. Seine diplomatischen Bemühungen in Madrid und London verliefen jedoch nicht so erfolgreich, weswegen er bald wieder in die USA zurückkehrte. Dort wurde er abermals zum Gouverneur von Virginia gewählt und bewarb sich bei der Republikanisch-Demokratischen Partei um die Präsidentschaftskandidatur. Allerdings wurde James Madison der Vorzug gegeben, der schließlich auch die Wahl gewann. James Monroe, der zu einem neuerlichen Krieg gegen England positiv eingestellt war, wurde aber 1814 zum Kriegsminister ernannt.

1816 unternahm er einen neuerlichen Anlauf und wurde diesmal auch in das Amt des Präsidenten gewählt. Er war ein politisch sehr erfahrener Mann und in seiner Haltung nationalistisch und pragmatisch. Der Norden des Landes stand bei seiner Amtsübernahme ganz unter dem Eindruck der industriellen Revolution, während im Süden die Sklaverei auch in den neuen Territorien üblich war. James Monroe strebte als Präsident ganz bewusst nach nationaler Einheit und politischer Harmonie.

Außenpolitisch waren er und sein Außenminister John Quincy Adams sehr aktiv. Das »Rush-Bagot-Abkommen« zwischen den USA und Großbritannien führte zu einer Entmilitarisierung der Großen Seen. 1817/18 hatte Andrew Jackson den Indianerstamm der Seminolen in Florida angegriffen, da diese entflohenen Sklaven Schutz gewährten. Zudem wollte er diese Region den USA einverleiben und war verärgert darüber, dass Präsident James Monroe Pensacola an die Spanier zurückgab. Die Angelegenheit wurde schließlich durch den »Adams-Onís-Vertrag« gelöst, welcher am 22. Februar 1819 unterzeichnet wurde und auf dessen Grundlage Spanien Florida an die Vereinigten Staaten verkaufte. Außerdem wurde die Grenze zwischen Louisiana und Mexiko festgelegt und erstmals in völkerrechtlich verbindlicher Weise den USA der Zugang zum Pazifik eröffnet.

Ein Jahr später gelang es unter James Monroes Präsidentschaft, den Missouri-Kompromiss zu erzielen. Dabei wurden sowohl der Sklavenstaat Missouri, als auch der sklavenfreie Staat Maine in die Union aufgenommen, damit im Senat weiterhin ein Gleichgewicht zwischen sklavenfreien und sklavenhaltenden Staaten garantiert war. Den neuen Unionsstaaten nördlich der Trennungslinie am 36. Breitengrad war die Sklaverei nicht erlaubt, jenen südlich davon jedoch schon. Damit konnte der Konflikt rund um die Sklaverei zumindest vorübergehend eingedämmt werden. Allerdings war man weit davon entfernt, diese Frage für immer in zufriedenstellender Form zu lösen. Dazu kam, dass sich die Auseinandersetzungen mit den Indianern durch die Vereinnahmung der neuen Gebiete durch weiße Siedler nach 1815 weiter zuspitzten und es immer wieder zu kriegerischen Zwischenfällen kam.

Unter James Monroes Führung wurde die Infrastruktur der USA verbessert und die Dampfschifffahrt auf den Flüssen vorangetrieben. 1819 kam es allerdings zur ersten großen Wirtschaftskrise, die als »Panic of 1819« in die amerikanische Geschichte einging. Ausgelöst wurde sie durch eine Verknappung und überstürzte Fälligstellung von Krediten durch die Banken, eine allgemeine schlechte Finanzsituation, übertriebene Investitionen in die Manufakturindustrie und unkontrollierte Bodenspekulationen. Überall stieg die Zahl der Arbeitslosen massiv an. Am meisten betroffen von der Krise waren der Westen und Süden des Landes.

Erst 1821 verbesserte sich die wirtschaftliche Situation langsam wieder, und James Monroe wurde 1820 nicht nur Mangels an Mitbewerbern, da die Föderalistische Partei mittlerweile nicht mehr existierte, sondern auch aufgrund seiner ungebrochenen Popularität, unangefochten wieder zum Präsidenten gewählt. Nur ein einziger Wahlmann aus New Hampshire gab seine Stimme für John Quincy Adams ab, da er sicherstellen wollte, dass George Washington der einzige Präsident blieb, der jemals einstimmig gewählt worden war.

Die zweite Amtszeit James Monroes stand im Zeichen des Zusammenbruchs des spanischen Kolonialreiches in Amerika. 1822 entschloss er sich nach anfänglichem Zögern, die nun von Spanien unabhängig gewordenen lateinamerikanischen Staaten Argentinien, Kolumbien, Chile, Peru und Mexiko als erstes Land außerhalb Lateinamerikas anzuerkennen. Der Kongress stimmte daraufhin auch der Aufnahme von offiziellen diplomatischen Beziehungen zu. Am 2. Dezember 1823 erklärte James Monroe, dass die USA jede Form von Rekolonialisierung oder den Erwerb neuer Kolonien in Lateinamerika durch die europäischen Mächte als Gefahr für die Sicherheit des eigenen Landes betrachten würden. Diese Warnung galt auch Russland im Hinblick auf eine mögliche Einmischung in Alaska. Im Gegenzug boten die USA in dieser unter dem Namen »Monroe-Doktrin« bekannt gewordenen Grundsatzerklärung an, sich vollständig aus allen europäischen Angelegenheiten einschließlich jener in den Kolonien in der Karibik und in Südamerika herauszuhalten.

Die Monroe-Doktrin, die weitgehend der damalige Außenminister John Quincy Adams verfasst hatte, war einerseits Ausdruck eines gewissen Hegemonieanspruches der USA gegenüber Lateinamerika, betonte anderseits aber deutlich den Grundsatz einer Politik der Nichteinmischung. Anfangs war die Wirkung der Doktrin gering. Ende des 19. Jahrhunderts diente sie allerdings durchaus als Grundlage für die Rechtfertigung von Herrschaftsansprüchen der USA in Mittel- und Südamerika.

In der Sklavenfrage war James Monroe gespalten, sprach sich aber gegen den internationalen Sklavenhandel aus und befürwortete die Rückführung freier Sklaven nach Liberia, dessen Hauptstadt Monrovia 1824 nach ihm benannt wurde. Eine mit Großbritannien geplante angloamerikanische Konvention gegen den Sklavenhandel fand allerdings nicht die notwendige Zustimmung des Senats.

Nach dem Ende seiner Amtszeit zog sich James Monroe auf sein Landgut in Oak Hill in Virginia zurück, blieb aber weiterhin politisch aktiv. Er entwickelte das neue Grundgesetz von Virginia mit und unterstützte gemeinsam mit Thomas Jefferson und James Madison die Gründung einer Universität in diesem Staat.

Finanzielle Probleme zwangen ihn nach dem Tod seiner Frau, seinen Besitz aufzugeben und zu seiner Tochter nach New York zu ziehen. Dort starb er am 4. Juli 1831 vermutlich an den Folgen einer Malariaerkrankung, die er sich in den Sümpfen des Mississippi River zugezogen hatte. Er wurde in New York begraben. Erst Jahre später überführte man seine sterblichen Überreste nach Virginia.

JOHN QUINCY ADAMS

* 11. Juli 1767 in Braintree, Massachusetts
† 23. Februar 1848 in Washington, D. C.

6. Präsident der USA (1825–1829) – Föderalist /
Demokrat-Republikaner / Nationalrepublikaner

»Dies ist der letzte Tag auf Erden, ich bin zufrieden.«

(JOHN QUINCY ADAMS LETZTE WORTE
VOR SEINEM TOD AM 23. FEBRUAR 1848)

Schon John Quincy Adams' Vater hatte als zweiter Präsident der Vereinigten Staaten das höchste Amt des Landes bekleidet, und wie er begann auch sein Sohn nach einer vorzüglichen schulischen Ausbildung mit dem Studium der Rechtswissenschaften. Dieses schloss er 1787 an der Harvard University ab und war zunächst als Anwalt in Boston, Massachusetts, tätig.

Beide Eltern waren begeisterte Befürworter der amerikanischen Unabhängigkeit und konnten auch ihren Sohn für die darin verkörperten Ideale begeistern. Sicher auch deshalb, da John Quincy Adams, der am 11. Juli 1767 in Braintree, Massachusetts, geboren worden war, schon als Kind die Gefechte im nahegelegenen Bunker Hill miterlebte, mit denen 1775 der Unabhängigkeitskrieg eröffnet worden war. Schon früh hatte er das Privileg, seinen Vater auf dessen diplomatischen Reisen nach Europa begleiten zu können, was ihn zu einem fundierten Kenner der dortigen Verhältnisse werden ließ. Seine wohlhabende Herkunft machte es zudem möglich, dass er schon im jugendlichen Alter mehrere moderne Sprachen, Altgriechisch und Latein beherrschte.

John Quincy Adams war ein belesener und weltgewandter junger Mann und wurde 1794 amerikanischer Botschafter in den Niederlanden, nachdem er in unter Pseudonymen veröffentlichten Streitschriften die Neutralitätspolitik George Washingtons in den europäischen Revolutionskriegen verteidigt hatte. Dieser wurde auf den jungen Mann aufmerksam und entsandte ihn anschließend auch noch in diplomatischen Missionen nach Berlin, Sankt

Petersburg, Lissabon und London. John Quincy Adams war maßgeblich an den Verhandlungen beteiligt, die 1814 zum Friedensschluss im britisch-amerikanischen Krieg führten. In London hatte er 1797 die Tochter des amerikanischen Konsuls, Louisa Catherine Johnson, geheiratet. Sie war in England aufgewachsen und lernte die Vereinigten Staaten erst nach ihrer Hochzeit kennen. Die beiden hatten drei Söhne, von denen einer auch die Karriere im diplomatischen Dienst wählte.

John Quincy Adams stand politisch anfangs den Föderalisten nahe und verdankte ihnen 1803 auch die Wahl in den Senat von Massachusetts. Doch schon bald wandte er sich von seinen einstigen politischen Gesinnungsgenossen ab und begann, die Embargopolitik Thomas Jeffersons zu unterstützen. Dies führte allerdings innerhalb eines halben Jahres zu seinem Rücktritt vom Amt. Bei der Kandidatur für einen Sitz im US-Repräsentantenhaus blieb er ebenfalls erfolglos.

1817 berief ihn allerdings Präsident James Monroe als Außenminister ins Kabinett, wo er außergewöhnlich erfolgreiche Arbeit leistete. Es gelang ihm, ein Abkommen mit Großbritannien über offene Fischerei- und Grenzfragen zu erzielen, mit dem »Adams-Onís-Vertrag« von 1819 die Eingliederung von Florida voranzutreiben, welches bis dahin spanisches Hoheitsgebiet gewesen war, und die Territorialansprüche der USA soweit nach Westen auszudehnen, dass der Pazifische Ozean erreicht werden konnte. Dies öffnete die Tür für regen Handel mit den Ländern im pazifischen Bereich.

1824 standen neue Präsidentenwahlen an, bei denen keiner der Kandidaten die absolute Mehrheit der Wahlmännerstimmen erreichen konnte. Damit war das Repräsentantenhaus am Zug, welches sich, für viele überraschend, für John Quincy Adams und nicht seinen ursprünglich aussichtsreicheren Kontrahenten Andrew Jackson, der eigentlich mehr Stimmen bekommen hatte, entschied. John Quincy Adams' Wahlerfolg glich allerdings eher einem Pyrrhussieg, denn alle seine Gegner schlossen sich zusammen und stärkten Andrew Jackson den Rücken. Als Folge davon gab es in der Administration große Spannungen und intensive Parteikämpfe. General Andrew Jackson war populärer als der Präsident und schien bereits als dessen Nachfolger auserkoren zu sein. Auch der Kongress war ganz auf die nächsten Präsidentenwahlen von 1828 ausgerichtet und erwies sich als Hemmschuh für viele Pläne der neuen Staatsverwaltung. John Quincy Adams war dennoch während seiner gesamten Amtszeit bestrebt, die sektorale und parteipolitische Zerrissenheit zu harmonisieren und die nationale Integration voranzutreiben.

Die amerikanische Wirtschaft war im Wachstum begriffen, und 1828 begann der Bau der ersten Passagiereisenbahnlinie, die zwanzig Jahre später fertig gestellt wurde. John Quincy Adams hatte zudem geplant, den Straßen- und Kanalbau voranzutreiben, die Häfen auszubauen und das Patentwesen zu verbessern. Weder Kongress, noch Öffentlichkeit waren allerdings bereit, diese Reformbestrebungen mitzutragen. Somit wurde von diesem ehrgeizigen Programm nur wenig umgesetzt. 1828 wurde ein Zolltarif eingeführt, der die heimische Industrie besonders in Neuengland schützen sollte. Zusätzliche Zollbelastungen für den Import von Rohmaterialien provozierten speziell im Süden entrüstete Ablehnung. South Carolina und später auch Georgia, Mississippi und Virginia erklärten den Tarif für verfassungswidrig und daher ungültig.

Außenpolitisch war John Quincy Adams bestrebt, günstige Handelsbedingungen mit anderen Nationen zu erzielen und die Neutralitätsrechte der USA zu sichern. Er schloss Abkommen mit England, Frankreich, Dänemark, Holland und Österreich ab und unterzeichnete ein Grenzabkommen mit Mexiko.

Bei den 1828 stattfindenden Präsidentschaftswahlen errang Andrew Jacksons einen eindeutigen Wahlsieg über John Quincy Adams, nicht zuletzt deshalb, weil während der Präsidentschaft von John Quincy Adams ein allmählicher Übergang zur Massendemokratie erfolgt war. Viele Bundesstaaten hatten nämlich inzwischen die Erfordernisse eines Mindestvermögens als Grundlage für das Recht zu wählen aufgegeben, weshalb sich im Jahr 1828 die Anzahl der männlichen Wähler – Frauen und freigelassene Sklaven hatten noch kein Wahlrecht – verdreifacht hatte. Diese stimmten zu großen Teilen für den populären Kriegshelden Andrew Jackson.

John Quincy Adams kehrte mit seiner in der Ehe unglücklichen und an Depressionen leidenden Frau enttäuscht nach Massachusetts zurück und widmete sich dem Lesen und Schreiben. So übersetzte er beispielsweise Gedichte der deutschen Romantik ins Englische. 1831 bewarb er sich noch ein weiteres Mal für ein politisches Amt und zog mit einem Abgeordnetenmandat als Vertreter der Nationalrepublikaner ins Repräsentantenhaus in Washington ein, wo er bis zu seinem Tod am 21. Februar 1848 als Kongressabgeordneter aktiv blieb. Er war zudem Vorsitzender eines Wirtschaftsausschusses, widmete sich der Indianerproblematik, trat entschieden für Bürgerrechte ein und verurteilte bis zu einem gewissen Grad auch die Sklaverei. Sein Versuch, 1834 zum Gouverneur von Massachusetts gewählt zu werden, scheiterte. Als Erfolg konnte er hingegen seine anwaltliche Vertretung von Sklaven in den Amistad-Prozessen verbuchen, denen es gelungen war, von spanischen Sklavenschiffen in die USA zu flüchten. Der Supreme Court entschied, dass sie nicht an Spanien ausgeliefert werden durften, sondern als freie Menschen in ihre Heimat zurückkehren konnten.

Am 23. Februar 1848 starb John Quincy Adams im Alter von achtzig Jahren an den Folgen eines Schlaganfalls und wurde in seinem Heimatort in Massachusetts begraben. So erfolgreich er als Außenminister in der Administration James Monroes war, so wenig glanzlos verlief seine eigene Präsidentschaft. Als Politiker im Außenamt kamen ihm seine Intellektualität und Rationalität sehr gelegen, als Präsidenten machten ihn diese Eigenschaften allerdings wenig beliebt. Obwohl er sich bisweilen sogar von den eigenen Gefolgsleuten entfremdete, bewahrten ihm seine Unparteilichkeit und Prinzipientreue dennoch Respekt und Ansehen.

ANDREW JACKSON

* 15. März 1767 in der Waxhaw Region in South Carolina
† 8. Juni 1845 in Nashville, Tennessee

7. Präsident der USA (1829–1837) – Demokrat

*»Es gibt keine notwendigen Übel in einer Regierung.
Ihre Übel existieren nur durch ihren Missbrauch.«*

(ANDREW JACKSON IM ZUGE SEINES VETOS GEGEN DIE
»SECOND NATIONAL BANK« AM 10. JULI 1832)

Andrew Jackson, der erste Präsident der USA, der nicht den einflussreichen, wohlhabenden Kreisen der Ostküste entstammte, sondern in sehr einfachen familiären Verhältnissen aufwuchs, wurde am 15. März 1767 in South Carolina geboren. Seine Eltern waren Immigranten aus dem heutigen Nordirland. Die früh verwitwete Mutter musste ihre drei Söhne alleine aufziehen. Auch sie starb schon in jungen Jahren an Cholera und ließ Andrew Jackson noch im Teenageralter als Vollwaisen zurück. Er genoss nur eine geringe Schulbildung, da er beschloss, gegen die britischen Truppen zu kämpfen, die in South Carolina einmarschiert waren. Kurzfristig geriet er sogar in britische Gefangenschaft, kam dann aber im Rahmen eines Gefangenenaustausches frei.

Anschließend hielt er sich mit Gelegenheitsjobs über Wasser und begann, Rechtswissenschaften zu studieren. 1787 erhielt er die Befugnis, als Anwalt in Nashville, Tennessee, zu praktizieren. Wenig später nahm er seine Tätigkeit als Staatsanwalt für den West District von North Carolina auf.

Tennessee wurde 1796 als neuer Staat in die Union aufgenommen und war geprägt von seiner Lage im westlichen Grenzgebiet. Andrew Jackson war ein typischer Mann dieser Region und in jungen Jahren ungehobelt, mit rauen Manieren und zweifelhaftem Ruf als Raufbold und Spieler. 1791 heiratete er Rachel Donelson Robards, deren Scheidung von ihrem ersten Mann zu diesem Zeitpunkt noch nicht rechtskräftig war. Aus diesem Grund wiederholten sie drei Jahre später ihre Eheschließung. Der Vorwurf der Bigamie konnte nie ganz beseitigt werden und war 1828 auch ein Hauptthema der Presse beim Wahlkampf für das Präsidentenamt. Andrew Jackson und seine Frau hatten keine eigenen Kinder, adoptierten aber 1809 einen ihrer Neffen und nannten ihn nach dem Adoptivvater. Andrew Jackson betätigte sich eine Zeit lang als Unternehmer und Spekulant und kaufte 1795 ein Landgut in Tennessee, das er auch selbst bewirtschaftete. Er widmete sich vornehmlich dem Baumwollanbau und der Pferdezucht.

Seine politische Karriere begann 1796 als Mitglied der verfassungsgebenden Versammlung des neuen US-Staates Tennessee. Anschließend wurde er Kongressabgeordneter und ging später für einige Monate als Senator nach Washington. Er stand zwar grundsätzlich in seiner politischen Überzeugung Thomas Jefferson und dessen Demokraten-Republikanern nahe, einige Differenzen mit dem amtierenden Präsidenten veranlassten ihn aber, sich vorübergehend dem politischen Leben zu entziehen. Zurück in Tennessee bekleidete er dann bis 1804 das Amt eines Richters am Obersten Gerichtshof dieses Bundesstaates. Sein aufbrausender Charakter verleitete ihn am 30. Mai 1806 dazu, in einem Duell den Anwalt Charles Dickinson, von dem er sich beleidigt fühlte, zu töten. Andrew Jackson selbst wurde ebenfalls verletzt und musste seitdem mit einer Kugel im Brustkorb leben. Es sollte nicht die einzige Auseinandersetzung bleiben. Eine Schussverletzung, die er sich bei einer weiteren Querele zugezogen hatte, trug dazu bei, dass Andrew Jackson von ständigen Schmerzen im Unterleib gequält wurde.

Der britisch-amerikanische Krieg von 1812 war für ihn der Beginn einer beeindruckenden militärischen Laufbahn, die ihm im ganzen Land Ruhm einbrachte und den Beinamen »Old Hickory« verlieh. Er erhielt den Oberbefehl über alle Milizen von Tennessee und fügte den Creek-Indianern im heutigen Alabama eine vernichtende Niederlage zu. In den Friedensverträgen nahm er ihnen große Teile ihres Landes weg. Daraufhin wurde er 1814 zum Generalmajor der offiziellen Armee der Vereinigten Staaten im Krieg gegen die Briten ernannt. Er rückte nach Florida vor und nahm Pensacola ein. Auch bei der Verteidigung von New Orleans war er erfolgreich. Obwohl der Krieg außer großen Verlusten wenig bewirkt oder gar geklärt hatte, wurde der Sieg fanatisch gefeiert, und Andrew Jackson stieg zum Nationalhelden auf.

Im Dezember 1817 übertrug Präsident James Monroe Andrew Jackson die Aufgabe, militärisch gegen die Seminolen-Indianer, die im Grenzbereich zwischen Georgia und Spanisch-Florida lebten, vorzugehen. Wie die meisten Siedler Tennessees war auch Andrew Jackson bestimmt von Hassgefühlen gegen Indianer und Spanier. Er war überzeugt davon, dass weiße Siedler und Indianerstämme nicht friedlich zusammen leben könnten. Mit Härte und Grausamkeit führte er daher den Krieg gegen die Seminolen.

1819 erwarben die USA Florida von den Spaniern und zwei Jahre später wurde das Amt des dortigen Militärgouverneurs an Andrew Jackson übertragen. Nach nur vier Monaten kehrte er allerdings wieder nach Tennessee zurück und wurde von 1823 bis 1825 erneut US-Senator für diesen Staat.

1824 wurde Andrew Jackson von seinen Freunden in Tennessee als Präsidentschaftskandidat nominiert. Obwohl er bei der Wahl die meisten Wählerstimmen erhalten hatte, wurde im Endeffekt dennoch John Quincy Adams vom Kongress zum Präsidenten gewählt. Keinem der vier Kandidaten der Demokratisch-Republikanischen Partei – weder Andrew Jackson, noch John Quincy Adams, William Crawford oder Henry Clay – war es nämlich gelungen, die notwendige Mehrheit an Stimmen bei den Wahlmännern auf sich zu vereinen. Der Wahlverlierer Andrew Jackson bezichtigte den Gewinner John Quincy Adams der Absprache und Korruption, woraufhin sich die Partei spaltete. Somit bildete sich ein neues Zwei-Parteien-System in den USA heraus. Auf der einen Seite waren die Demokraten Andrew Jackson und van Buren, die hauptsächlich von den Siedlern im Westen und Süden des Landes und von Farmern, Handwerkern und Arbeitern, aber teilweise auch Plantagenbesitzern unterstützt wurden. Die National-Republikanische Partei um John Quincy Adams fand ihre Gefolgschaft eher unter den Bewohnern des Ostens, der Neuengland-Staaten und in den etablierten Kreisen des Großbürgertums.

In der Wahl von 1828, also vier Jahre nach seiner Niederlage gegen John Quincy Adams, kandidierte Andrew Jackson abermals für das Amt des Präsidenten. Diesmal gelang es ihm, seinen Gegner mit deutlicher Mehrheit zu besiegen. Die politischen Programme der Kontrahenten unterschieden sich nicht wirklich. Beide sprachen sich für Schutzzölle aus und wollten die innere Situation des Landes verbessern. Ausschlaggebend waren vielmehr die Persönlichkeiten der beiden Kandidaten. Auf der einen Seite war der intellektuelle, reservierte John Quincy Adams und auf der anderen Seite der kriegserfahrene Andrew Jackson, der mit seiner sozialen Herkunft, seinem ungehobelten Auftreten, aber auch seinen persönlichen Ansichten vielen Wählern wesentlich näher stand als sein politischer Gegner, der es weitaus schlechter verstand, die demokratischen Ansprüche des neuen Zeitalters zu verkörpern. Noch bevor Andrew Jackson das Amt des Präsidenten antrat, erlitt er mit dem plötzlichen Tod seiner Frau Rachel einen schlimmen Schicksalsschlag, den er trotz extremer Härte sich selbst und anderen gegenüber nur schwer verkraftete.

Andrew Jackson begann seine Präsidentschaft als Volksheld, er präsentierte sich als Mann der Massen und Repräsentant ihrer kleinbürgerlichen Interessen. Die Rolle der First Lady wurde anfangs von seiner Nichte und später von der Frau seines Adoptivsohnes übernommen. Andrew Jackson gehörte nicht zum politischen Establishment und seine zwei Amtszeiten bedeuteten eine wichtige Wende für das höchste Amt des Staates. Während seiner Präsidentschaft gab es auch verschiedene politische Neuerungen, wie zum Beispiel die Einführung des »Spoil-Systems«, mittels dessen festgelegt wurde, dass die Bundesbürokratie nach Präsidentschaftswahlen personell neu und mit Parteimitgliedern zu besetzen sei. Eine weitere Neuerung im Zusammenhang mit der Nominierung von Präsidentschaftskandidaten geht ebenfalls auf Andrew Jacksons zurück, da die Parteien ihre Kandidaten seit 1832 auf einem nationalen Konvent nominieren.

Andrew Jackson berief Beamte ab, die er für korrupt oder ungeeignet hielt und besetzte die Posten neu. Dabei bewies er keine glückliche Hand, da er zu häufig Stellen an Personen vergab, denen er sich zu Dank verpflichtet fühlte. Das in der Öffentlichkeit als unmoralisch wahrgenommene Verhalten der Ehefrau seines Kriegsministers, John Henry Eaton, einem politischen Freund und Verbündeten Andrew Jacksons aus Tennessee, die nach Meinung des Washingtoner Establishments zu schnell nach dem Tod ihres ersten Mannes wieder geheiratet hatte, löste sogar eine schwere Kabinettskrise aus. Die Administration spaltete sich in Verteidiger und Gegner der Frau, was die Regierung schwer belastete und schließlich 1831 zum Rücktritt John Henry Eatons führte. Die Affäre hatte auch zu einer Entfremdung zwischen Andrew Jackson und seinem Vizepräsidenten John C. Calhoun geführt. Angesichts dieser Vorfälle richtete der Präsident das sogenannte »Kitchen-Cabinet« ein. Dabei handelte es sich um eine informelle Beratergruppe rund um den Präsidenten, deren Einfluss oft jenen von offiziellen Kabinettsitzungen überstieg. Die Mitglieder waren Andrew Jackson gegenüber absolut loyal. Nach dem Rücktritt John Henry Eatons bildete Andrew Jackson sein Kabinett vollständig um und besetzte es ausschließlich mit engen Vertrauten. Seit damals kommt dem Kabinett in erster Linie die Funktion eines ausführenden Organes der Beschlüsse des Präsidenten zu.

1830 unterzeichnete Andrew Jacksons den »Indian Removal Act«, mit dem Indianerstämme gezwungen wurden, einen Großteil ihres Landes aufzugeben und sich im fernen Westen neu anzusiedeln. Die meisten Stämme unterwarfen sich dieser Entscheidung und nur wenige, wie die Seminolen in Florida oder die Cherokees in Georgia, leisteten Widerstand. Natürlich hatten sie gegen die Übermacht der Armee keine Chance und wurden, nachdem sie große Verluste erlitten hatten, gewaltsam nach Oklahoma umgesiedelt. Andrew Jacksons Ziel war es, das »Indianerproblem« zu lösen, um mehr Land für die weißen Siedler zu schaffen. Da er ein Zusammenleben mit den Indianern für unmöglich hielt, schien ihm die Vertreibung der Stämme die einzige Möglichkeit zu sein. Für die betroffenen Indianer hatte diese Politik katastrophale Folgen. Viele von ihnen starben im Zuge der Umsiedlung auf dem »Pfad der Tränen« an Krankheiten und unzureichender Versorgung. Diese Entscheidung Andrew Jacksons wird bis heute in der amerikanischen Geschichtsschreibung heftig kritisiert.

Weitaus positiver sieht man hingegen seine Bewältigung der »Nullifikationskrise«. Einige der südlichen Staaten, allen voran South Carolina, wehrten sich auch weiter gegen den noch von John Quincy Adams unterzeichneten Bundeszolltarif. Wieder drohte das Auseinanderbrechen der Union. Erschwerend kam die gegensätzliche Haltung von Andrew Jackson und seinem Vizepräsidenten John Calhoun hinzu, der sich öffentlich für die Interessen der Südstaaten stark machte. Er war es auch, der die »Nullifikationstheorie« propagierte, die besagte, dass die einzelnen Staaten das Recht hätten, Handlungen der Bundesregierung für ungültig zu erklären, die gegen ihre eigenen Interessen gerichtet waren. South Carolina erklärte daraufhin 1832 die Bundeszolltarife von 1818 und 1828 und einen neuen Tarif von 1832 für ungültig und beschloss, im Falle einer Gewaltanwendung durch den Bund, aus der Union auszutreten. Andrew Jackson reagierte wohlüberlegt und rational und verhinderte so das Schlimmste. Er kündigte eine Reduzierung der Zollsätze an, betonte aber zugleich, dass er entschlossen sei, die Rechte der Union und der Bundesregierung auch militärisch zu schützen. Als er jedoch am 5. Dezember 1832 mit überzeugender Mehrheit wieder zum Präsidenten gewählt wurde, wandte er sich entschieden gegen die Nullifikation und sprach den Staaten das Recht ab, aus der Union auszuscheiden. Ein vom Kongress verabschiedeter Kompromiss in Hinblick auf den Zolltarif wurde von den meisten Staaten des Südens akzeptiert und zwang auch South Carolina letztendlich zum Einlenken.

Die im Jahr 1816 für zwanzig Jahre gegründete Bank der Vereinigten Staaten war Ausdruck der etablierten Interessen der wohlhabenden Bevölkerung der USA. Für Siedler im Westen wie Farmer, aber auch Arbeiter in den Städten, war die Bank eine Institution, die für sie unerschwingliche Kredite verlieh. Somit wurde sie zum Begriff wirtschaftlicher Machtkonzentration und dies ausgerechnet zu einer Zeit, als sich die Gesellschaft zu egalisieren begann. Politisch war die Bank in den Kreisen der etablierten Ostküste rund um Henry Clay angesiedelt und national-republikanischen Idealen verbunden. Andrew Jackson war ein politischer Gegner Henry Clays und entschloss sich 1832 zu einem Veto gegen die vom Kongress geplante Verlängerung der Banklizenz. Nach einer gewissen Zeit unterstützte auch das Repräsentantenhaus die Politik des Präsidenten, weshalb die Nationalbank 1836 ihre Tätigkeit einstellen musste.

Präsident Andrew Jackson hatte sich gegen Ende seiner Amtszeit auch verstärkt außenpolitischen Problemen zu stellen. 1836 wurde nach einigen Kämpfen die Unabhängigkeit der Republik Texas ausgerufen, die sich von Mexiko abgespalten hatte. Jahre später, als Andrew Jackson schon lange nicht mehr im Amt war, sollte er sich noch massiv für die Annexion von Texas einsetzen.

Anfang 1835 blieb er, auf den von einem Geisteskranken zwei Pistolenschüsse aus nächster Nähe abgefeuert wurden, unverletzt. Dies war das erste Attentat auf einen amerikanischen Präsidenten. Ein Jahr später entschied sich Andrew Jackson, der zu diesem Zeitpunkt mit siebzig Jahren der älteste amtierende Präsident war, gegen eine neue Kandidatur bei der Präsidentschaftswahl. Er zog sich nach der Amtseinführung des von ihm unterstützten neuen Präsidenten Martin Van Buren auf seine Plantage nach Tennessee zurück, wo er mit gesundheitlichen Problemen und den Schulden seines Adoptivsohnes zu kämpfen hatte. Dort starb er auch am 8. Juni 1845 im Alter von achtundsiebzig Jahren.

Martin Van Buren

* 5. Dezember 1782 in Kinderhook, New York
† 24. Juli 1862 in Kinderhook, New York

8. Präsident der USA (1837–1841)

> » Ich bin gegen alle Allianzen, gegen alle bewaffneten
> Bündnisse, gegen Bündnisse jeder Art.«(Martin
> Van Buren in einer Rede an den Senat, 1825)

Martin Van Buren wurde am 5. Dezember 1782 in einem kleinen Ort im Staate New York als drittes von fünf Kindern niederländischer Farmer geboren. Er war bis heute der einzige Präsident der Vereinigten Staaten, dessen Muttersprache nicht Englisch war. Martin Van Buren wuchs in einfachen Verhältnissen auf, weshalb ihm eine gute Schulbildung versagt blieb. Mit vierzehn Jahren begann er, als Gehilfe in einer Anwaltspraxis zu arbeiten, und eignete sich erste juristische Kenntnisse an, die er später während seiner Tätigkeit in einer Kanzlei in New York City erweiterte. Damit erlangte er 1803 selbst die Zulassung als Anwalt. Wenig später kehrte er in seinen Heimatort zurück und begann, dort als Partner in der Anwaltskanzlei seines Halbbruders zu wirken, bevor er seine Karriere in einer Praxis in Hudson, New York, fortsetzte. 1807 heiratete er seine Cousine Hannah Hoes, die ihm vier Söhne gebar, allerdings schon zwölf Jahre später verstarb.

Als erfolgreicher Anwalt war Martin Van Buren seit 1807 auch mit Aktivitäten für die Demokratisch-Republikanische Partei betraut und wuchs so langsam in die Welt der Politik hinein. Ein Jahr später bekleidete er als Richter im Columbia County sein erstes politisches Amt, bevor er in den Staatssenat von New York gewählt wurde, dem er bis 1820 angehören sollte. Er war ein Befürworter des britisch-amerikanischen Krieges von 1812 und forderte als einer der ersten Politiker die Abschaffung von Gefängnisstrafen für zahlungsunfähige Schuldner. Zudem engagierte er sich auch aktiv für eine Wahlrechtsreform im Staate New York. Von 1821 bis 1829 war er als Senator in Washington tätig. Er gewann als Gegner der Politik von Präsident John Quincy Adams weiter an politischem

Profil und wurde zu einem eifrigen Unterstützer des Demokraten Andrew Jackson. Tatkräftig unterstütze er ihn im Präsidentschaftswahlkampf des Jahres 1828. Zur selben Zeit gelang Martin Van Buren selbst ein Sieg bei den Gouverneurswahlen in New York. Damit sicherte er die Stimmen für Andrew Jackson in diesem Bundesstaat und begünstigte dessen Wahlsieg.

Den Posten des Gouverneurs hatte Martin Van Buren nur für wenige Monate inne, da ihn Andrew Jackson im März 1829 als Außenminister in sein Kabinett holte. In dieser Funktion gelang es Martin Van Buren, einen Handelsvertrag mit der Türkei abzuschließen, der den USA Rechte am Schwarzen Meer zusicherte. Mit England wurde der Handel in der Karibik geregelt und mit Frankreich vereinbarte er Reparationszahlungen für die Napoleonischen Kriege.

Martin Van Buren wurde zu einem engen Vertrauten des Präsidenten und gehörte auch dessen »Kitchen Cabinet« an, wie die engsten Vertrauten des Präsidenten bezeichnet wurden. Martin Van Buren stand auch in der »Petticoat Affäre«, die die Regierung zu zerreißen drohte, ganz hinter dem Präsidenten. Im Rahmen dieses Skandals, welcher sich bis in die höchsten politischen Kreise zog, heiratete der Senator und spätere Kriegsminister John Henry Eaton nach dem Tod seiner Frau die junge Witwe Margaret O´Neill Eaton. Trotz positiver Haltung des Präsidenten erschien den gehobenen politischen Kreisen Washingtons die Trauerzeit der Frau nach dem Tod ihres Mannes (Suizid) zu kurz, und sie provozierten einen Skandal. Besonders die Frau von Vizepräsident John C. Calhoun, Floride Calhoun, engagierte sich gegen die neue Frau John Eatons. Die Affäre nahm so massive Ausmaße an, dass sie die Regierung spaltete und 1831 fast das gesamte Kabinett von Andrew Jackson zurücktrat. Um die Umbildung der Regierung nicht zu behindern, trat auch Martin Van Buren aus eigenen Stücken und in loyaler Verbundenheit mit dem Präsidenten zurück, der ihn daraufhin zum Botschafter in Großbritannien ernannte. Für dieses Amt verweigerte der Senat allerdings seine Zustimmung. Dies schien das Ende von Martin Van Burens politischer Karriere zu sein. Doch Präsident Andrew Jackson hielt an ihm fest, und so wurde er 1832 als Vizepräsidentschaftskandidat nominiert. Nach dem Wahlsieg von Andrew Jackson übernahm Martin Van Buren in den Jahren von 1833 bis 1837 das Amt des Vizepräsidenten der Vereinigten Staaten. Er blieb auch weiterhin Andrew Jacksons engster

Berater und war während seiner Amtszeit hauptsächlich mit der Vermittlung zwischen den Interessen der Nord- und Südstaaten in der Frage der Schutzzölle befasst.

Mit Andrew Jacksons Unterstützung gewann Martin Van Buren 1836 dann auch die Nominierung zum demokratischen Präsidentschaftskandidaten. Seine parteipolitischen Gegner waren die Mitglieder der neuen Whig-Partei, die sich jedoch nicht auf einen gemeinsamen Kandidaten einigen konnten. Deshalb gingen mehrere Kandidaten ins Rennen, das letztendlich Martin Van Buren für sich entscheiden konnte.

Als neuer Präsident und erster in diesem Amt, der den Unabhängigkeitskrieg nicht mehr selbst erlebt hatte, hatte er nicht nur eine pragmatischere Einstellung zu Großbritannien als seine Vorgänger, sondern sah in politischen Parteien auch ein entscheidendes Instrument für die Sicherung einer demokratischen Ordnung.

Martin Van Buren hielt an den Idealen der Demokratischen Partei fest und war überzeugt davon, dass eine bundesstaatliche Einflussnahme beschränkt bleiben und die Rechte der Einzelstaaten gestärkt werden sollten. Er beließ den Mitarbeiterstab fast unverändert, in erster Linie, um Ressentiments im Zuge von Neubesetzungen zu verhindern und die Partei, die durch die »Petticoat Affäre« nach wie vor gespalten schien, nicht weiteren Spannungen auszusetzen. Martin Van Buren war auch um einen Ausgleich der Nord- und Südstaaten in der Sklavenfrage bemüht. Er unterstützte die Anti-Sklaven-Aktivitäten des Nordens nicht, sprach sich aber auch gegen die Annexion von Texas aus, das 1836 von Mexiko unabhängig geworden war. Damit wollte er das Gleichgewicht von sklavenfreien und sklavenhaltenden Staaten im Kongress nicht gefährden. Martin Van Buren strebte zudem eine Verbesserung der politischen Beziehungen zu Mexiko an und verfolgte die Idee, eine Schiedskommission über die strittigen Ansprüche gegen Mexiko entscheiden zu lassen. Damit sicherte er für eine gewisse Zeit den Frieden.

Von einer Kriegserklärung gegen Großbritannien nahm er ebenfalls Abstand, als Kanada gegen die Fremdherrschaft rebellierte und es zu Übergriffen im amerikanisch-kanadischen Grenzgebiet kam. 1838 verlief die kanadische Rebellion im Sande, allerdings drohte 1839 ein neuer Konflikt mit Großbritannien über die Grenze zwischen dem amerikanischen Bundesstaat Maine und dem kanadischen Bundestaat New Brunswick. Ende des 18. Jahrhunderts war der Verlauf der Grenze im Frieden von Paris nicht exakt fest-gelegt, sondern nachfolgenden Verhandlungen überlassen worden. Daher kam es immer wieder zu kleineren Grenzstreitigkeiten und 1839 zu einem direkten Zusammenstoß amerikanischer und briti-scher Soldaten. Martin Van Buren reagierte besonnen und einigte sich mit dem britischen Botschafter auf einen Waffenstillstand. 1842 wurde dann ein offizielles Grenzabkommen im Webster-Ashbur-ton-Vertrag unterzeichnet.

In der Indianerfrage unterstützte Martin Van Buren die ge-waltsame Umsiedlung von Stämmen in Gebiete, die westlich des Mississippi lagen, und setzte damit die Politik seines Vorgängers Andrew Jackson fort. Seminolen und Cherokee Indianerstämme wurden vertrieben, wobei auf dem »Trail of Tears« viele starben. Die Seminolen, welche in Florida lebten, leisteten gegen diese Po-litik der Vertreibung massiven Widerstand. Dies führte zum zwei-ten Seminolenkrieg, der mehrere Jahre dauerte und viele Opfer forderte.

Gleich zu Beginn seiner Amtszeit war Martin Van Buren mit der großen Finanzkrise, die 1837 begann, konfrontiert. Wirtschaftliche und finanzielle Spekulationen hatten im ganzen Land Banken ent-stehen lassen, von denen nun viele geschlossen werden mussten. Dazu kamen eine hohe Inflation und eine Verknappung der Kre-dite, die noch auf die letzten Jahre der Präsidentschaft Andrew Jacksons zurückgingen. Die Arbeitslosigkeit stieg und weite Teile der Bevölkerung verarmten. Das ganze Land versank in einer Wirt-schaftsdepression, die sogar zu Lebensmittelaufständen führte. Martin Van Buren reagierte mit dem Aufbau eines unabhängigen Depositensystems im Rahmen der staatlichen Finanzverwaltung. Sämtliche finanzielle Regierungstransaktionen hatten in Hartgeld zu erfolgen, wobei diese Maßnahmen nur wenig bewirkten.

Die langanhaltende Wirtschaftskrise war daher vermutlich auch der Grund, dass Martin Van Buren bei den Präsidentschaftswah-len im Jahre 1840 scheiterte. Die Whigs hatten sich für William Harrison als Kandidaten entschieden, der sich als bodenständig präsentierte und die Wahl mit großem Vorsprung gewann. Martin Van Buren konnte nicht einmal genug Stimmen in seinem eigenen Staat New York und in Tennessee, dem seines Freundes Andrew Jackson, sichern.

Positiv anzurechnen ist Martin Van Buren, dass es ihm während seiner Amtszeit gelungen war, den inneren und äußeren Frieden im

Land aufrecht zu erhalten. Er arbeitete auch aktiv an der Neuentstehung der Demokratischen Partei mit, die sich als Nachfolgerin von Thomas Jeffersons Republikanisch-Demokratischer Partei etablieren konnte und in vieler Hinsicht das politische Erbe Andrew Jacksons antrat. Dennoch gelang es ihm, aus dem Schatten seines großen Vorgängers herauszutreten und sich ein eigenes politisches Profil zu geben.

Nach dem Ende seiner Präsidentschaft zog sich Martin Van Buren keineswegs verbittert auf seinen Landsitz in Kinderhook, New York, zurück, sondern bereitete seine Rückkehr in die Politik vor. 1844 bewarb er sich noch einmal als Präsidentschaftskandidat, allerdings wurde vor allen Dingen wegen seines Widerstandes gegen eine Annexion von Texas dem weitaus expansionistischer eingestellten James Polk der Vorzug gegeben. Als dieser zum Präsidenten gewählt wurde, bot er Martin Van Buren das Amt des Botschafters der USA in Großbritannien an, was dieser allerdings ablehnte. 1848 wurde Martin Van Buren zum Präsidentschaftskandidaten der »Free Soil Party« nominiert, einer Partei, die sich aus Anhängern der Demokratischen- und der Whig-Partei zusammensetzte und gegen die Sklaverei eintrat. Die Präsidentschaftswahlen gewann Zachary Taylor, der Kandidat der Whigs, und Martin Van Buren wurde lediglich Dritter. Allerdings war durch seine Kandidatur die Frage der Sklaverei erstmals zu einem dezidierten Wahlkampfthema geworden. Außerdem war es Martin Van Buren gelungen, einen Sieg des demokratischen Kandidaten, Lewis Cass, der ein prononcierter Befürworter der Sklaverei war, zu verhindern.

Nach seinem endgültigen Rückzug aus dem politischen Leben unternahm Martin Van Buren eine ausgedehnte Europareise und widmete sich der Verfassung seiner Autobiographie, die er jedoch nie beendete. Er erlebte noch den Ausbruch des Bürgerkrieges und stellte sich ganz auf die Seite von Abraham Lincoln und der Union. Martin Van Buren starb am 24. Juli 1862 im Alter von neunundsiebzig Jahren an einem Asthmaleiden und wurde in seinem Wohnort Kinderhook, New York, beigesetzt.

WILLIAM HENRY HARRISON

* 9. Februar 1773 in Berkley, Virginia
† 4. April 1841 in Washington, D. C.

9. Präsident der USA (1841–1841) – Whig

*»Old Tippecanoe hatte praktisch keinen direkten Einfluss auf
das Präsidentenamt selbst, aber die Methode seiner Wahl und
die Umstände seines Todes waren von bleibender Bedeutung.«*

Als William Henry Harrison im Alter von achtundsechzig Jahren an
die Macht kam, war er der zweitälteste Präsident in der Geschichte
der USA. Er starb bereits einen Monat nach der Amtsübernahme,
womit seine Präsidentschaft die kürzeste war, die es bislang in
den USA gab. Dieser Umstand erforderte auch erstmals die direkte
Übernahme des Präsidentenamtes durch den Vizepräsidenten.

William Harrison wurde am 9. Februar 1773 als jüngstes von
sieben Kindern auf einer Plantage in der damaligen Kolonie von
Virginia geboren und gehörte einer angesehenen Familie aus Plantagenbesitzern und Politikern an. Sein Vater war 1776 einer der
Unterzeichner der Unabhängigkeitserklärung und bekleidete in
den Jahren 1781 bis 1784 das Amt des Gouverneurs von Virginia.
William Harrison studierte für kurze Zeit Medizin, konnte dann
aber aufgrund des Ablebens seines Vaters die Studiengebühren
nicht mehr begleichen und musste das Studium abbrechen.

Er trat daraufhin in die amerikanische Armee ein, um an den
Kämpfen gegen die Indianer im Nordwesten des Landes teilzu-
nehmen. Schnell stieg er zum Leutnant auf und wurde 1795 zum
Kommandanten von Fort Washington ernannt. Dort lernte er auch
Anna Symmes, die Tochter eines Richters kennen, die an der Ostküste aufgewachsen war. Ihr Vater zeigte sich anfangs ablehnend
gegenüber einer Verbindung mit William Harrison, da ihm für
seine Tochter das Leben einer Soldatengattin als zu mühsam erschien. Er akzeptierte jedoch eine Heirat, als das Paar beschloss
durchzubrennen. 1797 wurde William Harrison noch ein letztes
Mal befördert, bevor er ein Jahr später die Armee verließ. Mit
seiner Familie zog er nach North Bend in Ohio, wo er Farmland

erwarb. Nach und nach kamen seine zehn Kinder auf die Welt, wobei der 1833 geborene Enkel Benjamin Harrison später zum 23. Präsidenten der USA werden sollte.

1798 wurde William Harrison in den US-Kongress gewählt und setzte sich in dieser Funktion für die Erleichterung von Landkäufen im Nordwest-Territorium ein. Auch verfolgte er die Unterteilung des Gebietes in zwei Territorien, nämlich in Ohio und in Indiana. Präsident Adams ernannte William Harrison 1801 zum Territorial-Gouverneur von Indiana, eine Funktion, die er zwölf Jahre lang ausübte. Er erwarb auf der Grundlage verschiedener Verträge und unter dem gezielten Einsatz von Alkohol viel Land von den Indianern, denen das Konzept von Grundeigentum im Verständnis der weißen Siedler vollkommen fremd war. Damit gelangten große Teile der heutigen Bundesstaaten Illinois, Wisconsin und Missouri in staatliches Eigentum.

Durch dieses Geschäftsgebaren nahmen die Spannungen zwischen Indianern und Weißen allerdings wieder zu. Unter der Führung des legendären Häuptlings Tecumseh schlossen sich einige Indianerstämme zusammen, um gegen die weißen Siedler vorzugehen. William Harrison unterzeichnete mit anderen Stämmen, die nicht der Gruppe um Tecumseh angehörten, den Vertrag von Fort Wayne, mit dem die Indianer aber weiteres Land verloren. Tecumseh suchte daraufhin Verbündete und fand Unterstützung bei den Briten. 1811 kam es bei Tippecanoe zu einem für beide Seiten sehr verlustreichen Überraschungsangriff der Indianer. William Harrison befahl, einige Indianersiedlungen niederzubrennen, was ihm bei weiten Teilen der weißen Bevölkerung großen, wenn auch fragwürdigen Ruhm einbrachte.

Die Schlacht bei Tippecanoe, die er dank der zahlenmäßigen Überlegenheit seiner Armee gewinnen konnte, verlieh ihm auch die Bezeichnung »Washington of the West« und »Old Tippecanoe«. William Harrison hatte mit seinem Sieg nun noch weiteres Gebiet, nämlich den Landstrich zwischen dem Ohio River und den Großen Seen für die weißen Siedler dazu gewonnen. 1813 war er auch gegen die Briten, welche sich mit den Indianern verbündet hatten, in der Schlacht am Thames River siegreich. Dort fiel der große indianische Häuptling Tecumseh. William Harrison wurde zum General ernannt, schied aber 1814 wegen Differenzen mit dem Kriegsminister John Armstrong aus der Armee aus.

Anschließend zog er sich für einige Zeit auf seine Farm in North Bernd, Ohio, zurück. Einen neuen politischen Anlauf nahm er 1816, als er abermals Abgeordneter im Repräsentantenhaus in Washington wurde, wo er den Staat Ohio vertrat. Nach seiner Tätigkeit als Kongressabgeordneter wurde er Senator im Staat Ohio und von 1825 bis 1828 in den US-Senat gewählt. Zwischen 1828 und 1829 war er als Gesandter der Vereinigten Staaten in Großkolumbien tätig, wo er Rebellen unterstützte, die sich gegen die Herrschaft von Simón Bolívar auflehnten. Bevor ihn dieser des Landes verweisen konnte, wurde William Harrison vom neu gewählten Präsidenten Andrew Jackson zurückbeordert.

Wiederum folgte eine Zeit auf seiner Farm in Ohio. 1836 bewarb er sich noch erfolglos als Präsidentschaftskandidat, wurde aber vier Jahre später von den Whigs für eben diese Position nominiert. John Tyler aus Virginia war für die Vizepräsidentschaft vorgesehen, um die Stimmen des Südens zu sichern. William Harrison trat gegen den amtierenden Präsidenten Martin Van Buren an, wobei die Whigs seine Rolle als Kriegshelden hervorkehrten und auf einen ähnlichen Erfolg hofften, wie ihn ehemals Andrew Jackson erzielt hatte, der ebenfalls als Kriegsheld zum Präsidenten gewählt worden war. William Harrison trat zwar für höhere Ausgaben für die Armee, innerstaatliche Reformen und Schutzzölle ein, hatte aber kein überzeugendes politisches Programm. Dennoch half ihm die Tatsache, dass die Whigs den Wahlkampf erstmals in sehr moderner Form führten. Slogans, Lieder, Souvenirs und geschulte Redner brachten William Harrison viele Wählerstimmen ein. Zudem musste sich die Regierung Martin Van Burens die Folgen der großen Wirtschaftskrise zuschreiben lassen. Im Endeffekt siegte William Harrison daher ziemlich deutlich und war der erste Präsident der Vereinigten Staaten, der zu seiner Inauguration mit der Eisenbahn anreiste. Dort hielt er mit einer Rede von zwei Stunden Dauer die längste, die es bei der Übernahme dieses Amtes jemals gab.

Nur vier Wochen nach Beginn seiner Präsidentschaft starb William Harrison 1841 an den Folgen einer Lungenentzündung und war damit der erste Präsident der USA, der im Amt den Tod fand. Er wurde durch seinen Vizepräsidenten John Tyler ersetzt, was rege Diskussionen über dessen rechtliche Stellung auslöste. Es war nämlich nicht geklärt, ob er überhaupt mit den vollen Rechten eines Präsidenten ausgestattet war. John Tyler setzte sich durch und forderte volle Rechte für sich als Präsident ein. Damit war für alle Zukunft ein Präzedenzfall geschaffen.

William Harrison wurde vorerst in Washington begraben. Seine sterblichen Überreste fanden später ihre letzte Ruhestätte in seiner Heimatstadt North Bend, Ohio. Bedeutung als Präsident erlangte er keine, da er viel zu früh verstorben war.

John Tyler

* 29. März 1790 in Charles City County, Virginia
† 18 Januar 1862 in Richmond, Virginia

10. Präsident der USA (1841–1845) – Whig

»Ein Politiker von monumentaler Unbedeutsamkeit«

(BESCHREIBUNG VON JOHN TYLER DURCH DEN SPÄTEREN
PRÄSIDENTEN THEODORE ROOSEVELT)

John Tyler wurde am 29. März 1790 als sechstes von acht Kindern in Virginia geboren. Er entstammte einer wohlhabenden Familie, die große Plantagen bewirtschaftete. Sein Vater war zudem als Richter und für vier Legislaturperioden als Gouverneur von Virginia tätig. John Tyler studierte nach dem Schulbesuch am College of William and Mary und arbeitete anschließend als Rechtsanwalt.

Während des britisch-amerikanischen Krieges von 1812 wurde John Tyler zum Kommandanten einer Einsatztruppe ernannt, deren Aufgabe es war, den Bundesstaat zu verteidigen. Nach ein paar Monaten verließ er allerdings die Armee und kehrte in seine Anwaltskanzlei zurück. 1813 heiratete John Tyler Letizia Christian, die ihm acht Kinder schenkte. Er verlor seine Frau allerdings schon 1842, als sie, noch recht jung, an den Folgen eines Schlaganfalles verstarb. Zwei Jahre später heiratete er Julia Gardiner, mit der er weitere sieben Kinder hatte.

Eine Besonderheit John Tylers war sein römisch-katholischer Glaube, der im protestantisch geprägten Amerika ungewöhnlich war. Verstärkte Konflikte zwischen den angestammten Protestanten und den eingewanderten Katholiken, die vor allem aus Irland zugezogen waren, führten sogar zur Gründung einer antikatholischen Partei mit dem Namen »Know-Nothing«. John Tyler zeigte sich tolerant in religiösen Fragen und vermied jede Art von Konflikt. Von entscheidender Bedeutung für ihn war aber eine strikte Trennung von Kirche und Staat.

In den Jahren 1811 bis 1825 war er mit einer Unterbrechung von fünf Jahren für zwei Legislaturperioden Abgeordneter im Repräsentantenhaus der Vereinigten Staaten, wo er sich für einen starken Föderalismus einsetzte. Außerdem wandte er sich gegen den Missouri-Kompromiss von 1820, der ein Abkommen zwischen sklavenhaltenden und sklavenfreien Staaten war, um ihr Gleichgewicht im Kongress sicherzustellen. Nach einer Vorlage von Henry Clay wurde durch geschickte Neuaufnahmen verschiedener Staaten die Parität zwischen Nord- und Südstaaten bewahrt. John Tyler sprach sich auch gegen die durch Bundesmittel finanzierte »Internal improvements«, gegen die Bank der Vereinigten Staaten, die 1816 gegründet wurde, und gegen Schutzzölle aus.

Wie sein Vater, der eng mit Thomas Jefferson befreundet war, unterstützte auch John Tyler dessen Politik und seine Demokratisch-Republikanische Partei. Von 1825 bis 1827 bekleidete er das Amt des Gouverneurs von Virginia und wechselte anschließend in den US-Senat. Dort fungierte er 1835 auch als Vizepräsident. Nach dem Verschwinden der Demokratisch-Republikanischen Partei wandte sich John Tyler der Demokratischen Partei zu und wurde zu einem Unterstützer Andrew Jacksons. Als dieser Präsident wurde, kam es allerdings zu Differenzen mit ihm. Im Zuge der »Nullifikationskrise« nahm John Tyler zunächst eine neutrale und vermittelnde Position, dann eine offene Haltung gegen die Politik Andrew Jacksons ein. Er lehnte nämlich die militärische Erzwingung des Zolltarifes gegen South Carolina 1833 als einziger im Senat offen ab. Dies war auch der Grund, weshalb John Tyler, der als Vorkämpfer für die Rechte der Einzelstaaten galt, die Demokratische Partei verließ und sich der Whig-Partei zuwandte, die von Henry Clay aus Kentucky und Daniel Webster aus Massachusetts neu gegründet worden war.

Obwohl John Tyler selbst Sklaven hatte, wurde er 1838 zum Präsidenten der »Virginia-African-Colonization-Society« gewählt. Diese verfolgte das Ziel, einen Teil der freigelassenen Sklaven nach Afrika rückzuführen. Die Mitglieder solcher Gesellschaften setzten sich einerseits aus Gegnern der Sklaverei und andererseits aus Sklavenhaltern zusammen, die nicht wollten, dass schwarze und weiße Menschen zusammenlebten und deshalb die Deportation von befreiten Sklaven unterstützten.

Bei der Kandidatur für die Präsidentschaftswahlen von 1836 noch erfolglos, wurde John Tyler 1840 von Präsident William Harrison zum Vizepräsidenten auserkoren. Ein Amt, welches er genau einunddreißig Tage bis zu dessen Ableben ausüben sollte.

So war dies auch die kürzeste Vizepräsidentschaft in der amerikanischen Geschichte. Die Nachricht vom Tode des Präsidenten ereilte John Tyler 1841 auf seinem Landsitz in Williamsburg. Zum ersten Mal in der Geschichte der USA war damit ein amtierender Präsident verstorben und die Präsidentschaft für die verbleibende Amtsperiode auf den bisherigen Vizepräsidenten übergegangen. Die amerikanische Verfassung sah diesen Modus zwar im Grundsatz vor, allerdings war nicht geklärt, ob John Tyler dieses Amt als vollwertiger Präsident oder nur mit präsidialen Vollmachten und Pflichten ausgestattet übernommen hatte. Einige Kongressabgeordnete vertraten die Meinung, dass John Tyler nach wie vor Vizepräsident sei und nur für die Ausführung der Geschäfte des Präsidentenamtes zuständig wäre. Dieser hingegen beharrte darauf, dass das Amt nach dem Tod des Präsidenten vollständig auf ihn übergegangen sei. Das wurde ihm 1841 durch eine Resolution des Kongresses offiziell zuerkannt, woraufhin er auch den Amtseid des Präsidenten ablegte. Damit wurde ein Präzedenzfall in der Geschichte der USA geschaffen, der die Nachfolge von Präsidenten und Vizepräsidenten klar regelte. Erst im Jahre 1967, nachdem weitere sieben Male ein Präsident im Amt verstorben war, wurde mit dem 25. Zusatzartikel zur Verfassung diese Nachfolgeregelung gesetzlich verankert. Seitdem ist auch die nachträgliche Ernennung eines Vizepräsidenten möglich. Dies war John Tyler noch nicht möglich, weshalb dieses Amt bis 1845 auch nicht besetzt war.

John Tyler plante, sein Amt in der Tradition Thomas Jeffersons weiterzuführen, wollte die Macht der Bundesregierung beschränkt und jene der Einzelstaaten gestärkt sehen und sprach sich gegen die Verwendung von Bundesmitteln für den Ausbau von Straßen und Kanälen aus. Damit war auch ein Konflikt mit Henry Clay, dem Führer der Whigs im Kongress, der gänzlich andere Ziele verfolgte, unumgänglich. John Tyler gehörte zwar der Whig-Partei an, allerdings waren seine Interessen als Angehöriger der Oberschicht der Südstaaten jenen der Nordstaaten und ihrer Industrie- und Geschäftswelt vollkommen entgegengesetzt. Als er ein Veto gegen die Gründung einer Nationalbank einlegte, einem wichtigen Anliegen der Whigs, wurde er 1841 aus der Partei ausgeschlossen. Mit Ausnahme von Außenminister Daniel Webster schieden auch sämtliche Kabinettsmitglieder aus der Regierung aus, und John Tyler war gezwungen, alle Posten mit neuen Mitarbeitern zu besetzen. Er war ein »president without a party«, gegen den 1843 sogar der Versuch unternommen wurde, ein Impeachment-Verfahren wegen Korruption und Misswirtschaft einzuleiten. Dies war allerdings erfolglos.

John Tyler wandte sich in der Folge immer mehr den Demokraten zu und machte 1844 sogar den Südstaaten-Demokraten John C. Calhoun zu seinem Außenminister. Damit hatten sich die Whigs tendenziell zu einer Nordstaatenpartei und die Demokraten zu einer Partei der Südstaaten formiert. John Tyler selbst blieb jedoch bis zum Schluss parteilos.

Außenpolitisch konnte John Tyler während seiner Amtszeit größere Erfolge verbuchen. Der Seminolenkrieg wurde 1842 beendet und mit Großbritannien konnte ein Vertrag abgeschlossen werden, in dem die Grenze zwischen dem nördlichen Bundesstaat Maine und Kanada festgelegt wurde. 1844 wurden chinesische Häfen für den amerikanischen Handel geöffnet. Auch der »Preemption Act« aus dem Jahr 1841, der Siedlern gegenüber Bodenspekulanten mehr Rechte einräumte, was die Besiedlung von Iowa, Wisconsin, Illinois und Minnesota begünstigte, wirkte sich positiv aus.

Die Südstaaten forderten wiederholt die Annektierung von Texas, was von John Tyler unterstützt, von dessen Außenminister Daniel Webster allerdings abgelehnt wurde. Dieser trat deswegen 1843 zurück. Auch der mexikanische Präsident drohte im Fall der Annexion mit Krieg. In seinen letzten Amtstagen als Präsident wurde von John Tyler die Resolution über die Annexion von Texas nach Annahme durch den Kongress unterzeichnet. Zudem bestätigte er auch noch die Aufnahme von Florida in die USA.

Eine Splittergruppe der Demokratischen Partei Baltimores nominierte John Tyler 1844 zu ihrem Präsidentschaftskandidaten. Allerdings versuchte ihn sogar der ehemalige Präsident Andrew Jackson zu überzeugen, seine Kandidatur zurückzuziehen, da er von Beginn an chancenlos war. Sein Antreten hätte allerdings dem Kandidaten der Demokraten, James K. Polk, geschadet und den Sieg Henry Clays wahrscheinlicher gemacht. Daraufhin verzichtete John Tyler und machte den Weg frei für James K. Polk, der dann auch die Präsidentschaftswahlen gewann.

Nach dem Ende seiner Amtstätigkeit zog sich John Tyler auf sein Landgut zurück. Nur wenige Wochen vor Beginn des amerikanischen Bürgerkrieges versuchte er 1861, in einer Friedenskonferenz in Washington D.C. gemeinsam mit den Delegierten aus zweiundzwanzig Staaten zu einem Kompromiss zwischen dem Norden und dem Süden zu kommen. Er setzte sich für die Sezession ein und wurde auch als Mitglied in den Kongress der Konföderierten gewählt. Allerdings starb er am 18. Januar 1862 an einem Schlaganfall und wurde in Richmond, Virginia beerdigt.

JAMES K. POLK

* 2. November 1795 in Pineville, North Carolina
† 15. Juni 1849 in Nashville, Tennessee

11. Präsident der Vereinigten Staaten
(1845–1849) – Demokrat

>*»Es ist wohl bemerkt worden, dass das Amt des Präsidenten
der Vereinigten Staaten weder angestrebt, noch abgelehnt
werden sollte. Ich habe es niemals angestrebt, noch sollte
ich die Ermessensfreiheit haben, es abzulehnen, falls meine
Mitbürger es mir durch ihre Zustimmung übertragen sollten.«*

(JAMES K. POLK, ALS ER VON SEINER NOMINIERUNG
ALS PRÄSIDENTSCHAFTSKANDIDAT ERFUHR)

James K. Polk wurde am 2. November 1795 als erstes von zehn Kindern einer strenggläubigen presbyterianischen Familie mit schottisch-irischen Wurzeln geboren. Sie zog 1806 nach Tennessee, wo es James K. Polks Vater zu relativem Reichtum als Farmer brachte. James K. Polk, der zeitlebens an gesundheitlichen Problemen litt, wurde von Privatlehrern unterrichtet und besuchte erst im Alter von achtzehn Jahren die Schule. Er war geprägt vom elterlichen Patriotismus, ihren tiefen religiösen Werten, aber auch von deren hohem politischen Interesse. James K. Polk schloss an der University of North Carolina at Chapel Hill sein Studium in klassischen Sprachen und Mathematik ab und setzte seine juristische Ausbildung bei einem Anwalt in Nashville, Tennessee fort. 1820 wurde er selbst als Anwalt zugelassen und eröffnete eine Rechtsanwaltskanzlei in Columbia, Tennessee. 1824 heiratete er Sarah Childress, eine hochgebildete Frau, die in der kinderlosen Ehe ihren Mann bei seinen politischen Ambitionen tatkräftig unterstütze.

1823 bekleidete James K. Polk seinen ersten politischen Posten und begann, die Politik Andrew Jacksons zu unterstützen. Bald wurde er zu einem wichtigen Vertreter der Republikanisch-Demokratischen Partei in seinem Heimatstaat Tennessee, wo er 1823 auch zum Mitglied des Abgeordnetenhauses gewählt und ein enger Mitarbeiter von Gouverneur William Carroll wurde. In dieser Funktion verurteilte er die Auswüchse der Landspekulationen und setzte sich für die Bedürfnisse der einfachen Menschen in Tennessee ein. Auch seine Frau engagierte sich sozial und sprach sich für ein frommes Leben aus, wobei sie die Teilnahme an Pferderennen und Theaterbesuchen ablehnte. Alkohol und gesellschaftliche Unterhaltung wie Tanz waren demnach auch während ihrer Funktion als spätere First Lady im Weißen Haus untersagt.

1825 zog James K. Polk als ein Abgeordneter Tennessees ins Repräsentantenhaus in Washington, D. C., ein. Dort sollte er vierzehn Jahre lang bleiben. Er lehnte die Politik von Präsident John Quincy Adams ab und sprach sich gegen Zollerhöhungen und bundesstaatliche Ausgaben für innere Angelegenheiten aus. Auch die Teilnahme der USA am Panama-Kongress im Jahre 1826 fand nicht seine Zustimmung. Dort trafen sich unabhängige, ehemals unter spanischer Kolonialherrschaft gestandene Länder Lateinamerikas, um ein Bündnis zu diskutieren, das zukünftigen Kolonialisierungsbestrebungen anderer Länder Einhalt gebieten sollte.

Nachdem Andrew Jackson 1828 zum Präsidenten gewählt worden war, unterstützte James K. Polk diesen mit großem persönlichen Einsatz und steigerte gleichzeitig den eigenen Bekanntheitsgrad. Später galt seine Unterstützung auch dessen Nachfolger Martin Van Buren. James K. Polk machte sich als Vorsitzender des »Committee of Ways and Means«, des bedeutendsten Ausschusses des Repräsentantenhauses, für die Auflösung der Nationalbank stark und wurde 1835 zum Sprecher des Repräsentantenhauses gewählt, einer Funktion, der er aufgrund seines fehlenden Charismas nur in sehr formeller und steifer Form nachkam.

Vier Jahre später gewann er die Wahl für das Amt des Gouverneurs von Tennessee. Dieser Erfolg blieb ihm bei weiteren Kandidaturen in den folgenden Jahren allerdings verwehrt. Im Zuge der Präsidentschaftswahlen von 1844 hoffte er, zum Vizepräsidentschaftskandidaten der Demokratischen Partei nominiert zu werden und an der Seite von Martin Van Buren in den Wahlkampf zu ziehen. Nachdem sich dieser kurz vor dem Parteikonvent allerdings in einem Brief gegen die Annexion von Texas ausgesprochen hatte, der in mehreren Zeitungen abgedruckt wurde, verlor er die Unterstützung vieler Mitglieder seiner Partei, darunter auch des ehemaligen Präsidenten Andrew Jackson. Damit schlug James K. Polks große Stunde. Zum ersten Mal in der amerikanischen Geschichte wurde er als »Dark Horse«, gleichsam als Verlegenheitskandidat ohne großen Bekanntheitsgrad und überzeugender Profilierung zum Kandidaten der Demokratischen Partei nominiert. James K. Polk sprach sich allerdings für die Aufnahme von Texas und auch des Oregon-Territoriums im Nordwesten der heutigen USA aus. Damit war für Andrew Jackson und viele andere nicht mehr Martin Van Buren der unterstützungswürdige Kandidat, sondern James K. Polk.

Er war allerdings ohne viele einflussreiche Freunde und ohne charismatische Ausstrahlung, weshalb die Whigs als Gegner im Präsidentschaftswahlkampf diesen mit dem Slogan führten: »Who is James K. Polk?«. Der Wahlkampf war erstmals in der Geschichte der USA ein sehr persönlicher, in dem sich die Kandidaten wechselseitig Verfehlungen und charakterliche Schwächen vorwarfen. In seinem Programm sprach sich James K. Polk neben der Annexion von Texas und Oregon auch für die Wiedererrichtung eines unabhängigen Schatzamtes aus, ebenso für die Reduzierung der Zolltarife und die Annexion Kaliforniens, welches damals noch ein Teil Mexikos war. Zudem versprach er für den Fall seiner Wahl zum Präsidenten auf eine zweite Amtszeit verzichten zu wollen.

Am 4. März 1845 wurde James K. Polk dann auch mit erst neunundvierzig Jahren als elfter Präsident der Vereinigten Staaten vereidigt. Er erwies sich als starker Amtsinhaber und seine Politik war planvoll und effizient. Durch sein Versprechen, nicht für eine weitere Amtszeit kandidieren zu wollen, versuchte er, die rivalisierenden Gruppen in seiner Partei zu beschwichtigen. Als erster Präsident der USA war James K. Polk ein offener Befürworter der Sklaverei und hielt auch selbst Sklaven, deren Freilassung er nach seinem Tod jedoch testamentarisch verfügte. Er entschied sich dafür, Oregon als Staat ohne Sklaverei und Texas als neuen Staat mit der Genehmigung zur Sklavenhaltung in die Union aufzunehmen, und behielt so das Kräfteverhältnis zwischen Befürwortern und Gegnern der Sklaverei bei.

James K. Polks Außenpolitik stand ganz im Zeichen der »Manifest Destiny«, worunter er den göttlichen Auftrag verstand, die gesamte USA zu besiedeln, die amerikanische Kultur zu verbreiten und das staatliche Territorium weiter zu vergrößern. Er versuchte, die Interessen des nördlichen und des südlichen Teiles der USA gleichermaßen zu berücksichtigen, und war bestrebt, einerseits Texas und Kalifornien, welches noch zu Mexiko gehörte, einzugliedern, aber auch die nördlichen Staaten Oregon, Washington, Idaho und Teile von Montana, Wyoming und Bereiche des heutigen kanadischen British Columbia zu amerikanischem Staatsgebiet zu machen. Dabei versuchte er, die Briten zu überzeugen, den Streit um Oregon zu beenden. Dieses Gebiet war seit 1818 unter der gemeinsamen Kontrolle beider Staaten, und Großbritannien hatte es der Verwaltung der »Hudson´s Bay Company« überlassen. James K. Polks Vorschlag, das Land entlang des 49. Breitengrades zu teilen, lehnten die Briten ab, da sie den Columbia River in ihrem Staatsgebiet behalten wollten, der mit solch einer Lösung an die USA gefallen wäre. Dort befand sich nämlich mit dem Fort Vancouver eines der wichtigsten Forts der Handelsgesellschaft. Daraufhin brach James K. Polk zunächst sämtliche Verhandlungen ab und beanspruchte wieder das komplette Gebiet für die USA. Er wollte aber Krieg vermeiden und einigte sich mit den Briten auf den Oregon-Kompromiss, der 1846 den ursprünglich vorgesehenen 49. Breitengrad als Grenze festlegte. Obwohl viele Senatoren mit dieser Lösung nicht einverstanden waren und noch immer das gesamte Gebiet beanspruchten, stimmten sie dennoch diesem Kompromiss mit großer Mehrheit zu. Das neu erworbene Oregon-Territorium wurde später in die Bundesstaaten Washington, Idaho, Oregon und teilweise Montana und Wyoming unterteilt und der verbliebene britische Teil 1871 zur kanadischen Provinz British Columbia.

Die Republik Texas war 1836 ausgerufen worden, und am 1. März 1845 boten die USA dem Staat den Beitritt in die Union an. Texas akzeptierte das Angebot und wurde noch im selben Jahr zu einem Bundestaat der Vereinigten Staaten von Amerika, obwohl Mexiko Texas im Jahr 1841 nur unter der Voraussetzung zum souveränen Staat erklärt hatte, dass es unabhängig blieb. Nach der Annexion von Texas kam es daher zum Krieg mit Mexiko, das im Vorfeld die USA mehrfach gewarnt hatte, Texas zu annektieren. 1845 entsandte James K. Polk John Slidell noch in diplomatischer Mission nach Mexiko, um Kalifornien und Neumexiko abzukaufen. Mexiko verweigerte jedoch Verhandlungen über diesen Vorschlag. John Slidell kehrte erfolglos nach Washington zurück, nachdem ihm nicht einmal ein Gespräch gewährt worden war. James K. Polk sah dies als Affront und ersuchte den amerikanischen Kongress um die Kriegserklärung gegen Mexiko. 1845 entsandte er unter der Führung von General Zachary Taylor Truppen in das Grenzgebiet von Amerika und Mexiko, um auf das Land mehr Druck auszuüben.

Daraufhin kam es zu ersten Kampfhandlungen mit mexikanischen Soldaten. Der Kongress erteilte James K. Polk die Zustimmung zur Kriegserklärung, nachdem mexikanische Truppen ins Grenzgebiet einmarschiert waren und amerikanische Soldaten getötet hatten. Dabei schilderte James K. Polk den Vorfall als wesentlich dramatischer, als er sich überhaupt ereignet hatte, und trotz einiger Bedenken diverser Kongressabgeordneter, beispielsweise Abraham Lincolns, stimmte der Kongress einer Kriegserklärung zu.

Daraufhin wurde 1847 New Mexico von amerikanischen Truppen erobert, und nach einem Aufruhr amerikanischer Bürger in Kalifornien entschloss sich der Präsident, die Armee auch dort einmarschieren zu lassen. Aufgrund des Beginns des kalifornischen Goldrausches stieg die Bevölkerung sprunghaft an. Teile Kaliforniens waren zu diesem Zeitpunkt noch mexikanisches Staatsgebiet. Seit 1836 lebten die Menschen dort in einem Ausnahmezustand, da sie hauptsächlich Amerikaner waren und von mexikanischen Gouverneuren regiert wurden, die sie nicht akzeptierten. Vielmehr setzten sie sich für ein unabhängiges Kalifornien ein. Noch im selben Jahr wurde Los Angeles besetzt und wenig später standen amerikanische Truppen vor der Hauptstadt Mexikos. Daraufhin wurde 1848 der Vertrag von Guadalupe Hidalgo ausgehandelt, durch den zwar nicht die vollständige Annektierung Mexikos erfolgte, wie viele Amerikaner auch in James K. Polks eigener Partei gefordert hatten, aber zumindest der Verlust von Texas anerkannt. Dadurch vergrößerte sich das amerikanische Staatsgebiet um ein ganzes Drittel, und Mexiko verkleinerte sich um mehr als die Hälfte. Aus den neuerworbenen Gebieten wurden 1850 Kalifornien, das New Mexico-Territorium und das Utah-Territorium gebildet. Dafür erhielt Mexiko eine Entschädigung von fünfzehn Millionen Dollar, was wesentlich weniger war, als dem Land vor dem Krieg angeboten worden war. Zudem hatten zehntausend Mexikaner und viele Amerikaner im Krieg ihr Leben verloren. Nach Beendigung des Krieges mit Mexiko wurde dem verantwortlichen General Zachary Taylor einige Zeit lang eine Auszeichnung vom Kongress verweigert, da dieser Krieg von vielen als unnötig und verfassungsfeindlich betrachtet worden war.

James K. Polk setzte sich auch das Ziel, über den Verkauf von Kuba zu verhandeln, und bot Spanien dafür hundert Millionen US-Dollar an. In Kuba war die Sklaverei erlaubt, weshalb sich speziell die Südstaaten für eine Annektierung der Insel aussprachen. Die spanische Regierung lehnte das amerikanische Angebot allerdings ab, weshalb das Vorhaben scheiterte. 1846 schloss James K. Polk mit der Regierung von Neu-Granada in Bogotá, dem späteren Kolumbien, ein Abkommen, das den USA Durchfahrtsrechte durch die Meerenge von Panama gewährte. Dafür bot Amerika die Neutralität dieser Region und die Souveränität von Neu-Granada über diese Landenge an.

Innenpolitisch versuchte James K. Polk das unabhängige Treasury-System wieder herzustellen, das 1841 von den Whigs aufgehoben worden war. Damit wurden die Staatsfinanzen geregelt und festgelegt, dass das gesamte Geldvermögen der Bundesregierung in Schatzämtern und damit unabhängig von privaten Bankinstitutionen deponiert werden sollte. Zudem mussten alle Regierungsschulden in Gold- und Silbermünzen oder in Bundesschatzamt-Banknoten bezahlt werden. James K. Polk legte gegen ein Fluss- und Hafengesetz des Kongresses sein Veto ein, da seiner Meinung nach die in diesem Gesetz geplanten »Internal Improvements«, also die infrastrukturellen Verbesserungsmaßnahmen aus Bundesmitteln, nicht verfassungskonform waren. Damit gab er ein deutliches Signal in Hinblick auf die begrenzten Einflussrechte der Bundesregierung und das Erfordernis der Beachtung von einzelstaatlichen Rechten. Sein Veto stieß allerdings speziell im Westen des Landes auf Unverständnis, da dieses den Ausbau von Verkehrsverbindungen behinderte. Die Schutzzölle, die James K. Polk während des Wahlkampfes versprochen hatte, senkte er ab, was den Konsumenten zugutekam, die Produzenten neuer Produkte jedoch verärgerte. Durch diese Politik entstand ein fast freier Handel. Beraten wurde James K. Polk bei all diesen Entscheidungen primär von seinem Finanzminister und Schwager Robert J. Walker. 1849 wurde das Innenministerium errichtet, in dem ab diesem Zeitpunkt viele Aufgaben, die bis dahin in verschiedenen Abteilungen erledigt worden waren, konzentriert wurden. Dazu zählten Bereiche wie die Landvergabe, die Finanzpolitik, Angelegenheiten im Zusammenhang mit der Indianerfrage, aber auch die Regelung von Patent- und Handelsmarktrechten.

Die Opposition verdächtigte James K. Polk, die Expansion des Staates unter dem Aspekt voranzutreiben, die Sklaverei weiter verbreiten zu wollen. Außerdem warf man ihm vor, durch die Kriegsführung nur von den inneren Problemen Amerikas ablenken zu wollen. David Wilmot, ein demokratischer Kongressabgeordneter aus Pennsylvania, forderte im »Wilmot Proviso« das Verbot der Sklaverei, in den von Mexiko annektierten Gebieten. Als darüber abgestimmt wurde, machte das Ergebnis erstmals deutlich, dass in beiden Parteien die Mitglieder des Südens für eine Ausdehnung der Sklaverei und die der Nordstaaten dagegen waren. Dies war ein erster deutlicher Vorbote für die Spaltung der USA und im Vertrag von Guadalupe Hidalgo wurde die Sklavenfrage demnach gar nicht erwähnt.

Während James K. Polks Amtszeit wurde die US –Naval Academy in Indianapolis, Maryland, gegründet, aber auch die Smithsonian Institution in Washington, D.C., errichtet, die sich in den folgenden Jahren zu einem bedeutsamen Forschungsinstitut und Museumsverbund entwickelte. Nach Texas wurden zudem Iowa und Wisconsin in die Union aufgenommen. Die in Kalifornien entdeckten Goldfelder und der dadurch ausgelöste Goldrausch führte ab 1848 auch zu einem großen wirtschaftlichen Aufschwung.

Nach Ende seiner Präsidentschaft zog sich James K. Polk krank nach Tennessee zurück, wobei er zuvor noch jene Gebiete, die während seiner Amtszeit annektiert worden waren, besuchte und allseits bejubelt empfangen wurde. In seinem Testament sicherte er seinen Sklaven die Freiheit zu. 1849 starb er nur 53-jährig in Nashville, Tennessee, nachdem er sich vermutlich mit Cholera infiziert hatte.

ZACHARY TAYLOR

* 24. November 1784 in Barboursville, Virginia
† 9. Juli 1850 in Washigton, D. C.

12. Präsident der Vereinigten Staaten (1849–1850) – Whig

>*Ich habe immer meine Pflicht erfüllt, ich bin
>bereit zu sterben. Mein einziges Bedauern gilt den
>Freunden, die ich hinter mir zurück lasse.«*

(Zachary Taylors letzte Worte vom 9. Juli 1850)

Zachary Taylor wurde am 24. November 1784 in Montebello, Virginia, als eines von neun Kindern geboren. Sein Vater war Soldat im Unabhängigkeitskrieg und hatte es bei der Geburt des Sohnes bereits zu einem wohlhabenden Plantagenbesitzer gebracht, der auch Sklaven beschäftigte. Obwohl beide Eltern aus angesehenen und reichen Familien stammten, besuchte Zachary Taylor nur sehr sporadisch die Schule und kämpfte sein Leben lang mit Rechtschreibproblemen.

1808 trat Zachary Taylor in die Armee ein und wurde im Westen des Indiana-Territoriums stationiert. 1810 heiratete er Margaret Mackall Smith, die ihm sechs Kinder schenkte. Sie war eine kränkliche Frau, weshalb sie auch später die Aufgaben als First Lady nicht übernehmen konnte, sondern ihre jüngste Tochter für sie einspringen musste. Von seinem Vater bekam Zachary Taylor ein Grundstück geschenkt und begann daraufhin mit Landspekulationen, die ihm zu großem Reichtum und Grundeigentum in Kentucky, Mississippi und Louisiana verhalfen, das von Sklaven bewirtschaftet wurde.

Zachary Taylor erzielte erste viel beachtete Erfolge während des amerikanisch-britischen Krieges von 1812, als er einen Angriff des Indianer Stammes der Shawnee abwehrte. Die Indianer standen unter dem Kommando des legendären Häuptlings Tecumseh und kämpften auf der Seite Großbritanniens. 1814 musste er allerdings bei einem Kampf am Mississippi gegenüber den überlegenen britischen und indianischen Truppen den Rückzug antreten. Das führte auch dazu, dass er den Majorsrang verlor und degradiert wurde. Aus diesem Grund verließ er dann auch die Armee. Nachdem ihm ein Jahr später der Majorsrang wieder zuerkannt worden war, kehrte er in die Armee zurück. Weitere Beförderungen folgten. 1832 hatte er es bis zum Oberst gebracht und war im »Black-Hawk-Krieg« von 1832 der Oberbefehlshaber. Im zweiten Seminolen-Krieg gelang es ihm, sie am Lake Okeechobee zurückzudrängen. Dafür wurde er zum Brigadegeneral und Oberbefehlshaber aller amerikanischen Truppen in Florida befördert. Die Seminolen blieben allerdings de facto unbesiegt.

Nationalen Ruhm erlangte Zachary Taylor durch seine großen Erfolge im mexikanisch-amerikanischen Krieg (1846–1847). Durch die Annektierung von Texas schien der Krieg mit Mexiko unausweichlich. Zachary Taylor wurde zum Einsatz am Rio Grande beordert, der aus der Sicht der USA die Grenze zwischen Texas und Mexiko darstellte. Mexiko war anderer Meinung und bezichtigte die Amerikaner, unrechtmäßig in ihr Staatsgebiet eingedrungen zu sein. Daraufhin kam es zum Angriff durch mexikanische Truppen, und die Vereinigten Staaten erklärten Mexiko den Krieg. In der Schlacht von Palo Alto und jener von Resaca de la Palma blieb Zachary Taylor mit seinen Truppen trotz zahlenmäßiger Unterlegenheit erfolgreich. Nach weiteren Siegen stießen die amerikanischen Soldaten bis Mexico City vor. Im Vertrag von Guadalupe Hidalgo, der am 2. Februar 1848 unterzeichnet wurde, erhielten die USA nicht nur Texas und Kalifornien, sondern die gesamte Region nördlich des Rio Grande.

Wegen seiner großen militärischen Erfolge wurde Zachary Taylor noch im selben Jahr als Präsidentschaftskandidat der Whigs nominiert. Er konnte sich bei den Wahlen gegen seinen demokratischen Gegenspieler Lewis Cass durchsetzen, obwohl er bis zur Übernahme des Präsidentenamts keine politischen Erfahrungen gesammelt hatte. Sein Wahlkampf stand unter der Devise »Old Rough and Ready«, womit auf seine militärischen Erfolge verwiesen wurde. Damit konnte er die Wähler überzeugen und gewann die Wahl. Während seiner Amtszeit nahmen die Spannungen zwischen den Nord- und Südstaaten, die in der Sklavenfrage immer mehr auseinanderdrifteten, weiter zu. Er sprach sich massiv für die Einheit der Union aus, obwohl er selbst aus dem Süden stammte und Sklaven besaß. Zachary Taylor war sogar entschlossen, im Falle einer Spaltung des Landes selbst die Armee zur Wiederherstellung der Einheit anzuführen und Abtrünnige in den Südstaaten wegen Hochverrats erschießen zu lassen.

Die politischen Spannungen wurden weiterhin begünstigt durch die territoriale Expansion der USA im Westen, speziell durch die Aufnahme Kaliforniens als Bundestaat, da nicht geklärt war, ob in den neuen Gebieten die Sklaverei zulässig oder verboten sein sollte. Mit dem Kompromiss von 1850 wurde die Sklaverei in Kalifornien untersagt. Damit waren die sklavenfreien Staaten im Senat in der Überzahl. Im neu entstandenen New-Mexico-Territorium, das sich aus den von Mexiko abgetretenen Gebieten bildete, sollte die Bevölkerung selbst über die Sklaverei entscheiden. Viele Kongressabgeordnete aus dem Süden sahen durch den Kompromiss von 1850 das System der Sklaverei gefährdet und forderten vom Präsidenten, diese auch in den neuen Gebieten zuzulassen. Obwohl Zachary Taylor selbst Sklaven besaß, war er gegen eine weitere Ausdehnung der Sklaverei. Er leistete diesem Kompromissvorschlag nicht Folge und drohte sogar sein Veto an, falls der Kongress diesen 1850 annehmen sollte. Als er im selben Jahr jedoch plötzlich verstarb, wurde der Kompromissvorschlag dennoch verabschiedet, da Millard Fillmore, Zachary Taylors Vizepräsident und Nachfolger, das Konzept unterstützte und das entsprechende Gesetz 1850 auch unterzeichnete. Im District of Columbia war zwar die Sklaverei erlaubt, der Sklavenhandel allerdings verboten. Zudem wurde per Gesetz verfügt, dass geflohene Sklaven auch im Norden festzunehmen und ihren Eigentümern im Süden zurückzustellen wären. Der Konflikt zwischen dem Norden und dem Süden in der Sklavenfrage konnte durch den Kompromiss zwar entschärft, aber nicht gelöst werden. So wurde der Sezessionskrieg auf weitere elf Jahre verschoben, der dann erst 1861 ausbrach.

Zachary Taylors Außenpolitik war gekennzeichnet von Plänen für einen Bau eines Kanals durch Nicaragua, die jedoch durch Großbritannien blockiert wurden. Zu einem Kompromiss der beiden Staaten kam es im »Clayton-Bulwer-Vertrag« von 1850. Der Vertrag blieb bis 1901 gültig und sah die Vereinbarung vor, dass Kanäle durch Mittelamerika neutral und unbefestigt bleiben, beide Seiten auf die exklusive Kontrolle verzichten und die USA und Großbritannien Mittelamerika in keiner Weise besetzen, kolonisieren oder sonst wie beherrschen würden.

Zachary Taylor war wie George Washington und Andrew Jackson aufgrund seiner brillanten militärischen Karriere, die ihm große Popularität bei der Bevölkerung verschafft hatte, bis ins höchste Amt des Staates gekommen. Da er bei Amtsantritt kaum über politische Erfahrungen verfügte, traf er häufig Ad-Hoc-Entscheidungen, die den komplexen Zusammenhängen vieler Bereiche nicht gerecht wurden. Am 9. Juli 1850 verstarb er im Alter von fünfundsechzig Jahren und nach nur sechzehn Monaten im Präsidentenamt. Vermutungen über eine mögliche Vergiftung des Präsidenten konnten 1991 durch gerichtsmedizinische Untersuchungen an der exhumierten Leiche nicht bestätigt werden.

MILLARD FILLMORE

* 7. Januar 1800 in Locke, New York
† 8. März 1874 in Buffalo, New York

13. Präsident der Vereinigten Staaten (1850–1853) –
Anti-Masonic/Whig/Know-Nothing

> *»Gott weiß, dass ich die Sklaverei verabscheue, aber sie ist*
> *ein existierendes Übel, für das wir nicht verantwortlich*
> *sind, und wir müssen sie aushalten und ihr die Art von*
> *Schutz geben, der von der Verfassung garantiert wird,*
> *bis wir sie loswerden können, ohne die letzte Hoffnung*
> *der freien Regierung in der Welt zu zerstören!«*

Millard Fillmore wurde am 7. Januar 1800 als Sohn eines Farmers
im Staat New York geboren. Er hatte acht Geschwister und die Familie lebte in großer Armut. Seine Karriere war ein Beispiel für die
Möglichkeit der sozialen Mobilität und der Chance zum Aufstieg,
die das gesellschaftliche System der USA schon in jenen Tagen
charakterisierten. Millard Fillmore genoss anfangs nur eine geringe Schulbildung und absolvierte eine Schneiderlehre in Sparta,
New York. Nachdem er nach Hause zurückgekehrt war, arbeitete
er in einer Kleiderfabrik. Bis zu seinem siebzehnten Lebensjahr
hatte er mit Ausnahme der Bibel kaum Kontakt zu Büchern und
eine relativ geringe Grundbildung. Millard Fillmore schrieb sich
in einer Privatschule ein, um sich mehr Wissen anzueignen. Seine
Lehrerin war Abigail Powers, die er 1826 heiratete und mit der er
zwei Kinder hatte. Sie richtete später als First Lady eine Bibliothek
im Weißen Haus ein.

Nachdem er seinen Bildungsstand verbessert hatte, begann
Millard Fillmore bei einem Richter zu arbeiten, was ihm auch ermöglichte, ab 1819 das Studium der Rechtswissenschaften aufzunehmen. Dieses schloss er 1823 in Buffalo, New York, ab und erhielt
wenig später seine Zulassung als Anwalt. Daraufhin eröffnete er
eine Kanzlei in Aurora, New York.

1828 begann sich Millard Fillmore sehr aktiv in der lokalen politischen Szene zu engagieren und wurde zum Abgeordneten von

Erie Country gewählt. Zwei Jahre später nahm er seine Tätigkeit als Anwalt am Obersten Gerichtshof des Staates New York auf. Als Abgeordneter setzte er sich für ein Gesetz ein, das untersagte, säumige Schuldner ins Gefängnis zu stecken. Anfangs stand er der Anti-Mason-Partei nahe, die sich später mit der Nationalen Republikanischen Partei verband. Daraus entwickelte sich letztendlich die Whig-Partei, welche in Opposition zu den regierenden Demokraten stand. 1833 und mit Unterbrechungen bis 1843 wurde er als Vertreter der Whigs für mehrere Amtsperioden in den US-Kongress gewählt. Als Kongressabgeordneter in Washington war er ein Befürworter der Politik Henry Clays und unterstützte dessen Forderungen nach Schutzzöllen und internen Verbesserungen, wobei Bundesmittel für infrastrukturelle Maßnahmen verwendet werden sollten. Zudem verstand er sich als gemäßigter Gegner der Sklaverei und lehnte ihre Ausdehnung ab. Allerdings war er auch der Überzeugung, dass in jenen Regionen, in denen es die Sklaverei bereits gab, von jeglicher Einmischung Abstand zu nehmen war.

Seine Kandidatur für das Amt des Gouverneurs von New York im Jahre 1844 war nicht erfolgreich, da er dem demokratischen Kandidaten Silas Wright ganz knapp unterlag. Nachdem er die Wahlen verloren hatte, war Millard Fillmore wieder für einige Zeit als Anwalt tätig. Er nahm am Krieg gegen Mexiko teil und wurde 1848 zum Comptroller des Staates New York gewählt. Dabei setzte er sich für den Ausbau des Erie Kanals ein. Als auf dem Nationalkonvent der Whigs Zachary Taylor zum Kandidaten für die Präsidentschaftswahlen nominiert wurde, wählte man 1848 Millard Fillmore zu seinem Vizepräsidentschaftskandidaten, obwohl sie einander vor der Wahl nicht einmal kannten. Es war das Ziel Millard Fillmores, in seinem Heimatstaat New York die Wahl Zachary Taylors zum Präsidenten zu sichern. Er war sich der Unterstützung Henry Clays sicher und als gemäßigter Gegner der Sklaverei sowohl für die Whigs im Norden, als auch jene im Süden ein unterstützungswürdiger Kandidat. Millard Fillmore war zwar kein Anhänger der Sklaverei wollte aber auf keinen Fall Anlässe für die Abspaltung des Südens bieten. Er war ein vehementer Befürworter eines Ausgleiches zwischen dem Norden und dem Süden und verfolgte das Ziel einer nationalen Einheit. Als Vizepräsident blieb seine diesbezügliche Haltung allerdings weitgehend ohne Bedeutung.

Zachary Taylor starb unerwartet am 9. Juli 1850, und Millard Fillmore trat am nächsten Tag das Präsidentenamt an. Bis dahin hatte er bereits umfangreiche politische Erfahrung gesammelt, stand jedoch nach wie vor abseits der allgemein bekannten politischen Größen, wie etwa Henry Clay oder John C. Calhoun. Das Kabinett seines Vorgängers Zachary Taylor trat aufgrund von Korruptionsvorwürfen fast vollständig zurück, weshalb die Bildung eines neuen erforderlich wurde. Senator Henry Clays Vorschlag zur friedlichen Regelung in der Sklavenfrage wurde mit der Unterstützung Millard Fillmores 1850 in mehreren Gesetzen vom Kongress verabschiedet und als »Kompromiss von 1850« vom Präsidenten in Kraft gesetzt. Demnach wurde Kalifornien in die Union aufgenommen und durfte keine Sklaven halten, während die anderen Staaten, die aus dem von Mexiko erworbenen Gebiet entstanden, autonom über die Zulassung oder das Verbot der Sklaverei entscheiden sollten. Im »Fugitive Slave Act« wurde die Bundesregierung verpflichtet, Sklaven, die in den Norden geflüchtet waren, wieder an ihre weißen Besitzer im Süden rückzuüberstellen. Trotz scharfer Kritik aus dem Norden wurde dieses Gesetz verabschiedet. Der 1852 veröffentlichte Roman »Uncle Tom´s Cabin« von Harriet Beecher Stowe ist ein literarisches Dokument der kritischen Haltung des Nordens zu dieser gesetzlichen Bestimmung. Mit dem »Kompromiss von 1850« wurde weiterhin im District of Columbia zwar der Sklavenhandel, allerdings nicht die Sklaverei an sich verboten. Im Allgemeinen wurde der Kompromiss im Norden sowie im Süden relativ gut angenommen, nur South Carolina weigerte sich anfangs, diesen zu akzeptieren, entschloss sich dann allerdings doch dazu.

Millard Fillmores Präsidentschaft war von einem wirtschaftlichen Aufschwung gekennzeichnet, der in erster Linie auf die kalifornischen Goldfunde zurückzuführen war. Auch die Eisenbahnverbindungen wurden weiter ausgebaut. Außenpolitisch gelang es ihm 1854 Handelsbeziehungen mit Japan aufzunehmen, nachdem Matthew C. Perry mit Unterstützung von vier Kriegsschiffen dieses Zugeständnis der Japaner erzwungen hatte. Im Vertrag von Kanagawa wurden zwei japanische Häfen für den Handel mit den USA geöffnet. Damit war die isolierte Stellung dieses Landes beendet.

Ursprünglich wollte Millard Fillmore nicht für eine zweite Amtszeit als Präsident kandidieren, entschied sich dann jedoch anders. Auf dem Parteitag der Whigs 1852 musste er sich aber Winfield Scott geschlagen geben, der als Präsidentschaftskandidat nominiert wurde. Dies war darauf zurückzuführen, dass sich Millard Fillmore durch seine Position im »Kompromiss von 1850« und besonders dem von ihm unterzeichneten »Fugitive Slave Act« bei den nördlichen Bundestaaten unbeliebt gemacht hatte. Der Kandidat der Whig-Partei, Winfield Scott, verlor dann allerdings die Wahl gegen seinen Gegenspieler Franklin Pierce. Damit war Millard Fillmore der letzte Präsident, der der Whig Partei angehörte.

Nach dem Ende seiner Präsidentschaft kehrte er 1853 nach Buffalo, New York, zurück. Seine Frau und seine Tochter starben kurz nacheinander, woraufhin Millard Fillmore ausgedehnte Reisen nach Europa unternahm. 1856 bewarb er sich als Kandidat der Know-Nothing Party, einer anti-katholischen, fremdenfeindlichen Gruppe, die Einwanderer von staatlichen Ämtern ausschließen wollte. Millard Fillmore hatte schon zuvor katholische Einwanderer als Gefahr für die Verhältnisse in den USA gesehen. Durch die Ansprache nationalistischer Gefühle meinte er, die sich immer weiter spaltende Nation wieder vereinen zu können. Allerdings wurde er mit der Know-Nothing Party nur Dritter bei den Wahlen, die der Demokrat James Buchanan für sich entscheiden konnte. Damit beendete er auch seine politischen Aktivitäten auf nationaler Ebene und widmete sich in seinem Wohnort Buffalo, New York, nur noch lokalen Angelegenheiten.

1858 heiratete er ein zweites Mal. Während des amerikanischen Bürgerkriegs sprach er sich gegen die Politik von Abraham Lincoln aus, fühlte sich aber politisch den Unionsstaaten nahe. Nach der Ermordung Abraham Lincolns wurde sein Haus aufgrund seiner Unterstützung des »Fugitive Slave Acts« von einer aufgebrachten Menschenmenge mit schwarzer Farbe beschmiert. Millard Fillmore starb am 8. März 1874 an den Folgen eines zweiten Schlaganfalles und wurde am Forest Lawn Friedhof in Buffalo, New York, beigesetzt. Seine Präsidentschaft von weniger als tausend Tagen war kurz, dennoch gelang es ihm durch seine Politik, die amerikanische Union für einige weitere Jahre zu sichern. Die gesellschaftliche Grundspannung im Hinblick auf die Sklaverei konnte er nicht glätten, womit es ihm auch nur vorübergehend gelang, die politischen und sozialen Gegensätze des Landes zu entschärfen.

FRANKLIN PIERCE

* 23. November 1804, in Hillsborough, New Hampshire
† 8. Oktober 1869 in Concord, New Hampshire

14. Präsident der Vereinigten Staaten
(1853–1857) – Demokrat

>*»Es gibt nichts mehr zu tun als zu trinken«*

(FRANKLIN PIERCE, NACHDEM ER VON DEN DEMOKRATEN
IM JAHR 1856 FÜR KEINE ZWEITE AMTSZEIT NOMINIERT WORDEN WAR)

Franklin Pierce wurde am 23. November 1804 in Hillsborough, New Hampshire, geboren. Sein Vater, Benjamin Pierce, war zwischen 1828 und 1830 zwei Mal Gouverneur von New Hampshire gewesen und hatte am Unabhängigkeitskrieg teilgenommen. Er war auch als Farmer erfolgreich. Seine politischen Verbindungen sollten seinem Sohn bei dessen späterer Karriere sehr hilfreich sein. Franklin Pierce begann nach dem Schulbesuch am Bowdoin-College in Brunswick, Maine, klassische Sprachen, Mathematik und Geschichte zu studieren. Zu einem engen Freund wurde sein Studienkollege Nathaniel Hawthorne, der 1892 auch Franklin Pierces Wahlkampfbiographie verfasste. Dafür wurde er von diesem finanziell unterstützt. Henry Wordsworth Longfellow, ein anderer großer Dichter, studierte ebenfalls zur selben Zeit an dieser Universität.

Franklin Pierce beendet 1824 erfolgreich sein Studium und begann mit einer juristischen Ausbildung. Zu diesem Zweck arbeitete er bei verschiedenen Richtern und Anwälten und wurde 1827 auch selbst als Anwalt zugelassen. Er führte eine Kanzlei in Hillsborough, New Hampshire. Als sein Vater Gouverneur von New Hampshire war, wurde er dort Mitglied des Repräsentantenhauses und übernahm in den Jahren 1832/33 auch den Vorsitz. Anschließend war er von 1833 bis 1837 für die Demokratische Partei Mitglied des US-Repräsentantenhauses, bevor er von 1837 bis 1842 Senator von New Hampshire wurde. 1832 setzte er sich für die Wiederwahl Andrew Jacksons ein und unterstützte als Kongressabgeordneter auch dessen Kampf gegen die Bank der Vereinigten Staaten. Franklin Pierce war ein entschiedener Gegner der Vergabe von Bundesmitteln für interne Verbesserungen (»Internal improvements«) und verurteilte die Bestrebungen der radikalen Sklaverei-Gegner zur Beendigung der Sklavenhaltung, die er als rücksichtslose Fanatiker bezeichnete.

Franklin F. Pierce heiratete 1834 die Pfarrerstochter Jane Means Appleton, die das Bestreben ihres Mannes, Präsident der Vereinigten Staaten zu werden, stets ablehnte. Nachdem er aus dem Senat ausgeschieden war, praktizierte er wieder einige Zeit als Anwalt in Concord und wurde Staatsanwalt für New Hampshire. Das Angebot von Präsident James K. Polk, das Justizministerium zu übernehmen, lehnte er ab. Er diente im mexikanisch-amerikanischen Krieg und entschloss sich 1852 zur Präsidentschaftskandidatur für die Demokratische Partei. Franklin Pierce war als »Dark Horse«, also als Verlegenheitslösung, zum Präsidentschaftskandidaten erkoren worden und zeigte sich selbst höchst überrascht darüber. Er wurde von sämtlichen Splittergruppen seiner Partei unterstützt, und da sich auch sein Gegenspieler, der Whig-Kandidat General Winfield Scott, wie er zum »Kompromiss von 1850« bekannte, wurden Streitfragen um die Sklaverei vollkommen aus dem Wahlkampf ausgeklammert. Beide Kandidaten wiesen auf ihre militärischen Verdienste hin, wobei Nathaniel Hawthorne seinem Freund ein heroisches literarisches Denkmal setzte. Franklin Pierce gewann relativ klar gegenüber seinem Gegner, da er in siebenundzwanzig Staaten die Wahl für sich entscheiden konnte, Winfield Scott jedoch nur in vier.

Zwei Monate, bevor er tatsächlich in das Amt gewählt wurde, verunglückten Franklin Pierce und seine Familie mit der Eisenbahn in Massachusetts. Er und seine Frau überlebten zwar, allerdings verloren sie ihren einzigen, damals erst elfjährigen Sohn. Dieses Ereignis stürzte die Frau in tiefe Depressionen, und er selbst verfiel immer mehr dem Alkohol.

Franklin Pierce trat das Präsidentenamt mit dem Vorsatz an, Probleme im Zusammenhang mit der Sklaverei so weit zu lösen, dass damit politische und sektorale Auseinandersetzungen beseitigt und die amerikanische Stabilität und wirtschaftliche Prosperität nicht mehr bedroht wären. Sein Vizepräsident, William Rufus King aus Alabama, starb nur wenige Wochen nach Beginn der neuen Präsidentschaft. Das Amt wurde nicht nachbesetzt, und Franklin

Pierce regierte ohne Vizepräsidenten. Er war mit damals achtundvierzig Jahren der bis zu diesem Zeitpunkt jüngste Präsident und bestrebt, frei gewordene Bundesstellen mit seinen Parteifreunden zu besetzen. Damit wollte er die in sich zerstrittene demokratische Partei wieder einen. Durch Expansionsbestrebungen versuchte er, den inneren Frieden zu schützen und den Forderungen vieler jüngerer Demokraten Rechnung zu tragen, die eine Ausweitung des amerikanischen Hoheitsgebietes nach Süden, den Freihandel und die Unterstützung von republikanischen Revolutionen in anderen Ländern befürworteten. Er strebte eine Verstärkung von Flotte und Armee an, um die territoriale Ausweitung weiter vorantreiben zu können. Die Ankündigung von Expansionsbestrebungen erweckte allerdings sofort den Zorn von Politikern in den Nordstaaten, die ihm vorwarfen, auf diese Art und Weise zu versuchen, die Sklaverei auf weitere Gebiete auszudehnen.

Franklin Pierce schien sich nicht im Klaren darüber zu sein, dass eine territoriale Expansion auch wieder die einigermaßen befriedete Auseinandersetzung über die Genehmigung oder das Verbot der Sklaverei in den neuen Gebieten aufflammen lassen würde. Jefferson Davis, der spätere Präsident der Sezessionsstaaten, hatte als Kriegsminister großen Einfluss auf den Präsidenten. Er war ein Plantagenbesitzer aus Mississippi und kompromisslos in der Sklavenfrage, obwohl sich Franklin Pierce selbst gegen die Einführung der Sklaverei in den neu erworbenen Territorien aussprach.

1854 kam es zu weiteren Kontroversen um die Sklavenfrage. Senator Stephen A. Douglas, ein demokratischer Senator aus Illinois, hatte im Kongress eine Gesetzesvorlage eingebracht, die vorsah, in den neuen Territorien Kansas und Nebraska die Sklavenfrage in die Entscheidungsgewalt der dortigen Bewohner zu übertragen. Dies hätte bedeutet, dass Kansas vermutlich auch die Sklaverei eingeführt hätte. Durch diesen »Kansas Nebraska Act« wäre es zu einer Aufhebung des »Missouri-Kompromisses« von 1820 gekommen, da beide Territorien nördlich der Demarkationslinie gelegen waren, wo nach dem »Missouri-Kompromiss« die Sklaverei verboten war. Der Konflikt über diese Grenzlinie provozierte im ganzen Land Auseinandersetzungen zwischen Befürwortern und Gegnern der Sklavenfrage. Im Norden formierten sich die Republikaner als Gegner der Sklaverei und in der Demokratischen Partei kam es zu einer Spaltung in zwei Gruppen. In Kansas selbst brachen Kämpfe zwischen Befürwortern und Gegnern der Sklaverei aus, welche vielen Menschen das Leben kosteten. Sie wurden unter der Bezeichnung »Bleeding Kansas« zu einem dunklen Vorboten des Bürgerkrieges und gingen unrühmlich in die Geschichte der USA ein. Franklin Pierce selbst unterstützte den »Kansas Nebraska Act« als ein Gesetz, das seiner Meinung nach einen fairen Kompromiss zwischen den Interessenslagen des Nordens und des Südens darstellte. Er unterschrieb daher das Gesetz nach Verabschiedung durch den Kongress im Jahre 1854, was zu einer weiteren massiven Polarisierung des Landes führte.

Franklin Pierce, der selbst aus dem Norden stammte, engagierte sich massiv zugunsten der Interessen des Südens. Zudem sprach er sich gegen Gesetze für ein »Internal Improvement«, also die Finanzierung infrastruktureller Maßnahmen in den Bundesstaaten mit Bundesmitteln aus und war nicht bereit, solche Gelder für wirtschaftliche Entwicklungen zur Verfügung zu stellen. Damit machte er sich in den Kreisen der Geschäftswelt des Nordens immer mehr Feinde. Franklin Pierces Ansehen litt auch unter seinen fragwürdigen nepotistischen Personalentscheidungen.

Negativ wurde Franklin Pierce zudem angerechnet, dass es ihm nicht gelang, Großbritannien zu überzeugen, das heutige Belize aufzugeben. Außenpolitisch versuchte er zudem, mit dem »Gadsden Purchase« von 1853 von Mexiko einen Teil des Staatgebietes abzukaufen, da das Land für die Transkontinental-Eisenbahnlinie von Texas nach Kalifornien benötigt wurde. James Gadsden, der amerikanische Gesandte in Mexiko, handelte den Kaufvertrag aus. Die neu erworbenen Gebiete wurden später zu Teilen der Bundesstaaten New Mexico und Arizona. Mit dem im Jahre 1854 unterzeichneten Vertrag von Kanagawa gelang es Franklin Pierce, die japanischen Häfen für den amerikanischen Handel zu öffnen, wobei jedoch die Vorverhandlungen zu diesem Abkommen bereits erfolgreich unter der Regierung von Präsident Fillmore geführt worden waren. Diplomatische Verhandlungen über den Erwerb Kubas von Spanien scheiterten hingegen. Franklin Pierce schien sogar bereit zu sein, für die Annexion Kubas einen Krieg zu riskieren. Dies führte zu einem Sturm der Entrüstung, da man im Norden hinter diesen Vorhaben einen neuen Versuch sah, die Sklaverei auszuweiten, zumal auch in Kuba die Haltung von Sklaven legal war. Spanien weigerte sich allerdings, Kuba aufzugeben. Ebenso hielten die Kämpfe in Kansas an, womit der amtierende Präsident auch innerhalb seiner eigenen Partei nicht mehr als wählbar erachtet wurde. Für die neuen Präsidentschaftswahlen im Jahr 1856 nominierte man daher nicht mehr Franklin Pierce als Kandidaten der Demokraten, sondern entschied sich für den bisherigen Gesandten in London, James Buchanan.

Mittlerweile war die Republikanische Partei entstanden, die ihre Anhänger speziell in den Industriekreisen aus dem Norden, aber auch unter den Farmern und Arbeitern in den nördlichen und westlichen Teilen der USA rekrutierte. Sie nominierte John C. Fremont als Präsidentschaftskandidaten und forderte die Aufnahme von Kansas als freien Staat in die Union. Die Anhänger der Partei sprachen sich entschieden gegen die Sklaverei in den neuen Staaten aus. Der Demokrat James Buchanan gewann allerdings die Wahl. Franklin Pierce war politisch gescheitert, kehrte daraufhin nach New Hampshire zurück und übernahm keine politischen Ämter mehr. Stattdessen unternahm er Reisen nach Europa. Er unterstützte zwar im Bürgerkrieg die Union, verurteilte aber das seiner Meinung nach sinnlose Blutvergießen. Die Befreiung der Sklaven unter Präsident Abraham Lincoln lehnte er ab und geriet durch seine Sympathien für den Süden bei seinen nördlichen Freunden immer mehr in Isolation. Am 8. Oktober 1869 starb er und gilt heute unter Historikern als gescheiterter Präsident. Durch sein politisches Agieren wurde der Konflikt zwischen Nord- und Südstaaten weiter angefacht und führte schließlich zum Sezessionskrieg.

JAMES BUCHANAN

* 23. April 1791 in Cove Gap, Pennsylvania
† 1. Juni 1868 in Weatland, Pennsylvania

15. Präsident der USA (1857–1861) – Demokrat

»Mr. Buchanan ist ein fähiger Mann, aber in Kleinigkeiten ohne
Urteil, und zeitweilig benimmt er sich wie eine alte Jungfer.«

(PAUL F. BOLLER, PRESIDENTIAL ANECTODES)

James Buchanan wurde am 23. April 1791 in den Bergen von Pennsylvania geboren. Sein Vater, James Buchanan, war ein irischer
Einwanderer, der es zum wohlhabenden Geschäftsmann gebracht
hatte. Die Mutter, Elizabeth Speer, war eine gebildete und belesene
Frau. James Buchanan wurde ebenfalls als strebsam und ehrgeizig
beschrieben und erhielt eine gute Schulbildung. Nach dem Besuch
des Dickinson Colleges in Carlisle, Pennsylvania, und einem anschließenden Studium der Rechtswissenschaften begann er 1812
in Lancaster, Pennsylvania, als Anwalt zu praktizieren. Zwei Jahre
später nahm er nach der Zerstörung Washingtons durch britische
Truppen für kurze Zeit am Krieg gegen Großbritannien teil.

In den Jahren 1814 bis 1816 war er als Abgeordneter im Parlament von Pennsylvania tätig, fungierte von 1821 bis 1831 als
Kongressabgeordneter in Washington und vertrat von 1834 bis
1845 Pennsylvania im US-Senat. Eine Berufung zum Richter am
Obersten Gerichtshof lehnte er ebenso ab wie die Ernennung zum
Justizminister. Dafür sammelte er als Gesandter in Russland und
Großbritannien außenpolitische Erfahrungen, die ihm in seiner
späteren Tätigkeit als Außenminister unter Präsident James K. Polk
von großem Nutzen waren. Als er 1856 nach zwei gescheiterten
Anläufen für die demokratische Präsidentschaftskandidatur endlich zum Präsidenten der Vereinigten Staaten gewählt wurde, hatte
er somit schon viel mehr an politischem Know-how erworben, als
die meisten seiner Amtsvorgänger.

Politisch bekannte er sich anfangs zu den Föderalisten. Nach
deren Verschwinden aus dem politischen Geschehen wandte er

sich der neu entstehenden Demokratischen Partei zu. Er war ein glühender Verfechter der Monroe-Doktrin, die die irreversible Unabhängigkeit der amerikanischen Staaten von den europäischen Mächten postulierte, und überzeugt davon, Großbritannien aus Mittelamerika und Oregon verdrängen zu müssen. Gleichzeitig unterstützte er die Annexion von Texas und Kalifornien. Zudem war er Mitautor des »Ostend Manifestos«, in dem 1854 entweder die gewaltsame Eroberung oder der Kauf Kubas gefordert wurde. James Buchanan trat auch vehement für den Erhalt der Union ein und sprach sich gegen deren Einmischung in Fragen der Sklaverei aus. Zwar war er persönlich vom moralischen Unrecht der Sklavenhaltung überzeugt, erkannte diese aber als Konsequenz der sozialen Verhältnisse im Süden der USA an. Während des Präsidentschaftswahlkampfes war er als Gesandter im Ausland und hatte sich nie dezidiert als Gegner oder Befürworter der Sklaverei deklariert. Dies ließ ihn gleichsam über dem Konflikt stehen und brachte ihm viele Stimmen bei den Präsidentschaftswahlen. Weiterhin versprach er wirtschaftliche Stabilität, womit er sich die Fürsprache der Finanz- und Geschäftswelt sichern konnte.

Als er 1857 65-jährig das Präsidentenamt übernahm, musste er sich allerdings gleich den Vorwurf gefallen lassen, dass er den Obersten Gerichtshof zu einer umfassenden Entscheidung hinsichtlich der Sklavenfrage ermuntert hatte. Das Gericht war in der »Dred Scott Decision« zur Erkenntnis gelangt, dass die schwarze Bevölkerung nicht als Bürger anzusehen wäre und daher keine Rechte hätte. Außerdem wäre der Kongress nicht befugt, die Sklaverei zu verbieten. Damit wurde auch die Verfassungskonformität des »Missouri-Kompromisses« negiert, welcher eine Übereinkunft zwischen Pro- und Anti-Sklaverei-Staaten war und Regelungen zur Sklavenhaltung enthielt.

Etwas später wurde in Kansas durch die »Lecompton Constitution« Sklaverei für rechtskonform erklärt. In einem Referendum lehnte aber die Mehrheit der Bevölkerung dieses Gesetz ab, obwohl sich James Buchanan dafür ausgesprochen hatte. Trotzdem sollte Kansas auf dieser Rechtsgrundlage zu einem Mitglied der Union werden. In einem weiteren Referendum wurde das Gesetz allerdings abermals abgelehnt, und Kansas 1861 als freier Staat zum Unionsmitglied erklärt. Diese Entwicklung wurde von brutalen Zusammenstößen zwischen Sklavereigegnern und -befürwortern begleitet, was Kansas damals den Beinamen »Bleeding Kansas«

verlieh. James Buchanans Unterstützung der »Lecompton Constitution« schwächte ihn massiv und kostete ihn viel Unterstützung innerhalb der eigenen Partei.

Zeitgleich mit den Problemen rund um die Sklaverei wurden große Teile des Landes von einer schweren Finanz- und Wirtschaftskrise erschüttert, von der nur der Süden aufgrund der Baumwollexporte nach Europa weitgehend verschont blieb. Infolgedessen betonten politische Vertreter des Südens die Überlegenheit des Sklaverei-Systems bei der Bewältigung von ökonomischen Krisen. James Buchanan weigerte sich, die Wirtschaft durch staatliche Aufträge anzukurbeln, was zu großer Unzufriedenheit bei der verarmten Bevölkerung führte.

Außenpolitisch gelang es James Buchanan hingegen, zumindest einige Erfolge zu erzielen. Großbritannien zog sich aus Honduras und Nicaragua zurück, nachdem der Präsident versprochen hatte, den afrikanischen Sklavenhandel stärker zu bekämpfen. Auch gelang es ihm, wirtschaftliche Beziehungen zu Japan und China aufzunehmen und erste Verhandlungen mit Russland über einen Verkauf von Alaska anzubahnen. Die republikanische Kongressmehrheit weigerte sich allerdings in Absprache mit den Demokraten aus den Nordstaaten, jene Finanzmittel bereitzustellen, die für den Ankauf Kubas von Spanien nötig gewesen wären. Auch Kuba war nämlich ein Sklavenstaat, weshalb sich das Gleichgewicht zugunsten der die Sklaverei befürwortenden Südstaaten verschoben hätte, wäre das Land in die Union aufgenommen worden. Ebenso wenig konnte James Buchanan im Kongress die Ratifizierung von Verträgen mit Mexiko, Nicaragua, Paraguay und Costa Rica durchsetzen, die den USA kontinuierlichen Einfluss auf diese Länder gesichert hätte.

Ein weiterer interner Konflikt schwelte im Utah-Territorium, das von Mormonen bewohnt wurde. Dort hielt man an der Polygamie fest und zeitweise drohte eine militärische Eskalation. Schließlich einigte man sich darauf, den Mormonen religiöse Souveränität zuzugestehen, und von ihnen dafür im Gegenzug die Anerkennung der Zuständigkeit der Bundesregierung für sämtliche säkularen Bereiche bestätigt zu bekommen.

Von politischen Gegnern wurde James Buchanans Administration Korruption vorgeworfen. Ein vom Kongress eingesetztes Untersuchungskomitee konnte zwar dem Präsidenten kein schuldhaftes Verhalten nachweisen, dennoch litt sein Ansehen weiteren Schaden. In den letzten Monaten seiner Amtszeit war er bestrebt, die Abspaltung der Südstaaten zu verhindern. Er forderte den Norden auf, jegliche Aktivitäten zur Unterstützung der Abschaffung der Sklaverei zu unterlassen. Gleichzeitig sah er aber in der Sezession einen illegalen Akt. Am 20. Dezember 1860 verließ South Carolina die Union und gründete im Februar 1861 mit sechs weiteren Südstaaten, die diesem Beispiel gefolgt waren, die konföderierten Staaten von Amerika. Die Sezession war erfolgt, lediglich die Kampfhandlungen hatten noch nicht eingesetzt. James Buchanan war in seinen Bemühungen, die Einheit des Landes zu bewahren, gescheitert. Die Medien machten ihn und seine Unentschlossenheit immer wieder verantwortlich für die Gräuel des Bürgerkrieges, der wenig später folgen sollte. Als dieser endgültig ausbrach, zog sich James Buchanan auf seinen Landsitz in Pennsylvania zurück. Dort starb er am 1. Juni 1868 im Alter von siebenundsiebzig Jahren.

Er war Zeit seines Lebens unverheiratet geblieben und damit bis heute der einzige Junggeselle im Präsidentenamt. 1819 war seine Verlobte Anne C. Coleman, die Tochter eines Millionärs aus Lancaster, unter mysteriösen Umständen ums Leben gekommen. Es wird vermutet, dass sie Suizid beging, wofür man James Buchanan mitverantwortlich machte. In jungen Jahren wurden ihm auch homosexuelle Beziehungen zu William Rufus Devane King, dem Senator von Alabama und späteren Vizepräsidenten von Franklin Pierce, nachgesagt. Während seiner Zeit im Weißen Haus übernahm seine Nichte, Harriet Lane, häufig die Rolle der »First Lady«. Sie übte dieses Amt mit großem Geschick aus und war zudem sehr interessiert an der Kultur der amerikanischen Indianer. Die Verbesserung der Lebenssituation der amerikanischen Ureinwohner war ihr ein großes Anliegen.

ABRAHAM LINCOLN

* 12. Februar 1809 in Hodgenville, Kentucky
† 15. April 1865 in Washington, D. C.

16. Präsident der USA (1861–1865) –Whig/Republikaner

>*So groß war in der Tat die Bescheidenheit dieses großen
und guten Mannes, dass die Welt erst dann entdeckte, er
sei ein Held gewesen, nachdem er als Märtyrer gefallen.*«

(KARL MARX, ADRESSE DER INTERNATIONALEN
ARBEITERASSOZIATION AN PRÄSIDENT JOHNSON)

Abraham Lincoln war der erste Präsident, der nicht aus einem der
dreizehn Gründerstaaten stammte. Er war der erste republikanische Präsident und sollte als der Präsident des amerikanischen
Bürgerkrieges in die Geschichte eingehen. Er wurde am 12. Februar 1809 in Hodgenville, Kentucky, als zweites von drei Kindern
geboren. Sein Vater, Thomas Lincoln, war Farmer und arbeitete
zeitweise als Zimmermann. Die Beziehung zu ihm war schwierig,
vor allen Dingen, da dieser als Analphabet den Wissensdurst seines
Sohnes nicht nachvollziehen konnte und dessen Lesetätigkeit als
Faulheit verurteilte. Zur Mutter, die starb, als Abraham Lincoln
neun Jahre alt war, hatte er hingegen ein sehr liebevolles Verhältnis.
Auch die Beziehung zu seiner Stiefmutter, die der Vater ein Jahr
nach dem Tod der ersten Frau geheiratet hatte, war sehr gut.

Abraham Lincoln wuchs in bescheidenen Verhältnissen auf. Nur
selten konnte er die Schule besuchen, da er schon früh auf der
Farm mithelfen musste. Er war ein kräftiger Junge von überdurch-
schnittlicher Körpergröße, der sich durch intensive Lesetätigkeit
mit der Zeit ein gutes Allgemeinwissen aneignete. 1830 zog die
Familie nach Illinois, und Abraham Lincoln beschloss, sich finanziell unabhängig zu machen. Mit seinem Stiefbruder und einem
Cousin begann er, Waren auf dem Mississippi nach New Orleans
zu schiffen. Der Auftraggeber bot Abraham Lincoln daraufhin
die Übernahme eines kleinen Geschäftes in New Salem, Illinois,
an. Diesem Angebot kam er gerne nach, widmete sich aber auch

weiterhin seinem Selbststudium. Unter dem Oberkommando von Zachary Taylor, der später vor ihm das Amt des Präsidenten innehaben sollte, nahm er 1832 kurz am »Black-Hawk-Krieg« teil, der zwischen Weißen und Indianern wegen der Landbesiedelungen ausgebrochen war.

Da das Geschäft schlecht lief und letztendlich geschlossen wurde, bewarb sich Lincoln 1832 um einen Sitz im Repräsentantenhaus von Illinois. Er hatte sich durch Lesen fundierte Rechtskenntnisse angeeignet. Dennoch scheiterte sein erster Versuch, in der Politik Fuß zu fassen. Er fühlte sich politisch in der Whig-Partei beheimatet und wurde im zweiten Versuch 1834 dann doch zum Abgeordneten von Illinois gewählt. In dieser Zeit war er weiter als Gelegenheitsarbeiter tätig und verdiente seinen Lebensunterhalt als Ladenangestellter, Landvermesser oder Postangestellter. In seiner Freizeit widmete er sich außerdem intensiv dem Studium der Rechtswissenschaften. 1837 wurde er Teilhaber eines Anwaltsbüros in Springfield, Illinois. Auch in seiner politischen Karriere ging es steil bergauf, denn er wurde bald zu einem führenden Mitglied seiner Partei.

1842 heiratete Lincoln Mary Todd, eine gebildete und ehrgeizige junge Frau, die aus einer angesehenen Farmer- und Sklavenhalterfamilie aus Kentucky stammte. Die Hochzeit war eigentlich schon über ein Jahr zuvor geplant gewesen, Lincoln hatte jedoch Zweifel und erschien nicht zum ersten Termin. Durch die Vermittlung von Freunden kam es letztendlich doch zur Eheschließung. Mit Mary Todd hatte Lincoln vier Kinder, von denen drei allerdings bereits früh verstarben.

1846 wurde Abraham Lincoln in den Kongress der USA gewählt. Er engagierte sich in dieser Funktion gegen einen vom damaligen Präsidenten James K. Polk propagierten Krieg gegen Mexiko, da er diesen für einen ungerechtfertigten Akt zur Eroberung mexikanischer Gebiete hielt. 1848 unterstützte Abraham Lincoln Zachary Taylor im Präsidentschaftswahlkampf. Die Sklaverei-Frage wurde wieder zum Thema, da nicht klar war, ob man in den von Mexiko eroberten Gebieten die Sklaverei verbieten oder zulassen sollte. Abraham Lincoln sprach sich gegen die Sklaverei aus und brachte 1849 auch den Antrag ein, diese im District of Columbia abzuschaffen. Darüber wurde aber nie abgestimmt, da sich die Sklavenbesitzer unter den Abgeordneten massiv dagegen wehrten. Abraham Lincoln erkannte die Notwendigkeit das Problem der

Sklaverei zu lösen, lehnte aber einen direkten bundesstaatlichen Eingriff ab. Seine Ambivalenz in der Frage wurde auch deutlich, als er als Anwalt sogar die Vertretung von Sklavenbesitzern gegen die Ansprüche von Sklaven übernahm.

Abraham Lincoln stellte sich nicht mehr zur Wahl zum Kongressabgeordneten und schlug auch das Angebot des damaligen Präsidenten Zachary Taylor aus, Gouverneur im neuen Oregon-Territorium zu werden. Stattdessen kehrte er nach Illinois zurück und widmete sich in den nächsten Jahren hauptsächlich seiner Tätigkeit als Anwalt. In der Zwischenzeit wurde Kalifornien als Staat ohne Sklavenhaltung in die Union aufgenommen, das Problem der Sklaverei an sich jedoch weiter nicht gelöst. Ganz im Gegenteil verhärteten sich die Fronten zwischen den sklavenhaltenden Südstaaten und dem sklavenfreien Norden. Eine friedliche Lösung dieser Situation erschien kaum noch möglich. Daran konnte auch der »Kansas Nebraska Act« von 1854 nichts ändern, der bestimmte, dass die Bevölkerung der neuen Gebiete, etwa New Mexikos oder Utahs, selbst über die Zulässigkeit der Sklaverei entscheiden sollte. Das Problem rund um die Sklavenfrage spaltete auch die Partei der Whigs immer mehr und führte letztlich zu ihrer Auflösung. Sie wurde nach und nach ersetzt durch die in Wisconsin und Michigan neu gegründete Partei der Republikaner, die sich dezidiert gegen die Sklaverei in allen neuen Gebieten der Union aussprach. Auch den Demokraten drohte die Spaltung.

In diesen Wirren versuchte Abraham Lincoln, politisch wieder Fuß zu fassen. 1858 trat er im Wahlkampf um einen Sitz im Senat gegen den demokratischen Senator Stephen Douglas an, der einst verantwortlich war für den »Kansas Nebraska Act«. Die Sklavenfrage rückte auch in diesem Fall immer mehr ins Zentrum des Wahlkampfes. Abraham Lincoln hatte erkannt, dass die Nation in der Sklavenfrage nicht für immer gespalten bleiben könne. Für ihn war klar, dass es über kurz oder lang zu einer Entscheidung zugunsten oder gegen die Sklaverei kommen musste. Er präsentierte sich als Verfechter der Idee, dass alle Menschen frei und gleich wären, und bezog sich dabei auf die Grundsätze der Gründerväter der USA. Stephen Douglas betonte hingegen stärker das Selbstbestimmungsrecht der – weißen – Bürger und gewann damit den Wahlkampf.

1860 gab es Präsidentschaftswahlen und die Republikanische Partei hatte massiv an Stärke gewonnen. Als der abolitionistische

Fanatiker John Brown 1859 versuchte, durch einen Überfall auf das Zeughaus von Harper's Ferry in Virginia, einen Sklavenaufstand zu provozieren, wurde dies von den Südstaaten als eine Verschwörung des Nordens angesehen. Das wechselseitige Misstrauen wurde immer stärker, zumal die Abolitionisten aus dem Norden im hingerichteten John Brown einen Märtyrer sahen. Die allgemeine Stimmung wurde noch explosiver, und Abraham Lincoln verurteilte öffentlich den Überfall, den er als ungerechtfertigten Gewaltakt klassifizierte. Gleichzeitig wehrte er sich aber auch dagegen, dass man diese Tat eines Einzeltäters der Republikanischen Partei als Gegnerin der Sklaverei zuschrieb.

Abraham Lincoln wurde als republikanischer Präsidentschaftskandidat nominiert und gewann auch die Wahl. Er hatte schon im Wahlkampf versprochen, Schutzzölle einzuführen, um die aufstrebende Industrie des Nordens zu entlasten und eine schnelle Einbürgerung von Einwanderern zu gewährleisten, da Arbeitskräfte benötigt wurden. Auch einer weiteren Ausdehnung der Sklaverei wollte er Einhalt gebieten. Extremisten in den Südstaaten forderten daraufhin die Loslösung von der Union, obwohl Abraham Lincoln nie die Absicht geäußert hatte, die Sklaven befreien zu wollen. Dennoch beschloss South Carolina als erster Staat im Dezember 1860 den Austritt aus der Union. Mississippi, Florida, Alabama, Georgia, Louisiana und Texas folgten wenig später. Diese Staaten schlossen sich zu den »Konföderierten Staaten« von Amerika zusammen, verabschiedeten eine eigene Verfassung und wählten Jefferson Davis zu ihrem Präsidenten. Andere, weiter nördlich gelegene Sklaverei-Staaten warteten vorerst ab.

Abraham Lincoln sah sich somit als neuer Präsident schon zu Beginn seiner Amtszeit dem Zerfall der Union gegenüber. Sämtliche Vermittlungsversuche zu ihrem Erhalt scheiterten. Als am 12. April 1861 das Bundesfort Sumter von Konföderierten belagert wurde, bedeutete dies den Beginn des Sezessionskrieges. North Carolina, Arkansas, Tennessee und Virginia schlossen sich den Konföderierten an, die anderen Sklavenhalterstaaten Delaware, Maryland, Kentucky und Missouri verblieben weiter bei der Union.

Die Nordstaaten waren industriell weiter fortgeschritten und bevölkerungsreicher als jene des Südens. Dennoch hatten sie zu Beginn des Sezessionskrieges schwere Niederlagen und hohe Verluste zu verzeichnen. Nachdem eine Zeit lang wechselnde Erfolge zu beobachten waren, wurden die Südstaaten am 9. April 1865 zur Kapitulation gezwungen. Präsident Abraham Lincoln hatte dem Süden zuvor mehrfach Verhandlungen angeboten und einen Friedenskompromiss in Aussicht gestellt. Die Bedingung war, dass die Südstaaten zur Union zurückkehrten und die Sklaverei aufgaben. Dies wurde aber abgelehnt, und der Kampf bis zum Ende fortgeführt. Die Auswirkungen auf die Zivilbevölkerung waren mit 600.000 Toten und riesigen immateriellen Schäden verheerend. Der Sezessionskrieg hatte aber die Frage der Sklaverei entschieden, obwohl Abraham Lincoln es ursprünglich als seine Hauptaufgabe angesehen hatte, die Union zu retten und weniger die Sklaverei zu beenden. Die endgültige Befreiung aller Sklaven durch den 13. Verfassungszusatz erlebte er nicht mehr. Nach der Kapitulation wurden die besiegten Staaten zunächst von der Union regiert. Diese Zeit wird als »Reconstruction« bezeichnet und stand ganz unter dem Zeichen der Versöhnung und Rückführung der einstigen Abtrünnigen in den gemeinsamen Verbund.

Der Sezessionskrieg hatte sich durchaus auch negativ auf die Amtsgeschäfte Abraham Lincolns ausgewirkt. Die Demokraten verzeichneten bei den Kongresswahlen 1862 große Erfolge. Die Bevölkerung war kriegsmüde und wandte sich von der Politik des Präsidenten immer mehr ab. Dazu kam, dass der Großteil der Verwandten seiner Frau aus dem Süden stammte und auf Seiten der konföderierten Truppen gekämpft hatte. Dies brachte ihr den Vorwurf des Vaterlandsverrats ein. Dennoch wurde Abraham Lincoln 1864 wieder mit großer Mehrheit zum Präsidenten gewählt. Vor allen Dingen sprachen sich die Soldaten für ihn aus.

Bei der Inauguration zur zweiten Amtszeit nahmen erstmals auch Angehörige der schwarzen Bevölkerungsgruppe teil. In seiner Antrittsrede verzichtete er bewusst auf Schuldzuweisungen im Zusammenhang mit dem Sezessionskrieg. Die Wiedervereinigung des Landes und die Beseitigung von Ressentiments standen für ihn im Mittelpunkt. Zur Umsetzung dieser Vorhaben blieb ihm allerdings kaum Zeit, denn am 14. April 1865 wurde er bei einem Theaterbesuch von hinten erschossen. Abraham Lincoln war zum Opfer einer Verschwörung von jungen Menschen geworden, die mit dem Süden sympathisierten und meinten, aus patriotischer Überzeugung zu handeln. Der Attentäter, ein Schauspieler namens John Wilkes Booth, wurde kurz darauf gefasst und erschossen. Abraham Lincolns Leichnam wurde nach Springfield, Illinois, überstellt und dort auf dem Oak Ridge Cemetery beigesetzt. Er wird bis heute als einer der ganz großen Präsidenten der USA angesehen.

ANDREW JOHNSON

* 29. Dezember 1808 in Raleigh, North Carolina
† 31. Juli 1875 in Carter County, Tennessee

17. Präsident der USA (1865–1869) – Demokrat

> »Seine Karriere war bemerkenswert, sogar in diesem
> Land; sie wäre in jedem anderen unmöglich gewesen«
>
> (NACHRUF AUF ANDREW JOHNSON IN DER NEW
> YORK TIMES VOM 1. AUGUST 1875)

Nach der Ermordung Abraham Lincolns übernahm Andrew Johnson das Amt des Präsidenten der Vereinigten Staaten. Die Zeit war geprägt von Umbrüchen und Neuanfängen. Obwohl die bundesstaatliche Einheit der Union gesichert und die Sklaverei beseitigt waren, bedeutete dies keineswegs das Ende der Probleme. Große Teile des Südens der USA waren zerstört, der Bürgerkrieg hatte die sozialen, politischen und wirtschaftlichen Strukturen der Region vernichtet. Dies machte eine vollständige Neupositionierung der gesellschaftlichen Ordnung erforderlich, einer Herausforderung, der sich der neue Präsident mit Beginn seiner Amtszeit stellen musste.

Andrew Johnson wurde am 29. Dezember 1808 in Raleigh, North Carolina, als letztes von drei Kindern geboren. Er stammte aus einfachen Verhältnissen. Sein Vater, der weder lesen noch schreiben konnte, ging Gelegenheitsarbeiten nach, und seine Mutter arbeitete zeitweise als Näherin. Als Andrew Johnson drei Jahre alt war, starb sein Vater. Seine Mutter heiratete später ein zweites Mal. Schon in sehr jungen Jahren bekam Andrew Johnson die soziale Verachtung der wohlhabenderen Bevölkerung Raleighs zu spüren. Seine Familie gehörte der untersten Schicht der weißen Gesellschaft an. Nur Schwarze, die vielfach noch als Sklaven lebten, hatten weniger sozialen Wert.

Andrew Johnson und sein älterer Bruder William besuchten nie eine Schule, sondern wurden im Teenageralter zu einem ortsansässigen Schneider in die Lehre geschickt. Die beiden liefen jedoch bald mit zwei anderen Lehrlingen davon. Dies wurde als Vertragsbruch angesehen, woraufhin für ihr Ergreifen vom Lehrherrn eine Prämie ausgesetzt wurde. Doch Andrew und William gelang es, weiterzuziehen und ihre Ausbildung als Schneider zuerst in Carthage, North Carolina, und dann in Laurens, South Carolina, fortzusetzen. Schon damals fielen die Wissbegierigkeit Andrew Johnsons und sein unbändiger Wunsch nach Bildung und Selbstverwirklichung auf. Nach einer unglücklichen Liebe und einer kurzen Rückkehr nach Raleigh verschlug es ihn nach Greeneville, Tennessee. Dort lernte er auch seine spätere Frau, Eliza McCardle, die Tochter eines Schumachers kennen, mit der er eine glückliche Ehe führte und drei Söhne und zwei Töchter hatte. Sie brachte ihm das Lesen und Schreiben bei, was ihn dazu animierte, sich autodidaktisch unermüdlich weiterzubilden. Andrew Johnson war beruflich ebenso erfolgreich und konnte schnell ein kleines Vermögen erwirtschaften. Dennoch blieb ihm im südstaatlich-aristokratischen Gesellschaftsgefüge der soziale Aufstieg weiterhin verwehrt.

Andrew Johnson begann, sich in politischen Diskussionen zu engagieren, wurde Mitglied einer »Debattiergesellschaft« und 1829 zum Ratsmitglied der Stadt Greeneville ernannt. Diese Aktivitäten schulten seine rhetorischen und dialektischen Fähigkeiten und machten ihn zu einem überzeugenden Redner. 1834 übernahm er die Funktion des Bürgermeisters von Greeneville und bekleidete zwischen 1835 und 1853 anfangs das Amt eines Abgeordneten des Repräsentantenhauses, später das eines Senators im Kongress von Tennessee. Politisch fühlte er sich zu Beginn den Whigs nahe und fand dann seine politische Heimat in der Demokratischen Partei.

Andrew Johnson sah sich stets als Verteidiger der Interessen des einfachen Volkes. Geprägt durch die eigene Biografie machte er sich für ein freies, öffentliches Schulwesen für alle, mit Ausnahme der Kinder von Sklaven, stark und sprach sich für allgemeine Volkswahlen aus. Zudem trat er als erbitterter Gegner des »patronage systems« auf und setzte sich für die Verabschiedung eines Gesetzes ein, das einerseits den Erwerb von Land für ärmere Personen erleichtern und andererseits helfen sollte, die wirtschaftliche Machtkonzentration, die traditionellerweise auf großem Landeigentum gekoppelt mit ausbeuterischer Sklavenhaltung gründete, zu unterbinden. Dies ist umso bemerkenswerter, als er selbst aus dem Süden kam und Sklaven besaß. Seine Haltung brachte ihm daher erste nationale Aufmerksamkeit ein. Allerdings sprach er sich niemals gegen die vollständige Abschaffung der Sklaverei aus und sah zeitlebens in der schwarzen Bevölkerung Menschen zweiter Klasse.

Von 1853 bis 1857 übte Andrew Johnson die Funktion des Gouverneurs von Tennessee aus und ging daraufhin als Senator nach Washington. Dort wurde heftig über eine mögliche Abspaltung der Südstaaten debattiert, wobei er sich für die Beibehaltung der Union einsetzte. Dies brachte ihm die Gegnerschaft vieler Demokraten aus dem Süden ein, sicherte ihm aber zugleich die Sympathien der Whigs und Republikaner aus dem Norden. 1861 reiste er trotz vielfacher Attentatsdrohungen nach Greeneville, um sich im Rahmen von Veranstaltungen für den Verbleib Tennessees in der Union auszusprechen. Dennoch spaltete sich auch dieser Staat ab, und Andrew Johnson ging zurück nach Washington, wo er ein enger Mitarbeiter von Präsident Abraham Lincoln wurde. Dieser übertrug ihm ein Amt in der Administration des östlichen Teils von Tennessee, der weiterhin zur Union gehörte. Als 1862 die Unionstruppen ganz Tennessee eroberten, wurde Andrew Johnson zum Militärgouverneur des Staates ernannt.

Zwei Jahre später wurde ihm, dem überzeugten Demokraten, von der Führung der Republikaner die Kandidatur für das Amt des amerikanischen Vizepräsidenten angeboten. Zurückzuführen ist dies auf seine tatkräftige Unterstützung der Union und der Politik Abraham Lincolns, was ihn über alle Parteigrenzen hinweg zum geeignetsten Kandidaten für diese Aufgabe werden ließ. Nachdem Lincoln im Jahr 1965 die Wiederwahl zum Präsidenten gewonnen hatte, wurde Andrew Johnson als sein Vizepräsident vereidigt. Wenig später erlag Abraham Lincoln den Schussverletzungen, die ihm durch ein Attentat zugefügt worden waren, und Andrew Johnson übernahm das Amt des Präsidenten.

Zu diesem Zeitpunkt war er für viele Amerikaner ziemlich unbekannt, und es war fraglich, ob er Abraham Lincolns Weg einer schnellen Versöhnung mit den Sezessionisten aus dem Süden weitergehen oder eine harte Linie wählen würde. Zudem fehlte ihm eine starke Lobby, da er sich von den Demokraten abgewandt hatte und viele Republikaner ihm eine umfassende Anerkennung verwehrten. Andrew Johnson entschloss sich nach anfänglichem Zögern und unter dem Einfluss engster Vertrauter, in die Tradition Abraham Lincolns einzuschwenken und die Wiedereingliederung des Südens in die Union möglichst schnell und ohne Revanchegedanken durchzuführen. Den südlichen Bundesstaaten wurden alle politischen Rechte zurückgegeben und zügig am Wiederaufbau der zerstörten Gebiete gearbeitet. Viele der einst blühenden Städte waren vollkommen zerstört und die politischen und administrativen Strukturen weiterer Gebiete zusammengebrochen. Infolgedessen zogen terrorisierende und plündernde Banden durchs Land. Durch die Freilassung der Sklaven ergaben sich weitere Probleme, da dies zwar gesetzlich so vorgesehen, allerdings niemand auf die Folgen vorbereitet war. Für viele ehemalige Sklaven bedeutete die neue Freiheit ein Leben auf der Straße, wo sie häufig von der Armee verpflegt werden mussten oder auf mildtätige Gaben angewiesen waren. Es ist nicht verwunderlich, dass unzählige von ihnen bald darauf Hunger, Krankheiten oder Gewalttaten zum Opfer fielen.

Andrew Johnson begann ab 1865 provisorische Zivilgouverneure in den südlichen Gebieten zu ernennen, die sich um eine rasche Wiederherstellung von öffentlichen Institutionen zu kümmern hatten. Zudem wurden Wahlen abgehalten und Zivilverwaltungen eingesetzt. Es gab eine generelle Amnestie für alle Südstaatler, die einen Eid auf die Union leisteten. Das liberale Wiederaufbauprogramm Andrew Johnsons wurde allerdings nicht in allen Kreisen positiv aufgenommen. Der Kongress entschied sich 1865 zu einem wesentlich rigoroseren Kurs. Darin spiegelte sich einerseits die Angst radikaler Republikaner vor einer neuerlichen Mehrheit der Demokraten wider, sobald die Gesinnungsgenossen aus dem Süden in den Kongress zurückkehrten und sich mit den Kommilitonen aus dem Norden verbündeten. Andererseits sahen auch Industrie und Finanzkreise der Nordstaaten ihre Interessen durch diese Politik beeinträchtigt.

In der offiziellen »Proclamation 157« vom 2. April 1866 forderte Andrew Johnson die politische Gleichstellung der einstigen Gegner aus dem Sezessionskrieg und sprach sich gegen eine Unterdrückung der Kriegsverlierer aus. Damit war auch der Aufstand der Südstaaten für beendet erklärt. Gleichzeitig verstärkten sich die Konflikte im Kongress. Radikale Republikaner erhielten nach den Wahlen im Jahr 1866 die Mehrheit im Repräsentantenhaus und im Senat, was für den Süden eine Abänderung der Gesetze zum Wiederaufbau und die Durchsetzung des Programms des »Congressional Reconstruction« zur Folge hatte. Eine legale Regierung wurde nur für Tennessee bestätigt, während alle anderen Südstaaten in fünf Militärbezirke aufgeteilt wurden. Dort übernahmen auch Militärkommandanten die Regierungsgeschäfte. Zivile Regierungen waren zwar geplant, sollten allerdings erst gemeinsam mit der Verankerung des Wahlrechts für die schwarze Bevölkerung in den Verfassungen der Bundesstaaten eingesetzt werden. Auf diese Weise wollten sich die Republikaner die Stimmen der Afro-Amerikaner sichern. Mit militärischen Mitteln wurde die öffentliche Ordnung hergestellt, und nach und nach verbesserte sich auch die wirtschaftliche Lage. Innerhalb der nächsten zwei Jahre erhielten sieben Südstaaten neue Regierungen, und 1870 waren auch die letzten drei Staaten, Mississippi, Texas und Virginia, wieder Mitglieder der Union.

Radikale Republikaner wollten eine Übertragung von Machtbefugnissen des Präsidenten auf den von ihnen dominierten Kongress und strebten somit eine dezentralisierte parlamentarische Regierung in der Union an. Außerdem planten sie, den Präsidenten abzusetzen und an seine Stelle den radikalen Senatspräsidenten Benjamin Wade mit der Übernahme der Regierung zu betrauen. Dabei stützten sie sich einerseits auf ein Gesetz zum Oberkommando des Heeres, das dem General die oberste Befehlsgewalt zusprach und vor Amtsenthebung schützte. Andererseits zogen sie das Amtszeitgesetz heran, das dem Präsidenten die Befugnis absprach, Beamte ohne Zustimmung des Senates zu entlassen. Andrew Johnson erklärte daraufhin das Amtszeitgesetz für verfassungswidrig, was später auch vom Obersten Gerichtshof bestätigt wurde, und entschied sich, den Kriegsminister ohne Zustimmung des Senates abzusetzen.

Zum ersten Mal in der Geschichte der Vereinigten Staaten wurde daraufhin vom Kongress auf Drängen der radikalen Republikaner das Instrument des »Impeachment«, der Präsidentenanklage wegen Amtsmissbrauchs, eingesetzt. Andrew Johnson wurden unter anderem der unzulässige Gebrauch des Vetorechtes, die Störung von Wahlangelegenheiten und die missbräuchliche Einmischung in die Gesetzgebung der Südstaaten vorgeworfen. Im Rahmen seiner Verteidigung verwies er auf die Verfassung, die er in seinem Verständnis nie verletzt hatte. Diese Strategie war erfolgreich, denn im Senat konnte die notwendige Zweidrittelmehrheit zur Amtsenthebung nicht erreicht werden, und Andrew Johnson blieb Präsident. Durch die Niederschlagung des »Impeachment« konnte somit eine Veränderung der Machtbefugnisse verhindert werden. Allerdings hatte Andrew Johnson auch Sympathien in den eigenen Reihen verspielt, denn als Kandidat für eine zweite Amtszeit wurde er nicht mehr nominiert, sondern Ulysses S. Grant der Vorzug gegeben.

Grundsätzlich war die Präsidentschaft Andrew Johnsons von keinen großen Erfolgen gekrönt. Die Feindschaft zwischen Nord- und Südstaaten konnte nicht beigelegt werden, und die Konflikte mit radikalen Republikanern nahmen ebenso zu wie die Probleme mit der schwarzen Bevölkerung. Außenpolitisch konnte er allerdings durchaus Erfolge verzeichnen. So gelang es ihm, durch diplomatischen Druck den Abzug der französischen Truppen aus Mexiko zu beschleunigen und auf diese Weise die mexikanische Unabhängigkeit zu unterstützen. Auch der Kauf von Alaska im Jahr 1868 fiel in seine Amtszeit.

Nach dem Ende seiner Präsidentschaft verbrachte Andrew Johnson einige Jahre in Tennessee, bevor er 1875 ein weiteres Mal zum US-Senator gewählt wurde. Dies gelang ihm bisher als einzigem Präsidenten. Doch schon kurz darauf starb er am 31. Juli 1875 an den Folgen eines Schlaganfalls. Er fand seine letzte Ruhestätte am Andrew Johnson National Cemetery in Greeneville, Tennessee.

Ulysses Simpson Grant

* 27. April 1822 in Point Pleasant, Ohio
† 23. Juli 1885 in Mount McGregor, New York

18. Präsident der Vereinigten Staaten von
Amerika (1869–1877) – Republikaner

>*Seine Hartnäckigkeit ist unglaublich. Ich bin nicht sicher,*
>*ob dies als Größe oder als Dummheit zu bezeichnen ist.*«

(Der spätere Präsident James A. Garfield in einer
Tagebucheintragung über Grant).

Ulysses S. Grant wurde am 27. April 1822 als Hiram Ulysses Grant
in Point Pleasant, Ohio, als erstes von sechs Kindern in den bescheidenen Wohlstand der Familie eines Gerbers und Sattlers hineingeboren. Er besuchte verschiedene Schulen und arbeitete viel im
Gerbereibetrieb und auf den Feldern der Eltern mit. Er entwickelte
eine intensive Zuneigung zu Pferden und war ein hervorragender
Reiter. Mit siebzehn Jahren trat er in die US-Militärakademie in
West Point, New York, ein, wo er als Ulysses S. Grant angemeldet
wurde. Diesen Namen behielt er bei und ließ sich gegen Ende seines Lebens auch auf den Namen Ulysses Simpson taufen. Ulysses
S. Grant war kein sehr ehrgeiziger Student der Mathematik und
hatte für sich eigentlich eine Arbeit als Professor dieses Faches
geplant. Allerdings wurde er nach Abschluss der Akademie 1843
in den aktiven Heeresdienst versetzt. Zwangsläufig nahm er 1846
am Krieg gegen Mexiko teil, obwohl er diesen als ungerecht empfand. Dennoch erlangte er durch seinen mutigen Einsatz mehrere
Beförderungen.

1848 heiratete Ulysses S. Grant Julia Boggs Dent aus St. Louis,
Missouri. Wenig später zog Ulysses S. Grant nach Sackets Harbor,
New York, wo er seinen neuen Standort als Soldat hatte. Nach
einigen Zwischenstationen wurde er 1853 weiter nach Kalifornien
versetzt. Ulysses S. Grant ertrug die Trennung von seiner Familie
nur schlecht und hatte im Beruf auch kaum herausfordernde Tätigkeiten zu verrichten, weshalb er mehr und mehr dem Alkohol

verfiel. Er verdiente zu wenig, als dass er seine Familie hätte nachkommen lassen können. Und als er wegen seines Alkoholismus
verwarnt worden war, entschied er sich 1854, die Armee zu verlassen. Ohne Geld und ohne verwertbare Ausbildung für das zivile
Leben ging er nach St. Louis, Missouri, wo seine Frau eine kleine
Farm bewirtschaftete. Dort arbeitete er mit und betätigte sich auch
als Holzverkäufer und später als Immobilienmakler. Es war für
ihn sehr schwierig, seine Frau und die mittlerweile vier Kinder zu
versorgen, weshalb die Familie 1860 nach Galena, Illinois, zog, wo
Ulysses S. Grant im Geschäft seines Vaters mitzuarbeiten begann,
das inzwischen von seinen zwei Brüdern geführt wurde.

Nach Ausbruch des Sezessionskrieges entschied sich Ulysses
S. Grant, als Offizier auf der Seite der Union für die Einheit des
Landes in den Kampf zu ziehen. Er setzte sich für ein Land ohne
Sklaverei ein, obwohl seine aus dem Süden stammende Frau selbst
Sklaven besaß. Sehr schnell wurde Ulysses S. Grant zum Oberst
und später zum Brigadegeneral befördert. Besonders erfolgreich
war er bei seinem Angriff auf das Lager der Konföderierten bei
Belmont, als er den ersten richtigen Sieg der Unionstruppen erringen konnte. Ulysses S. Grant gewann auch weitere Schlachten,
wurde als Held gefeiert und von Präsident Abraham Lincoln zum
General befördert. Bei der Schlacht von Shiloh in Tennessee ging er
1862 ebenfalls als Sieger hervor, obwohl beide Seiten große Verluste
zu verzeichnen hatten. Ihm wurde nachgesagt, dass er während
des Kampfes betrunken gewesen sei, weshalb sein Vorgesetzter
von Abraham Lincoln sogar die Absetzung Ulysses S. Grants forderte. Dieser wollte jedoch keinesfalls auf ihn verzichten. Diese
Entscheidung sollte sich als richtig erweisen, da im Juli 1863 die
Unionstruppen unter Ulysses S. Grants Kommando Vicksburg am
Mississippi erobern und damit eine Wende im Sezessionskrieg
herbeiführen konnten. 1863 wurde Ulysses S. Grant von Abraham
Lincoln als Oberbefehlshaber des Departements von Mississippi
ernannt. In dieser Funktion gewann er noch im selben Jahr die
Schlacht von Chattanooga. Seine Truppen vertrauten ihm bedin-
gungslos, die Kampfmoral war hoch und mit Logik und Beharr-
lichkeit führte er seine Regimenter zum Sieg.

Ulysses S. Grants Kriegsführung war von großen Verlusten begleitet, weshalb er als roher und brutaler Mensch galt. 1864 wurde
er vom Kongress zum Generalleutnant befördert und kurz darauf
von Abraham Lincoln zum Oberbefehlshaber der Unionsstreitkräf-

te gemacht. Ulysses S. Grant entschied sich am Ende des Krieges zur Taktik des Totalangriffs. Nach opferreichen Kämpfen mussten sich die Konföderierten geschlagen geben. Die Verlierer wurden von Ulysses S. Grant äußerst human behandelt. Nach deren Kapitulation konnten sie nach einer Loyalitätserklärung nach Hause gehen. Ulysses S. Grant behielt das Oberkommando über die Armee der USA, und 1866 wurde ihm vom Kongress der Titel eines Generals verliehen. Erstmals war dies seit George Washington wieder der Fall gewesen.

Als 1868 neue Präsidentschaftswahlen anstanden, wurde der amtierende Präsident Andrew Johnson von den Republikanern nicht mehr nominiert, sondern Ulysses S. Grant der Vorzug gegeben, da er im Krieg so viel Ruhm und Ehre erlangt hatte. Die Entscheidung war ziemlich einstimmig, obwohl er der Partei nicht einmal angehörte.

Ulysses S. Grant nahm die Nominierung dennoch an und stellte sich im Wahlkampf dem demokratischen Kandidaten Horatio Seymour. Der Wahlkampf war hart, wobei sich Ulysses S. Grants Partei auf ein Programm der »Reconstruction« des Südens konzentrierte. Man wollte das Wahlrecht für befreite Sklaven einführen und den Süden durch gezielte Eisenbahntarife und bankpolitische Entscheidungen wirtschaftlich besser integrieren. Mit diesen Vorhaben gewann Ulysses S. Grant die Wahl und wurde am 4. März 1869 zum 18. Präsidenten der Vereinigten Staaten vereidigt.

Er war einer der amerikanischen Präsidenten, der von den Grundvoraussetzungen her sicher nicht ideal für dieses Amt war. Er war weder gebildet, noch verfügte er über ausreichende Erfahrung in politischer Hinsicht. Es mangelte ihm auch an Menschenkenntnis und Einfühlungsvermögen. Zum Präsidenten wurde er aufgrund seiner Popularität, die er aus seinen militärischen Erfolgen während des Bürgerkrieges erlangt hatte, gleichzeitig aber auch in Ermangelung einer wählbaren Alternative.

Ulysses S. Grant wählte seine Mitarbeiter aus unterschiedlichen politischen Lagern und ehemaligen Mitstreitern aus dem Bürgerkrieg, was viele Republikaner verärgerte, die sich selbst hohe Posten erhofft hatten. Viele Mitglieder seines Kabinettes waren Stabsoffiziere, wobei sich lediglich Außenminister Hamilton Fish als fähig erwies. Innenpolitisch verfolgte Ulysses S. Grant gegenüber dem Süden eine Politik der Versöhnung. Die befreiten Sklaven sollten volle Bürgerrechte erhalten, was im 15. Zusatzartikel in der Verfassung der Vereinigten Staaten niedergeschrieben wurde. Doch sogar im Norden lehnte dies die Mehrheit der weißen Bevölkerung ab. Nach dem Ende der »Reconstruction« wurde dieses Gesetz in seinem Geltungsbereich wieder eingeschränkt. Die südlichen Staaten führten nämlich als Voraussetzung für eine Teilnahme an Wahlen Kopfsteuern und Tests zur Überprüfung der Lese- und Schreibkenntnisse ein. All jene, deren Großväter schon das Wahlrecht hatten, demnach praktisch alle weißen Wähler, waren von diesen Bestimmungen ausgenommen. Damit wurde für die schwarze Bevölkerung die Möglichkeit zu wählen wiederum massiv eingeschränkt, zumal auch vor Drohungen und körperlicher Gewalt nicht zurückgeschreckt wurde, um sie davon abzuhalten. Erst mit dem »Voting Rights Act of 1965« von 1965 erhielten die Afro-Amerikaner tatsächlich das uneingeschränkte Wahlrecht.

1871 unterzeichnete Ulysses S. Grant den »Enforcement Act«, welcher auch als »Ku Klux Klan« bekannt wurde. Dies sprach dem amerikanischen Präsidenten das Recht zu, in den Bundesstaaten das Kriegsrecht zu verhängen, um gegen gewaltsame Übergriffe gegen die schwarze Bevölkerung mit Hilfe der US-Armee vorgehen zu können. Konservative Kräfte wurden im Süden nämlich immer stärker und hatten wenig Interesse daran, der schwarzen Minderheitsbevölkerung die ihr zustehenden Rechte zu garantieren. Mit Hilfe des »Enforcement-Act« rief Ulysses S. Grant 1871 tatsächlich in neun Counties von South Carolina das Kriegsrecht aus, exekutierte dieses allerdings nicht.

Ulysses S. Grants Ansehen bei der Bevölkerung war bis Ende seiner ersten Amtszeit ungebrochen, viele Republikaner waren aber enttäuscht von seiner Politik und gründeten eine eigene Liberal Republican Party. Sie schickten 1872 mit Horace Greeley einen eigenen Spitzenkandidaten ins Rennen um die Präsidentschaft. Diese neue Liberal Republican Party, die auch von den Demokraten unterstützt wurde, setzte sich zum Ziel, die »Reconstruction« und die Intervention des Bundes in den Südstaaten zu beenden. Die Demokraten stellten gar keinen eigenen Kandidaten auf. Horace Greeley war Ulysses S. Grant allerdings an Popularität unterlegen und hatte auch kein überzeugendes Programm zu bieten, weshalb Ulysses S. Grant auch beim zweiten Mal mit großem Vorsprung zum Präsidenten gewählt wurde.

1875 wurde der »Civil Rights Act« verabschiedet, der allen US-Bürger, unabhängig von ihrer Hautfarbe, gleichberechtigten

Zugang zu öffentlichen Einrichtungen gewährleistete. Während der zweiten Amtszeit von Ulysses S. Grant erfolgte auch ein Kurswechsel in der Indianerpolitik. Die Ureinwohner Amerikas sollten in geschützten Reservaten langsam an die Lebensweise der weißen Mehrheitsbevölkerung herangeführt werden. Ely Samuel Parker, ein Seneca-Indianer und ehemaliger Brigadegeneral, wurde zum Leiter des Bureau of Indian Affairs und damit zum ersten Ureinwohner in einer solchen Funktion. Weiße Siedler verdrängten aber mit Hilfe der Armee die Indianer im Westen weiterhin, worauf diese in ihren Reservaten zunehmend verarmten. Ulysses S. Grants Politik erreichte somit in dieser Hinsicht kaum nennenswerte Erfolge.

Papiergeld, das zur Finanzierung des Krieges ausgegeben worden war, hatte durch den Sieg der Union an Wert gewonnen. Allerdings drohte die Gefahr der Inflation und damit der wirtschaftlichen Destabilisierung. Finanzpolitisch unternahm Ulysses S. Grant daher den Versuch, zum Goldstandard zurückzukehren. In Unternehmerkreisen wurde in korrupter Absicht versucht, Einfluss auf den Goldpreis zu nehmen und dessen Wert durch ein Zurückhalten der Bundesreserven zu stärken. Dies wurde jedoch durch eine Verkaufsorder des Präsidenten verhindert, was am 24. September 1869, dem »Schwarze Freitag«, zu einem rapiden Verfall des Goldpreises führte. Da einige Mitglieder des Kabinetts unmittelbar an diesen dubiosen Transaktionen beteiligt waren, schädigte dies die Reputation der Bundesregierung.

Die Diskussion, ob Papiergeld durch Münzen ersetzt werden sollte, wurde durch einen Kompromiss beschwichtigt. 1871 erkannte der Oberste Gerichtshof das Papiergeld als gesetzliches Zahlungsmittel an, und 1875 entschied sich der Kongress auch wieder zur Akzeptanz von Münzzahlungen. Endgültig gelöst wurde die Währungsfrage damit allerdings nicht.

1874 wurde der »Legal Tender Act«, welcher auch als »Inflation Bill« bekannt wurde, von Ulysses S. Grant mit einem Veto versehen. Er hätte die Wirtschaft beleben und die Geldmenge erhöhen sollen, der Präsident war aber um die internationale Kreditwürdigkeit der USA besorgt. 1875 versuchte er, mit dem »Specie Payment Resumption Act« die Rückkehr vom Goldstand zu erzwingen und die im Umlauf befindlichen »Greenbacks«, jenes im großen Umfang ausgegebene Papiergeld zur Finanzierung des Krieges, durch Silbermünzen zu ersetzen. Damit wollte er das Ziel einer harten

Währung verwirklichen. Die Republikaner gelten seit damals als Partei, die sich konservativen, wirtschaftlichen Programmen verschreibt und Maßnahmen, wie etwa das »Deficit Spending«, ablehnt und nur maßvolle Staatsausgaben befürwortet. Staatsverschuldungen sollen demnach überhaupt vermieden werden.

Außenpolitisch war Ulysses S. Grant bestrebt, die USA aus dem Unabhängigkeitskrieg Kubas gegen Spanien herauszuhalten. Das Land lag nach dem Bürgerkrieg darnieder und musste sich erst selbst von den Folgen erholen. Während des 10-jährigen Krieges kam es zur Virginius-Krise zwischen den USA, Spanien und Großbritannien. Ausgelöst wurde diese durch ein Schiff, welches im Besitz eines US-Staatsbürgers war und mit dem Rebellen auf Kuba mit Waffen und anderen Waren versorgt wurde. Dieses ehemalige Kriegsschiff mit dem Namen US-Virginia, welches in Virginius umgetauft worden war, wurde 1873 von der spanischen Marine aufgebracht. Ein Teil der Besatzung, welche auch aus amerikanischen und britischen Staatsbürgern bestand, wurde in Santiago de Kuba wegen Piraterie vor ein Militärgericht gestellt und hingerichtet. 1873 vereinbarte man die Übergabe der restlichen Gefangenen und des Schiffes an die US-Navy. Außerdem mussten die Familien der hingerichteten Amerikaner von den Spaniern entschädigt werden.

Entgegen dem Ratschlag von Außenminister Hamilton Fish entsandte Ulysses S. Grant seinen Privatsekretär Orville E. Babcock zu Verhandlungen nach Santo Domingo in die Republikanische Republik, um für die USA einen Marinestützpunkt zu erschließen. Die Dominikanische Republik hätte nach Meinung von Ulysses S. Grant ein neuer Bundesstaat werden können, um dort die schwarze Bevölkerung der Südstaaten anzusiedeln, die weiterhin Diskriminierung und Gewalt ausgesetzt war. Der Senat sprach sich aber trotz positiver Verhandlungen mit der Dominikanischen Republik 1870 gegen die Aufnahme des Landes in die USA aus. Als sich der Senat in einem zweiten Anlauf der Idee gegenüber positiver verhielt, war jedoch die Meinung der Öffentlichkeit gegen einen Beitritt umgeschlagen, weshalb Ulysses S. Grant das Projekt nicht mehr weiter verfolgte.

Hamilton Fish erwies sich als hervorragender Außenminister, und so konnte Ulysses S. Grant während seiner Präsidentschaft auch außenpolitische Erfolge verzeichnen. Es gab zwar massive Spannungen mit Kanada, Großbritannien und Spanien. Außenminister Hamilton Fish gelang es aber, die Differenzen mit Kanada beizulegen. Irische Freiheitskämpfer hatten vor, Kanada zu beset-zen und diese als Pfand gegen die irische Freiheit von England zu verwenden. Sie verübten von New York aus bewaffnete Übergriffe auf kanadisches Hoheitsgebiet und wurden 1866 beim ersten An-griff von kanadischen Soldaten zurückgeschlagen. Beim zweiten Versuch wurden die Rädelsführer 1870 noch auf amerikanischem Hoheitsgebiet verhaftet, woraufhin sich die Truppen sofort auflös-ten. Damit waren auch die Probleme zwischen den Regierungen der USA und Kanadas beseitigt.

Der größte Erfolg in außenpolitischer Hinsicht während der Präsidentschaft von Ulysses S. Grant war die Verbesserung der amerikanisch-britischen Beziehungen. Konflikte zwischen den beiden Staaten hatten sich durch die Nichteinhaltung der Neutra-lität Großbritanniens während des amerikanischen Bürgerkrieges entwickelt. Durch Hamilton Fishs kluge Taktik entschied ein in-ternationales Schiedsgericht, dass Großbritannien eine Zahlung von fünfzehn Millionen Dollar an die USA zu leisten hatte. Diese Entscheidung wurde von beiden Seiten angenommen.

Ab 1870 war Präsident Ulysses S. Grant zunehmender Kritik ausgesetzt. Vehement wurden Beamtenreformen, eine Senkung der Zölle, sowie eine radikalere Rekonstruktionspolitik gefordert. Sei-ne zweite Amtszeit war zudem gekennzeichnet von Korruptions-skandalen. Er verspürte gegenüber jenen Menschen, mit denen er zusammen arbeitete oder denen er aus der Vergangenheit einiges verdankte, so viel Loyalität, dass er sie auch im Falle von korrupten Handlungen oder ineffektiver Arbeitstätigkeit nicht entließ. Auch ein Gesetz zur Erhöhung der Gehälter des Präsidenten und der Kongressabgeordneten rief massive öffentliche Empörung hervor. Die Gehaltserhöhung für die Kongressmitglieder musste darauf-hin zurückgenommen werden. Die Wirtschaft der USA war von Korruption und Bankrotten geprägt und durch eine industrielle und landwirtschaftliche Überproduktion gekennzeichnet. Dies schwächte die Wirtschaft des Landes. Auch die »Reconstruction« wurde während der zweiten Amtszeit von Ulysses S. Grant nicht mehr wirklich verfolgt, weshalb die konservativen Kräfte an Stärke gewannen und die schwarze Bevölkerung aus dem politischen und dem gesellschaftlichen Leben wieder mehr und mehr ver-bannt wurde. So verwundert nicht, dass die Demokraten bei den Kongresswahlen siegreich waren und die Mehrheit im Repräsen-tantenhaus erhielten.

1876 kandidierte Ulysses S. Grant kein weiteres Mal für das Präsidentenamt, da ihn die Affären in seinem Kabinett geschwächt hatten und er in den eigenen Reihen keine Mehrheit mehr hatte. Das Ergebnis der Präsidentschaftswahlen war dann in drei Südstaaten massiv umstritten, weshalb eine Kongresskommission und der Oberste Gerichtshof über den Wahlsieg zwischen Rutherford B. Hayes und Samuel J. Tilden entscheiden mussten. Während dieser Phase führte Ulysses S. Grant die Amtsgeschäfte weiter und sorgte auf diese Weise für die Kontinuität der Regierung.

Nach dem Ende seiner Präsidentschaft unternahm Ulysses S. Grant mit seiner Frau eine Weltreise, während der er mit vielen internationalen politischen Größen zusammentraf. Zurückgekehrt in die USA war seine Popularität nach wie vor groß, und er versuchte ein weiteres Mal, für das Präsidentenamt zu kandidieren. Am Konvent der Republikaner war jedoch der spätere Präsident James Garfield siegreich, woraufhin sich Ulysses S. Grant endgültig aus der Politik zurückzog. Als er mit einer Maklerfirma Bankrott ging und ohne finanzielle Mittel dastand, überredete ihn der Autor Mark Twain, seine Memoiren zu schreiben, die er eine Woche vor seinem Tod beendete. Ulysses S. Grant litt an Kehlkopfkrebs und starb am 23. Juli 1885 in Mount McGregor, New York. Seine Memoiren waren ein großer Erfolg und sicherten seine Familie finanziell ab. Er wurde in Grant´s Tomb in New York City, dem größten Mausoleum der USA, bestattet.

RUTHERFORD B. HAYES

* 4. Oktober 1822 in Delaware, Ohio
† 17. Januar 1893 in Fremont, Ohio

19. Präsident der Vereinigten Staaten
(1877–1881) – Republikaner

>*Ein drittklassiges Nichts, dessen einzige Empfehlung
es ist, dass er für niemanden anstößig ist.*«

(DER HISTORIKER HENRY ADAMS ÜBER SEINEN
ZEITGENOSSEN RUTHERFORD HAYES)

Rutherford Birchard Hayes wurde am 4. Oktober 1822 in Delaware, Ohio, geboren. Sein Vater, ein Farmer, war zu diesem Zeitpunkt bereits verstorben. Er wuchs mit seiner Schwester – andere Geschwister überlebten das Kindesalter nicht – bei seiner Mutter auf. Die Familie wurde von deren Bruder, einem Banker und Geschäftsmann, finanziell unterstützt. Er übernahm für Rutherford Hayes auch die Vaterrolle. Längere Zeit hindurch wurde Rutherford Hayes aufgrund seiner schwachen Gesundheit zu Hause unterrichtet, bevor er in eine private Grundschule wechselte und anschließend die Isaac Webb School in Middletown, Connecticut, besuchte. Trotz seiner eigenen elitären Schulbildung sollte er später ein vehementer Befürworter des öffentlichen Schulsystems werden.

1838 begann Rutherford Hayes sein Studium am Kenyon College in Gambier, Ohio, und setzte nach einer kurzen beruflichen Tätigkeit in einem Anwaltsbüro in Columbus, Ohio, seine Studien an der Harvard University fort. Dort schloss er 1845 das Studium der Rechtswissenschaften ab und wurde noch im selben Jahr als Anwalt zugelassen. Diesen Beruf übte er bis 1861 in Fremont und Cincinnati, Ohio, aus. Dort lernte er auch seine spätere Frau Lucy Webb kennen, die er 1852 heiratete. Sie war gebildet und aktiv, engagierte sich wie ihr Mann gegen die Sklaverei und trat für soziale Reformen ein. Mit ihr hatte er acht Kinder, von denen aber drei bereits sehr jung starben.

Rutherford Hayes war ursprünglich Mitglied der Whig-Partei. Als diese Mitte des 19. Jahrhunderts auseinanderbrach, schloss er sich der neuen republikanischen Koalition an und wurde zu einem Wegbereiter dieser neuen Partei in Ohio. Ein Hauptmotiv, sich den Republikanern zuzuwenden, war für ihn das Bestreben, gemeinsam mit den Gesinnungsgenossen zu verhindern, dass sich die Sklaverei im Westen des Landes ausbreitete.

1858 begann Rutherford Hayes als Staatsanwalt zu arbeiten, womit auch seine politische Karriere begann. 1860 war er beim Präsidentschaftswahlkampf ein Unterstützer von Abraham Lincoln. Im amerikanischen Bürgerkrieg kämpfte er auf der Seite der Union und versah seinen Dienst hauptsächlich in West Virginia. In der Armee diente er gemeinsam mit William McKinley, der wie er Gouverneur von Ohio und späterer Präsident der Vereinigten Staaten werden sollte. Ab 1965 war Rutherford Hayes für seinen Heimatstaat Ohio im Repräsentantenhaus in Washington tätig. Als ihn seine Partei 1867 für die Gouverneurswahlen in Ohio nominierte, beendete er sein Mandat im Kongress. Er siegte bei den Wahlen und blieb nach einer erfolgreichen Wiederwahl bis 1872 im Amt. Als er 1875 erneut Gouverneur werden sollte, endete diese Amtszeit allerdings bereits 1877 mit seinem Rücktritt, da er zum US-Präsidenten gewählt worden war.

Wie schon zuvor bei seiner Tätigkeit als Kongressabgeordneter wurde Rutherford Hayes auch im Gouverneursamt von Ohio von William Henry Smith, einem wohlhabenden und einflussreichen Zeitungsherausgeber, unterstützt. Um den Gouverneursposten bewarb er sich vermutlich vor allem deshalb, weil es ihm als Kongressabgeordnetem nicht gelungen war, die Kongressbibliothek in eine öffentliche Institution umzuwandeln. Im Amt des Gouverneurs konzentrierte er sich auf Reformen des Gesundheitswesens, des Schulsystems und der Justiz. Er war auch ein Mitbegründer der späteren Ohio State University. Rutherford Hayes machte sich ebenso für die Ratifizierung des 15. Verfassungszusatzes, mit dem das Wahlrecht für die schwarze Bevölkerung geschützt werden sollte, stark. Seine Finanz- und Steuerpolitik war konservativ, und er setzte auf hartes Geld (»Sound money«). Er gab diesem gegenüber den »Greenbacks«, dem während des Krieges eingeführten Papiergeld, den Vorzug.

Zwischen der zweiten und dritten Amtszeit lagen einige Jahre, in denen sich Rutherford Hayes nicht dem Gouverneursamt, sondern familiären Angelegenheiten widmete. Außerdem hatten ihn die Korruptionsskandale während der Amtszeit von Ulysses S. Grant zu einem Rückzug aus der Politik bewogen. Seiner Meinung nach war die Rekonstruktionspolitik verfehlt, wie auch der staatliche Umgang mit der wirtschaftlichen Depression. Nach der Niederlage der Republikaner bei den Kongresswahlen von 1874 entschloss er sich erst, nachdem eine gewisse Zeit vergangen war, für eine dritte Amtszeit zu kandidieren. Die Republikaner hatten ihn darum gebeten und stellten ihm dabei die Nominierung als Präsidentschaftskandidat für 1876 in Aussicht. In seinem Wahlprogramm für das Gouverneursamt verfolgte er ehrgeizige Ziele. Er forderte die Registrierung aller Wahlberechtigten zur Vermeidung von Wahlbetrug, die offizielle Regulierung des Eisenbahnwesens und verstärkte Sicherheitsvorschriften in Bergwerken sowie die Verbesserung der Bedingungen in Gefängnissen und Nervenheilanstalten. Rutherford Hayes machte sich wiederum für ein öffentliches Schulwesen stark und konnte mit seinem Wahlprogramm den demokratischen Gegenspieler besiegen. Er hatte als Gouverneur allerdings nur eine kurze Amtszeit inne, da er wenig später vom Nationalkonvent der Republikaner tatsächlich zum Präsidentschaftskandidaten nominiert wurde.

Beim Kampf um die Präsidentschaft war der Demokrat Samuel J. Tildon Rutherford Hayes' Gegenspieler. Nach der ersten Veröffentlichung des Wahlergebnisses am 7. November 1876 schien der Demokrat auch als Sieger festzustehen. Allerdings wurde die Rechtmäßigkeit der Wahlergebnisse in South Carolina, Florida und Louisiana von den Republikanern angefochten. Der Kongress setzte eine Schiedskommission zur Klärung der Situation ein, die aus je fünf Mitgliedern des Repräsentantenhauses, des Senats und des Obersten Gerichtshofes bestand. Der Kommission gehörten acht Republikaner und sieben Demokraten an, wobei jeder gemäß Parteilinie abstimmte, weshalb Rutherford Hayes Präsident der USA wurde. Die Demokraten erklärten sich mit der Entscheidung einverstanden, zumal Rutherford Hayes Zugeständnisse im Hinblick auf eine Wiederherstellung der weißen Vorherrschaft im Süden gemacht hatte. Auch erkannten die Gegner Rutherford Hayes' Offenheit und persönliche Integrität an.

Als neuer Präsident machte er Carl Schurz zum Innenminister seines Kabinetts, der ein kompromissloser Reformer war, und setzte David M. Key als Generalpostmeister ein, womit erstmals ein früherer Konföderierter einen Regierungsposten erhielt. Carl Schurz begann mit einer Reform des Beamtenapparates und sagt der Korruption den Kampf an. Dabei hatte er vor allen Dingen zwielichtige Zustände im Zollbereich im Auge, weshalb etwa Zollbeamte im Hafen von New York, darunter auch Chester A. Arthur, ein späterer Präsident der USA, entlassen wurden.

Rutherford Hayes hielt sein im Wahlkampf gegebenes Versprechen und zog 1877 die Bundestruppen aus den ehemals konföderierten Staaten ab. Auch wenn diese Maßnahme nicht unumstritten war, führte sie dennoch zu mehr Ruhe in den Südstaaten und deren wirtschaftlichem Aufschwung. Auch die politische Versöhnung zwischen den ehemaligen Feinden ging zügig voran. Die weiße Bevölkerung erhielt im Süden allerdings wieder die Vorherrschaft über die afro-amerikanische Minderheit. Zwar blieb die Sklaverei verboten, allerdings hob der Oberste Gerichtshof 1883 das Bürgerrechtsgesetz von 1875 auf, und ein Gerichtsurteil von 1896 legte fest, dass getrennte, aber gleiche Einrichtungen für Schwarze verfassungskonform seien, wodurch die Diskriminierung der schwarzen Amerikaner legalisiert wurde.

Ein weiteres Problem, mit dem sich Rutherford Hayes innenpolitisch konfrontiert sah, war jenes der Staatsfinanzen. Einerseits gab es besonders im Osten der USA mächtige Finanzkreise und andererseits lebten Menschen im Westen, die für die Sicherung ihrer Existenz dringend Kredite benötigten. Die Bewohner des Westens wollten diese mit den »Greenbacks« abbezahlen, was den Geldgebern nicht recht war. Als der Kongress 1878 gegen das Veto des Präsidenten den »Bland Alliso Act« verabschiedete, welcher einen Kompromiss in der Frage vorsah, konnten ab 1879 die »Greenbacks« nach bestimmten Umrechnungsvorgaben gegen Gold- und Silbermünzen getauscht werden.

Hart griff Rutherford Hayes durch, als er 1877 Bundestruppen gegen streikende Eisenbahnarbeiter einsetzte. Der Streik war ausgebrochen, als der Lohn der Arbeiter, der ohnehin schon gering war, um weitere zehn Prozent gekürzt wurde. Der Streik weitete sich im Süden und Westen des Landes schnell aus, und in Pittsburgh kam es zu gewaltsamen Zusammenstößen, bei denen zwanzig Demonstranten getötet und sehr viele verletzt wurden. Damit war der Preis für die Wiederherstellung der Ruhe unverhältnismäßig hoch.

Außenpolitisch verlief die Präsidentschaft Rutherford Hayes sehr ruhig ab. Es gab zwar Grenzstreitigkeiten mit Mexiko, die im Zusammenhang mit revolutionären Unruhen in diesem Land standen, aber auf friedlichem Wege beigelegt werden konnten. Frankreich versuchte, durch Panama einen Kanal zu bauen, was in Washington abgelehnt wurde. Das Vorhaben scheiterte allerdings ohnehin an finanziellen Schwierigkeiten. Eine weit größere Herausforderung war die verstärkte Einwanderung aus China, was speziell im Westen zu Konflikten führte. Die Chinesen wurden als billige Arbeitskräfte angesehen, die die Löhne nach unten drückten, weshalb sich Rutherford Hayes 1879/80 veranlasst sah, den Burlingame Vertrag aus dem Jahr 1868, welcher den freien Zuzug von Chinesen in die USA gestattet hatte, so zu verändern, dass die USA die Zuwanderung auf ihre nationalen Interessen abstimmen konnten. Im Tripel Alliance Krieg, in dem es um einen Grenzstreit in Südamerika ging, waren die USA nicht verwickelt, allerdings vermittelte Rutherford Hayes zwischen Paraguay und Argentinien.

Rutherford Hayes war der erste Präsident, der offiziell die Westküste des Landes besuchte und im Amt das Telefon benutzen konnte. Seine Frau Lucy Hayes sorgte dafür, dass Alkohol und Tabak im Weißen Haus verboten wurden, weshalb sie von den Medien den Spitznamen »Lemonade Lucy« bekam. 1881 schied Rutherford Hayes aus dem Präsidentenamt aus und zog sich auf seinen Landsitz in Spiegel Grove, Ohio, zurück, wo er sich Konzepten für Bildungsprojekte und Gefängnisreformen widmete. Am 17. Januar 1893 starb er auf seinem Landsitz und wurde dort auch beigesetzt.

James Abraham Garfield

* 19. Novemeber 1831 in Orange, Cuyahoga County, Ohio
† 19. September 1881 in Elberon, New Jersey

20. Präsident der Vereinigten Staaten
(1881–1881) – Republikaner

*»Es ist zu bedenken, dass das Genie des Erfolges das Genie der
Arbeit ist. Wenn harte Arbeit nicht eine andere Bezeichnung
für Talent ist, ist sie der bestmögliche Ersatz dafür.«*

(James Garfield bei einer Rede vom 14. Juni 1867
am Hiram College in Ohio)

James Abraham Garfield wurde am 19. November 1831 bei Orange, Ohio, geboren. Er hatte vier ältere Geschwister, und sein Vater, ein Farmer, starb, als er noch im Kleinkindalter war. Somit musste er schon in jungen Jahren bei der Bewirtschaftung des Anwesens mithelfen. Mit sechzehn verließ er die ärmlichen Verhältnisse, um in das Unternehmen eines Cousins, der auf dem Ohio-Kanal tätig war, mitzuarbeiten. Er erkrankte allerdings bald an Malaria und musste wieder nach Hause zurückkehren. Dort begann sich James Garfield, unterstützt durch seine Mutter, verstärkt seiner Ausbildung zu widmen, und besuchte das Western Reserve Eclectic Institute, das spätere Hiram College, und danach das Williams College in Massachusetts, das er 1856 abschloss.

Am Western Reserve Eclectic Institute übernahm er dann auch wenig später eine Professur für Mathematik und wurde zum Collegepräsidenten gewählt. Während dieser Zeit studierte er auch Rechtswissenschaften und erhielt 1861 seine Zulassung als Anwalt. 1858 heiratete er Lucretia Rudolph, mit der er sieben Kinder hatte. James Garfield schloss sich der Sekte »Churches of Christ« an, die die Evolutionstheorie Darwins ablehnte, und war auch als Prediger tätig.

1859 wurde James Garfield in den Senat von Ohio gewählt, wo er als großartiger Redner auffiel. Er sprach sich gegen die Sklaverei und für die Union aus und wurde schnell zum Führer der Republikaner in seinem Heimatstaat. Während des Bürgerkriegs diente er auf der Seite der Nordstaaten und nahm auch an den Schlachten von Shiloh und der ersten Schlacht um Corinth teil. Für seinen Einsatz wurde er bis zum Generalmajor befördert.

1863 kehrte er in die Politik zurück und wurde in das Repräsentantenhaus der Vereinigten Staaten gewählt, zu dem ihm bis 1878 wiederholt die Wiederwahl gelang. Er war der Fraktionsführer der Radikalen Republikaner in Washington und machte sich einen Namen als Finanzexperte. Er trat für hohe Schutzzölle und eine radikale Rekonstruktion der Südstaaten ein. Ein weiteres Anliegen waren ihm das Wahlrecht für die schwarze Bevölkerung, eine konservative Finanzpolitik und der Kampf gegen den Nepotismus bei der Besetzung von politischen Ämtern.

1880 wurde James Garfield zum Senator gewählt, eine Funktion, die er jedoch nie ausübte, da er noch im Sommer des gleichen Jahres im Konvent der Republikaner zum Präsidentschaftskandidaten erkoren wurde. Er führte seinen Wahlkampf nicht nur in englischer Sprache, sondern in Gebieten mit einem hohen Anteil an deutschsprachiger Bevölkerung auch in Deutsch, eine Sprache, die er während seiner Zeit im College erlernt hatte. Dies brachte ihm speziell bei dieser Gruppe weitere Sympathien und Stimmen ein.

Als zwanzigster Präsidenten der Vereinigten Staaten versuchte er, die gegnerischen Flügel der Republikaner wieder zusammenzuführen. Es standen sich nämlich die »Stalwarts« und die »Half breeds« gegenüber, wobei sich Garfield als Anhänger der »Half breeds« für Reformen in der Staatsverwaltung und einen gemäßigten Umgang mit den unterlegenen Südstaaten aussprach. Um die »Stalwarts« versöhnlich zu stimmen, wählte er Chester A. Arthur, einen ihrer Anhänger aus New York, zu seinem Vizepräsidenten. Auch machte sich James Garfield für die Beseitigung der korrupten Elemente in der republikanischen Partei stark. Zudem wollte er die Versöhnung zwischen dem Süden und dem Norden der USA weiter vorantreiben und die Beziehungen zu Lateinamerika intensivieren.

James Garfield war einer der amerikanischen Präsidenten mit der kürzesten Amtszeit. Nachdem er drei Monate lang die Regierungsgeschäfte geführt hatte, wurde er am 2. Juli 1881 Opfer des psychisch kranken Attentäters Charles J. Guiteau. Dieser wollte Konsul in Paris werden, wurde aber aufgrund seiner psychischen Störungen abgelehnt und schoss am 2. Juli 1881 in Washington auf den Präsidenten. James Garfield starb wenige Tage nach dem Attentat in Elberon, New Jersey, an einer Wundinfektion, weil unsterile Instrumente bei der operativen Entfernung der Kugel verwendet worden waren.

James Garfield wurde in Ohio beigesetzt und der Attentäter 1882 hingerichtet. Seine Frau Lucretia Garfield überlebte ihren Mann um ganze sechsunddreißig Jahre. Zwei der Söhne waren ebenfalls politisch äußerst erfolgreich und bekleideten während der Präsidentschaften von Franklin Roosevelt und Woodrow Wilson hohe politische Ämter.

CHESTER ALAN ARTHUR

* 5. Oktober 1829 in Fairfield, Vermont
† 18. November 1886 in New York City

21. Präsident der Vereinigten Staaten
(1881–1885) – Republikaner

>»Keinem Mann, der jemals den Präsidentenplatz eingenommen
hat, wurde so tief und weit misstraut wie Chester Allan
Arthur, und keinem, der das höchste zivile Amt der Welt
abgab, wurde so viel allgemeiner Respekt entgegen gebracht,
von politischen Freunden wie von politischen Gegnern.«

(ALEXANDER K. MCCLURE, PUBLIZIST, ÜBER CHESTER ARTHUR)

Chester Arthur wurde am 5. Oktober 1829 in der Nähe der kanadischen Grenze geboren. Nicht nur sein genaues Geburtsdatum
ist unbekannt, sondern auch der Geburtsort. Dieser befand sich
vermutlich bereits jenseits der Grenze zu Kanada. Eigentlich hätte
er in diesem Fall gemäß der Verfassung der USA nie Präsident
der Vereinigten Staaten werden können. Chester Arthur wurde als
fünftes Kind eines baptistischen Predigers geboren. Aufgrund des
Berufes des Vaters zog die Familie vielfach um. Trotzdem genoss
Chester Arthur eine relativ gute Schulbildung.

1845 begann er ein Lehramtsstudium am Union College in
Schenectady im Staat New York und fing nach erfolgreichem Abschluss auch zunächst an als Lehrer zu arbeiten. Nebenberuflich
widmete er sich dem Studium der Rechtswissenschaften. Ab 1853
war er in der Kanzlei eines Freundes tätig und wurde ein Jahr später selbst als Anwalt zugelassen. Chester Arthur übte diesen Beruf
erfolgreich aus und avancierte zu einem bekannten Verteidiger
von Sklaven, die aus dem Süden geflohen und seiner Meinung
nach in New York freie Bürger waren. Damit erhielt er Kontakt
zur Anti-Sklaverei-Bewegung und der Republikanischen Partei.
Als er 1855 eine Afro-Amerikanerin verteidigte, die aufgrund ihrer
Hautfarbe nicht mit einer Straßenbahn fahren durfte, nahm sein
Bekanntheitsgrad weiter zu, da er für die Frau zweihundertfünfzig

Dollar Entschädigung erstritt und eine Verbesserung der Transportbedingungen für Schwarze in New York erzielen konnte.

1859 heiratete er Ellen Lewis Herndon, eine Frau aus wohlhabenden Verhältnissen, mit der er drei Kinder hatte. Seine Frau starb in jungen Jahren an einer Lungenentzündung und erlebte daher ihren Mann nicht mehr im Amt des Präsidenten. Im Bürgerkrieg kämpfte Chester Arthur auf Seiten der Unionstruppen und war vor allen Dingen für die Ausbildung von Soldaten zuständig.

Chester Arthur arbeitete ab 1857 für die New Yorker Miliz und begann, sich auch stärker politisch zu betätigen. Er übernahm kurzzeitig den Posten des Generalbrigadiers der Miliz, musste ihn aber bald wieder räumen, als der neue Gouverneur – ein Demokrat – an die Macht kam. Daraufhin kehrte er zurück in seine Anwaltspraxis. Er unterstützte weiter die Republikanische Partei und 1868 Ulysses S. Grant im Wahlkampf um das Amt des Präsidenten. Außerdem wurde Chester Arthur Vorsitzender des Executive Committee der New York City Republican Party Organisation und des New York State Committee der Republikaner. Nachdem Ulysses S. Grant die Präsidentschaftswahlen gewonnen hatte, bot dieser Chester Arthur 1871 den Posten des Obersten Zollinspektors des New Yorker Hafens an, ein Job, der recht bedeutend und gut bezahlt war. Chester Arthur übernahm diese Aufgabe und war dort bis 1878 sehr erfolgreich tätig. Als Rutherford B. Hayes zum Präsidenten gewählt worden war, kündigte dieser eine Verwaltungsreform an, die von der Entlassung vieler Mitarbeiter begleitet war. Vielen wurde Korruption vorgeworfen. Ein Ziel war natürlich auch die Beanspruchung wichtiger Posten für die eigenen Gefolgsleute. Obwohl sich Chester Arthur nichts hatte zuschulden kommen lassen und er auch von verschiedenen Anschuldigungen durch Untersuchungskommissionen entlastet wurde, setzte man ihn ab. Im Juli 1878 wurde sein Posten neu besetzt, und Chester Arthur widmete sich wieder seiner Anwaltskanzlei.

Bei den Nominierungskonventen zu neuen Präsidentschaftswahlen im Sommer 1880 unterstützte Chester Arthur eine dritte Kandidatur von Ex-Präsident Ulysses S. Grant. Allerdings setzte sich James Garfield als Kandidat der »Half-Breeds«, dem einen Flügel der Republikaner, durch. Um die Partei nicht vollständig zu spalten, suchte man für die Vizepräsidentschaft nach einem Mann, der auch für den Parteiflügel der »Stalwarts« akzeptabel war und fand ihn in Chester Arthur.

Am 4. März 1881 wurden James Garfield zum Präsidenten und Chester Arthur zum Vizepräsidenten vereidigt. Nach dem unerwarteten Tod von James Garfield wurde Chester Arthur am 19. September 1881 Präsident der Vereinigten Staaten. Neu im Amt stellte er die Regierung völlig um. Nur Kriegsminister Robert Todd Lincoln wurde in seinem Amt bestätigt. Chester Arthur führte die Reformen des Beamtentums, die schon von seinem Vorgänger James Garfield eingeleitet worden waren, weiter. 1883 wurde ein Gesetz zur Reform des öffentlichen Dienstes verabschiedet, in welchem für bestimmte Stellen im Bundesbereich schriftliche Aufnahmeprüfungen vorgesehen waren. Damit wollte man Nepotismus verhindern und offene Stellen nach einem fairen und nachvollziehbaren Prozess vergeben. Außerdem trieb der Präsident den Ausbau der Marine voran.

Außenpolitisch wurden unter Chester Arthurs Regierung neue Handelsverträge, etwa mit Spanien und Korea, abgeschlossen, und 1884 erhielten die USA durch den König von Hawaii die Genehmigung, in Pearl Harbor einen Stützpunkt zu errichten. Im selben Jahr wurde auch ein Vertrag mit Mexiko über die Anerkennung der Grenze zwischen den beiden Staaten unterschrieben.

Aufgrund seiner eleganten Erscheinung erhielt Chester Arthur den Beinamen, »First Gentleman of the Land« oder »Gentleman Boss«. Die Rolle der First Lady übernahm seine jüngere Schwester Mary Arthur McElroy, da seine Frau bereits 1880 verstorben war. Chester Arthur, der an der Brightschen Krankheit litt, hielt dies geheim und bewarb sich nach dem Ende seiner ersten Amtszeit trotz allem ein weiteres Mal für die Nominierung zum Präsidentschaftskandidaten. Er belegte aber nur den zweiten Platz nach seinem ehemaligen Außenminister James Blaine. Dieser unterlag allerdings bei der Wahl im Jahr 1884 dem Demokraten Grover Cleveland.

Eineinhalb Jahre nach seinem Ausscheiden aus dem Präsidentenamt am 4. März 1885 starb Chester Arthur an seiner unheilbaren Erkrankung und wurde am Rural Cemetery in Albany, New York, beigesetzt.

GROVER CLEVELAND

* 18. März 1837 in Caldwell, New Jersey
† 24. Juni 1908 in Princeton, New Jersey

22. und 24. Präsident der Vereinigten Staaten
(1885–1889 und 1893–1897) – Demokrat

>*I have tried so hard to do right*«

(DIE LETZTEN GROVER CLEVELAND
ZUGESCHRIEBENEN WORTE)

Grover Cleveland war der bisher einzige Präsident der Vereinigten Staaten, der zwei Amtszeiten bekleidete, die nicht unmittelbar aufeinander folgten. Zudem war er der erste demokratische Präsident nach dem Bürgerkrieg und auch der erste Präsident seit Abraham Lincoln, der nicht mehr aktiv als Soldat im Sezessionskrieg tätig gewesen war. Er wurde am 18. März 1837 in Caldwell, New Jersey, als Sohn eines Geistlichen der presbyterianischen Kirche geboren und hatte acht Geschwister. Als er vier Jahre alt war, siedelte die Familie in den Bundesstaat New York um. Grover Clevelands Erziehung war nicht zuletzt aufgrund des Berufes seines Vaters autoritär und auf Pflichterfüllung und Gehorsam ausgerichtet. Er war interessiert und ehrgeizig und besuchte das Clinton Liberal Academy. Nach dem Tod des Vaters gab es kein Geld mehr für eine weitere Ausbildung, und Grover Cleveland musste eine Arbeit annehmen, auch um die Mutter bei der Versorgung der jüngeren Geschwister zu unterstützen.

Grover Cleveland begann, als Lehrerassistent am Blindeninstitut von New York zu arbeiten, und entschied sich zwei Jahre später, im Westen des Landes sein Glück zu versuchen. Er wollte zuerst nach Cleveland, Ohio, gehen, blieb dann aber in Buffalo, New York, wo er mit Hilfe seines Onkels als Sekretär in einer Anwaltskanzlei Arbeit fand. Vier Jahre später wurde er selbst als Anwalt zugelassen und erwarb sich im Laufe der Zeit einen guten Ruf. Als 1861 der Bürgerkrieg ausbrach, kaufte er sich frei und wurde nicht rekrutiert. Seine Begründung für die Verweigerung der Kriegsteilnahme war, dass die Mutter und die jüngeren Geschwister auf seine materielle Hilfe angewiesen waren und nicht auf Unterstützung verzichten konnten.

1863 wurde Grover Cleveland stellvertretender Bezirksanwalt des Distrikts am Erie See. In das Amt des Bezirksanwaltes wurde er jedoch zwei Jahre später nicht gewählt. In dieser Zeit hatte er eine Reihe von Frauenbekanntschaften und lebte ein angenehmes Leben. Das Gerücht wurde laut, dass er mit der Witwe Maria Crofts Halpin ein gemeinsames Kind in Cleveland hatte, das er auch finanziell unterstützte. Offiziell erkannte er das Kind jedoch nie an.

1870 gewann Grover Cleveland die Wahl für das Amt des Sheriffs von Erie County und war für drei Jahre lang in dieser Position tätig. Damit begann seine eigentliche politische Karriere, obwohl er nach Ablauf der Amtsperiode wieder in seine Anwaltskanzlei nach Buffalo, New York, zurückkehrte. 1881 wurde er zum Bürgermeister dieser Stadt gewählt und versuchte, in dieser Funktion Buffalo vom Gespenst der Korruption zu befreien, das allgegenwärtig war. Dabei war er sehr erfolgreich, weshalb die Demokratische Partei ihn ersuchte, sich als ihr Kandidat für das Gouverneursamt im Staate New York zu bewerben. Grover Cleveland gewann auch diese Wahl und setzte sich bei seiner Politik speziell für die Interessen mächtiger Geschäftsleute ein. Er sprach sich gegen eine Einmischung der Regierung in wirtschaftliche Angelegenheiten aus. Die ärmere Bevölkerung wurde von ihm mit ihren Problemen hingegen nur wenig berücksichtigt.

1884 wurde Grover Cleveland Präsident der Anwaltsvereinigung des Staates New York und entschied sich, bei den Präsidentschaftswahlen 1883/84 zu kandidieren. Sein Gegenspieler war der Republikaner James G. Blaine aus Maine. Die Demokratische Partei wurde speziell von der Geschäftswelt unterstützt, die sich eine möglichst geringe Einmischung des Staates in wirtschaftliche Belange wünschte. Grover Cleveland erschien ihnen als der ideale Präsident, da er schon als erfolgreicher Gouverneur seine konservativen Vorstellungen unter Beweis gestellt hatte. In einem sehr persönlich geführten Wahlkampf wurden James G. Blaine verschiedene Korruptionsskandale, in die er verwickelt gewesen sein sollte, vorgeworfen und seinem Gegenspieler Grover Cleveland die Affäre und das daraus entstandene Kind als Charakterschwäche ausgelegt. Zu einer Diskussion von sachlich relevanten Themen kam es hingegen kaum. Das Ergebnis der Wahl war sehr knapp und Grover Cleveland wurde Präsident. Damit übernahm nach vierundzwanzig Jahren wieder ein Demokrat dieses Amt.

Grover Cleveland war nach James Buchanan der einzige Präsident der USA, der bei der Übernahme des Amtes nicht verheiratet war. Die Aufgabe der First Lady übernahm daher zunächst seine Schwester. Die Regierungsämter besetzte Grover Cleveland mit Männern aus dem Bereich der Wirtschaft. Das Amtsdauergesetz von 1867 wurde vom Kongress aufgehoben, und der Präsident konnte auch ohne Zustimmung des Senats wieder Stellen besetzen. Der ehemalige General der Konföderierten, Lucius Lamar, wurde zum Innenminister ernannt, was auch in den eigenen Reihen nicht nur Zuspruch fand. Ein Gesetz, das für alle invaliden Veteranen aus dem Bürgerkrieg eine staatliche Rente vorsah, unabhängig davon, woher sie ihre Behinderung hatten, scheiterte am Veto des Präsidenten. Grover Cleveland ging hart gegen Wucherer im Westen des Landes vor und unterband darüber hinaus betrügerische Aktivitäten im Bereich des Eisenbahnbaus, in der Holzindustrie und bei Pachtverträgen im Indianerland.

Mit dem »Interstate Commerce Act« aus dem Jahre 1867 schuf man unter seiner Präsidentschaft eine gesetzliche Grundlage zur Regelung der Eisenbahnverbindungen zwischen den Bundesstaaten. Ein weiteres wichtiges Gesetz war der »Dawes Act« aus dem Jahre 1887, in dem Indianern zugestanden wurde, auch als Einzelpersonen Land erwerben zu dürfen, was bis zu diesem Zeitpunkt nur Stammesverbänden erlaubt gewesen war.

Während Grover Clevelands erster Präsidentschaft war die Frage rund um die hohen Zölle ein großes Problem. Diese hatten in den achtziger Jahren des 19. Jahrhunderts zu einem großen Einnahmeüberschuss geführt, und man ging davon aus, dass sich die enormen Geldreserven ungünstig auf die weitere wirtschaftliche Entwicklung auswirken würden. Die Republikaner, aber auch die Industriekreise an der Ostküste lehnten eine allgemeine Senkung der Zölle ab, weshalb Alternativen zum Abbau der Geldreserven diskutiert wurden. Man entschied sich, die Rentenzahlungen zu erhöhen, die Gehälter der Beamten anzuheben, sowie die Investitionen für Straßen- und Hafenbauvorhaben zu verstärken. Auch Verbesserungen im Bildungswesen sollten finanziell unterstützt werden.

Grover Cleveland erzielte somit durchaus wirtschaftspolitische Erfolge, hatte aber wenig Verständnis für die großen Probleme von Farmern und Arbeitern. 1886 gab es mehr Arbeiterstreiks als jemals zuvor. Die »American Federation of Labor« setzte sich für eine Verkürzung der Arbeitszeiten, eine verbesserte Bezahlung und günstigere Arbeitsbedingungen ein. Am 4. Mai 1886 rief diese Organisation am Haymarket Square in Chicago zu einer großen Demonstration auf. Die Polizei versuchte, diese aufzulösen, wobei durch die Explosion einer Bombe sieben Polizisten getötet wurde. Daraufhin wurden zweihundert Arbeiter festgenommen und vier davon zum Tode wegen Mordes verurteilt. Dies war nicht nur ein großes negatives Ereignis für die amerikanische Gewerkschaftsbewegung, sondern kostete auch Grover Cleveland viele Anhänger.

Am 2. Juni 1886 heiratete Grover Cleveland Frances Folsom, die 21-jährige Tochter eines Freundes. Sie engagierte sich als First Lady für soziale Fragen und hatte mit ihrem Mann fünf Kinder. Wenige Monate nach seiner Heirat weihte Grover Cleveland die Freiheitsstatue ein, die ein Geschenk Frankreichs war.

Während des Wahlkampfs für eine zweite Amtszeit, setzte sich Grover Cleveland für eine Senkung der Zölle ein, während die Republikaner mit ihrem Frontmann Benjamin Harrison Zollsenkungen ausschlossen, da ihrer Meinung nach eine solche Politik negative Auswirkungen auf die amerikanische Industrie und die Landwirtschaft, aber auch die Arbeitnehmer entfaltet hätte. Nach ihrer Logik bedeuteten hohe Zölle zugleich hohe Löhne, und eine Senkung derselben hätte in einem wirtschaftlichen Chaos geendet. Benjamin Harrison gewann die Wahl aufgrund des Stimmverhaltens der Wahlmänner, obwohl Grover Cleveland vom Volk mehr Stimmen erhalten hatte. In seiner letzten offiziellen Ansprache betonte er erstmals die Notwendigkeit, in der Politik die Probleme von Farmern und Arbeitern stärker zu berücksichtigen, und sprach die Gefahr einer immer größer werdenden Kluft zwischen armen und reichen Amerikanern an. Nach dem Ende seiner ersten Amtszeit zog er sich mit seiner Familie nach New York zurück, um dort wieder als Anwalt zu arbeiten.

1892 wurde er in die Politik zurückgeholt und abermals von den Demokraten als Präsidentschaftskandidat nominiert. Am 4. März 1893 übernahm er zum zweiten Mal das Amt des Präsidenten. Bei dieser Wahl hatte er auch viele Stimmen von Farmern erhalten, die sich von ihm eine Verbesserung ihrer Lage erhofften. Allerdings war schon der Beginn seiner zweiten Amtszeit gekennzeichnet von einer großen Krise in den USA, die auf die anhaltenden Probleme im Agrarbereich, die europäische Wirtschaftskrise, Spekulations-verluste von Konzernen sowie Arbeiterunruhen und Streiks zu-rückzuführen waren. Viele Firmen mussten Konkurs anmelden, und auch Banken gingen bankrott. Mehr als zwei Millionen Ar-beiter verloren ihre Jobs. Grover Cleveland versuchte, durch die Aufnahme von Anleihen durch die Regierung mehr Stabilität in die Wirtschaft zu bringen und zugleich den Goldstandard zu retten. Er weigerte sich allerdings auch weiterhin, von staatlicher Seite her zu sehr in die Wirtschaft einzugreifen. Seiner Meinung nach war es nämlich nicht die Aufgabe der Regierung, Fehler der Wirtschaft zu korrigieren. Im Pullman-Streik, bei dem viertausend Eisenbahner 1894 in Chicago gegen eine Lohnsenkung um zwanzig Prozent demonstrierten, setzte er zur Sicherheit des Postverkehrs Unions-truppen ein, was die Arbeiter gegen ihn aufbrachte.

Außenpolitisch war Grover Cleveland bestrebt, die USA aus allen internationalen Konflikten herauszuhalten. Er schloss eine direkte Annexion von Hawaii aus und berief sich beim Unabhän-gigkeitskrieg Kubas gegen Spanien 1895 auf die Neutralität seines Landes.

Die großen Probleme der Wirtschaftskrise und die ungelösten Fragen rund um Währung und Zölle hatten die demokratische Partei gespalten. So war es nicht verwunderlich, dass 1896 der Republikaner William McKinley die Präsidentschaftswahlen ge-gen den Kandidaten der Demokraten William J. Bryan gewann. Nach dem Ausscheiden aus dem Präsidentenamt zog sich Grover Cleveland mit seiner Familie nach Princeton, New Jersey, zurück. Er lehrte noch eine Zeit lang an der dortigen Universität und starb am 24. Juni 1908. Grover Cleveland wurde in Princeton beigesetzt.

Benjamin Harrison

* 20. August 1833 in North Bend, Ohio
† 13. März 1901 in Indianapolis, Indiana

23. Präsident der USA (1889–1893) – Republikaner

>*»Müsste ich eine Parole wählen, die sich jeder junge Mann
über seine Tür und auf sein Herz schreiben sollte, wäre
es das Wort ›Redlichkeit‹. Ich kenne kein besseres.«*

(Benjamin Harrison in einer Rede vor der Phi Delta
Studentenverbindung am Knox College in Galesbury, Illinois, 1890)

Benjamin Harrison, der dreiundzwanzigste Präsident der Vereinigten Staaten, wurde am 20. August 1833 in North Bend, Ohio, geboren. Er entstammte einer wohlhabenden Familie, die auch über großen politischen Einfluss verfügte. Sein Urgroßvater war als Gouverneur von Virginia einer der Mitunterzeichner der Unabhängigkeitserklärung und sein Großvater, William Henry Harrison, der neunte Präsident der USA. Benjamin Harrisons Vater, John Scott Harrison, wurde für zwei Amtszeiten in den Kongress gewählt. Die Karrieren seiner Vorfahren beeinflussten Benjamin Harrison von frühester Jugend an, weshalb er sich trotz strengen Glaubens gegen den Beruf eines Geistlichen entschied.

Als Kind wurde er von Privatlehrern unterrichtet, um dann mit vierzehn Jahren seine Ausbildung im Farmer´s College in Cincinnati fortzusetzen. Zwei Jahre später wechselte er auf die Miami University in Oxford, Ohio, wo er 1852 seine Ausbildung mit Auszeichnung abschloss. Nach dem anschließenden Studium der Rechtswissenschaften wurde er 1854 zum Anwalt zugelassen. Benjamin Harrison war ein zurückhaltender und ernster Mann, der häufig wegen seiner Kälte kritisiert wurde. Er verliebte sich in Carolina Lavinia Scott, die kunstinteressierte Tochter eines Pfarrers und Universitätsprofessors. 1853 heirateten sie und hatten zwei Kinder.

Beruflich war Benjamin Harrison zunächst als sehr erfolgreicher Pflichtverteidiger tätig und eröffnete wenige Jahre später gemeinsam mit einem Kollegen eine eigene Anwaltspraxis. Er schloss sich der republikanischen Partei an und wurde Sekretär des »Republican State Central Committee«. Zudem arbeitete er als Berichterstatter am Obersten Gerichtshof von Indiana.

Nach Ausbruch des Bürgerkrieges schloss sich Benjamin Harrison dem 70. Freiwilligenregiment an und übernahm als Colonel das Oberkommando über einen Teil desselben. Er nahm auch aktiv an Kämpfen teil, wurde zum Brigadegeneral befördert, verließ aber 1865 die Armee. Benjamin Harrison kehrte nach Indianapolis zurück und widmete sich wieder seiner Arbeit als Anwalt und Berichterstatter am Obersten Gerichtshof von Indiana. Sein Ruf als hervorragender Jurist drang weit über die Grenzen Indianas hinaus, und 1881 wurde er auch am Obersten Gerichtshof der Vereinigten Staaten tätig.

Sein beruflicher Erfolg bescherte ihm und seiner Familie ein wohlhabendes Leben und gesellschaftliche Anerkennung. Neben seiner anwaltlichen Tätigkeit engagierte sich Benjamin Harrison auch in kirchlichen Belangen der presbyterianischen Glaubensgemeinschaft und blieb weiter politisch aktiv. Er sprach sich für eine Verwaltungsreform, eine verbesserte Arbeitsgesetzgebung und eine liberale Regelung der Rentenzahlungen für Bürgerkriegsveteranen aus. Zudem trat er für eine protektionistische Zollpolitik ein. Damit erlangte er den Ruf eines radikalen Republikaners. 1886 und 1872 unterstützte er die politischen Ambitionen der späteren Präsidenten Ulysses S. Grant. Die erhoffte eigene Nominierung für das Amt des Gouverneurs von Indiana blieb ihm 1872 allerdings versagt. Als er 1876 dann doch für diese Funktion vorgesehen wurde, verlor er allerdings die Wahl. Er brillierte zwar mit seinen rhetorischen Fähigkeiten, erschien aber stets distanziert und kalt. Außerdem hatte er sich im Wahlkampf hauptsächlich auf die Stimmen der Städter und Kriegsveteranen konzentriert und dabei die Farmer zu sehr vernachlässigt, was ihn letztendlich den Wahlsieg kostete.

Dennoch erhöhten die vielen öffentlichen Auftritte seinen Bekanntheitsgrad, weshalb nicht verwunderlich war, dass er 1878 zum Vorsitzenden des republikanischen Konvents und zwei Jahre später zum Leiter der republikanischen Delegation Indianas auf dem Wahlkonvent gewählt wurde. Dort trat er für die Nominierung James Garfields ein, der ihm nach der erfolgreichen Wahl zum Präsidenten einen Posten in seinem Kabinett anbot. Benjamin

Harrison lehnte ab, da er 1880 in den US-Senat gewählt worden war, wo er für die nächsten sieben Jahre tätig sein wollte. Als Senator sprach er sich für hohe Schutzzölle, den Ausbau der amerikanischen Flotte und Verwaltungsreformen aus. Als sich Benjamin Harrison 1884 auf dem Konvent der Republikaner für die Nominierung als Präsidentschaftskandidat bewarb, blieb ihm die notwendige Unterstützung der Delegierten versagt. Vier Jahre später versuchte er es erneut, und diesmal verhalfen ihm seine nationale Reputation, die Erfolge im Bürgerkrieg, aber auch seine berühmten Vorfahren zur Nominierung. Im Wahlkampf konzentrierte er sich wiederum auf die Schutzzollpolitik zur Unterstützung der amerikanischen Wirtschaft und die Rentengesetzgebung. 1888 wurde er nach einem knappen Wahlentscheid zum Präsidenten gewählt und folgte damit Grover Cleveland, dem die Wiederwahl vorerst nicht gelang, im Amt nach.

Benjamin Harrison, der hundert Jahre nach der Inauguration George Washingtons das Präsidentenamt übernahm, entpuppte sich schnell als politisch schwacher Präsident. Er investierte viel Zeit in die Besetzung von Bundesämtern, veranlasste den Kauf von Land von den Indianern, das der Besiedlung durch Weiße diente, verabschiedete das Rentengesetz, welches Kriegsveteranen, die nicht mehr selbst für ihren Unterhalt sorgen konnten, eine staatliche Rente zusicherte, und bestand weiterhin auf hohen Schutzzöllen. Der »Sherman Antitrust Act«, welcher sich gegen zu starke marktkontrollierende Firmenfusionen richtete, blieb allerdings auf Grund unklarer Bestimmungen mehr oder weniger wirkungslos. Auch der »Sherman Silver Purchase Act«, der eine verstärkte Silberdeckung des Geldes sicherstellen sollte, wurde schon kurze Zeit später wieder außer Kraft gesetzt. Während Benjamin Harrisons Amtszeit wurden North und South Dakota, Washington, Montana, Wyoming und Idaho zu neuen Staaten der USA.

1892 erschütterten Arbeiterunruhen das Land. Als im Zuge des Homestead-Streiks, der ausgerufen wurde, als die »Carnegie Steel Company« die Löhne kürzte, neun Arbeiter und sieben Werkspolizisten getötet wurden, entschied Benjamin Harrison den Einsatz von Militär. Auch Streiks der Arbeiter in den Silberminen Idahos ließ er gewaltsam niederschlagen. Dieses Vorgehen sollte ihn die Stimmen der Arbeiter bei der nächsten Wahl kosten.

Benjamin Harrisons Außenminister James Blaine war bestrebt, neue Märkte für amerikanische Produkte in Mittel- und Südamerika zu erschließen, und vertrat einen modernen Panamerikanismus. 1889 wurde eine lateinamerikanische Handelskommission gegründet, und wenig später berief James Blaine eine Wirtschaftskonferenz amerikanischer Staaten ein, die in Washington stattfand. Sein Ziel war es, eine Zollunion zu gründen. Dieser Plan konnte nicht verwirklicht werden, der Vorschlag des Baus einer panamerikanischen Eisenbahn und die Aufnahme regelmäßiger Schiffsverbindungen wurde allerdings von allen Beteiligten sehr positiv aufgenommen. Mit Deutschland und Großbritannien einigten sich die Vereinigten Staaten auf die Errichtung eines Protektorats über die Insel Samoa im Pazifischen Ozean. Benjamin Harrison wollte auch Hawaii annektieren, der demokratisch dominierte Kongress versagte ihm allerdings die notwendige Zweidrittelmehrheit. Eine schwere Krise mit Chile, in dessen innere Angelegenheiten sich die amerikanische Regierung eingemischt hatte, führte im Januar 1892 zu einer Kriegsdrohung des Landes. Der Konflikt konnte erst im letzten Moment beigelegt werden.

Während ihrer Zeit im Weißen Haus begann Benjamin Harrisons Frau Porzellan zu sammeln, das noch heute zu besichtigen ist. Sie führte auch die Tradition des offiziellen Weihnachtsbaumes im Weißen Haus ein. 1892 starb sie nach langer, schwerer Krankheit an Tuberkulose. Benjamin Harrison stellte sich zwar noch im selben Jahr erneut der Wahl zum Präsidenten, verlor diesmal allerdings gegen Grover Cleveland, der hart und erfolgreich an seiner politischen Rückkehr gearbeitet hatte und ebenfalls erneut kandidierte.

Daraufhin kehrte Benjamin Harrison nach Indiana zurück und begann dort, wieder als Rechtsanwalt zu arbeiten. Außerdem publizierte er eine Reihe von rechtswissenschaftlichen Schriften und verfasste Bücher über seine Amtszeit im Weißen Haus. In den Jahren 1898 und 1899 vertrat er Venezuela in einer Schiedskonferenz, in der ein Grenzkonflikt zwischen Venezuela und Britisch-Guyana verhandelt wurde.

1896 heiratete Benjamin Harrison gegen den Willen seiner Kinder die erst 37-jährige Witwe Mary Scott Lord Dimmick, eine Nichte seiner verstorbenen Frau. Mit ihr hatte er noch eine Tochter, die jünger war als einige seiner Enkelkinder. Benjamin Harrison starb am 31. März 1901 im Alter von siebenundsechzig Jahren in Indianapolis, Indiana, wo er auch begraben wurde.

WILLIAM MCKINLEY

* 29. Januar 1843 in Niles, Ohio
† 14. September 1901 in Buffalo, New York

25. Präsident der Vereinigten Staaten
(1897–1901) – Republikaner

> »Wir benötigen neue Märkte, und insofern, als
> der Handel der Flagge folgt, sieht es ganz danach
> aus, dass wir neue Märkte haben werden.«
>
> (WILLIAM MCKINLEY IN EINER ERKLÄRUNG ZUR
> NOTWENDIGKEIT DER EROBERUNG NEUER GEBIETE)

William McKinley wurde am 29. Januar 1843 in Niles, Ohio, in eine Zeit hineingeboren, in der die USA eine immer wichtigere Rolle in der Weltpolitik übernahmen. Er hatte acht Geschwister, und die Familie verdiente sich ihr Geld im Eisenhandel. William McKinley besuchte die Schule in seinem Geburtsort und anschließend das Allegheny College in Meadville, Pennsylvania. Dieses brach er allerdings aufgrund schwerer Depressionen ab. Nach der Genesung konnte er sein Studium nicht fortsetzen, da die Firma des Vaters bankrottgegangen war und das Geld für eine weitere Ausbildung fehlte. William McKinley begann daraufhin, als Lehrer und Postangestellter zu arbeiten.

Als 1861 der Sezessionskrieg ausbrach, kämpfte er auf der Seite der Union und erlangte den Rang eines Majors. Sein mutiges Leben als Soldat brachte ihm später hohe Popularität ein. Nach dem Ende des Krieges kehrte er nach Ohio zurück und begann mit dem Studium der Rechtswissenschaften. 1867 wurde er in Canton, Ohio, als Anwalt tätig. Schon frühzeitig setzte er sich für das Wahlrecht von befreiten schwarzen Amerikanern ein und übernahm die Verteidigung einer Gruppe von Bergarbeitern, die wegen ihrer Streiktätigkeit unter Anklage gestellt worden waren. Er erlangte ihren Freispruch und erzielte damit hohe Popularität unter den Arbeitern.

Auch politisch engagierte er sich immer mehr und unterstützte 1867 den Wahlkampf von Rutherford B. Hayes für das Gouverneursamt in Ohio. Dieser war im Bürgerkrieg sein Kommandant gewesen. Ein Jahr später setzte er sich bei den Präsidentschaftswahlen für Ulysses S. Grant ein. 1871 heiratete William McKinley Ida Saxton, die aus einer wohlhabenden Bankiersfamilie stammte. Sie erkrankte aber bald schwer. Auch die beiden Töchter verlor das Ehepaar wenige Jahre nach deren Geburt.

1877 wurde William McKinley für Ohio ins Repräsentantenhaus gewählt, wo er mit einer kurzen Unterbrechung bis 1891 blieb. In dieser Funktion stellte er wiederholt die Verwaltungsreform in Frage und entwickelte sich zu einem Experten für Zölle und Tarife. Er machte sich für eine strikte Schutzzollpolitik stark und entsprach mit seiner Haltung den Wünschen der Industrie. Seiner Meinung nach waren diese für die Wahrung nationaler Interessen und die Begünstigung von industriellem Wachstums erforderlich. Allerdings führte diese Politik auch zu einer Niederlage der Republikaner bei den Kongresswahlen im Jahr 1890, da sich die hohen Zölle auch negativ auf die Konsumenten auswirkten.

William McKinleys Aktivitäten im Kongress riefen die Aufmerksamkeit von Marcus Hanna, einem wohlhabenden Industriellen hervor, der ihn ab diesem Zeitpunkt auch als Wahlkampfmanager unterstützte. 1891 und 1893 gewann William McKinley nach seiner Rückkehr aus Washington daraufhin die Wahlen zum Gouverneur von Ohio. In dieser Funktion rief er 1894 die Nationalgarde zur Befriedung von Arbeiterunruhen in den Minen Ohios zu Hilfe. Er führte eine Steuer für Unternehmen ein und machte sich für eine Arbeiterschutzgesetzgebung im Transportbereich stark. Auch gewerkschaftsfeindliche Handlungen der Unternehmer wurden auf seine Initiative hin beschränkt.

1896 wurde William McKinley zum Präsidentschaftskandidaten der Republikaner nominiert, nachdem er sich vier Jahre zuvor noch vergeblich um diese Funktion beworben hatte. Sein demokratischer Gegenspieler, William Jennings Bryan, machte sich für die Forderung der Farmer nach Einführung der Silberwährung stark und versuchte sich als Kritiker an der Übermacht der großen Vermögen. William McKinley vertrat hingegen primär die Interessen der etablierten Mittelklasse und jener, denen der soziale Aufstieg in dieses Milieu gelungen war. Er erhielt aber auch die Unterstützung durch die Geschäftswelt und aufgrund seines früheren Engagements auch die der Arbeiter. Als erster Präsident der USA benützte er das Telefon für seinen Wahlkampf und blieb so in engem Kontakt mit seinem Wahlkampf-Management-Team in den einzelnen Bundestaaten. Sein Programm war auf die Beibehaltung der Schutzzölle, aber auch auf die Etablierung von Schlichtungseinrichtungen für die Lösung von Arbeitskämpfen ausgerichtet. Auch für die Anerkennung der Frauenrechte machte sich William McKinley stark. Weiterhin sprach er sich für eine expansive Weltpolitik, den Bau eines Kanals in Mittelamerika, die Übernahme von Hawaii und den Kauf der Virgin Islands in der Karibik aus. Beide Kandidaten waren sich bei der Unterstützung des Freiheitskampfes der Kubaner gegen die Spanier einig.

William McKinley wurde mit großer Mehrheit zum Präsidenten gewählt und auch im Kongress erzielten die Republikaner die Mehrheit. Bei seinem Amtsantritt 1897 war die Wirtschaftskrise langsam abgeflaut, und ein Konjunkturaufschwung kündigte sich an. Produktion und Kapital wurden immer stärker, und es entstanden mächtige Trust- und Holding-Gesellschaften. Auch Banken und Industrien schlossen sich zusammen, wobei sich der Präsident wichtigen Fragen im Bereich von Wirtschaft und Finanz- und Sozialpolitik gegenüber sah. William McKinley war auch bestrebt, die Macht des Präsidenten gegenüber dem Kongress zu stärken und pflegte gute Beziehungen zur Presse.

Im »Dingley Tariff Act« wurden 1897 die Schutzzölle weiter erhöht, jedoch die Möglichkeit geschaffen, sich mit internationalen Handelspartnern direkt zu einigen und wechselseitige Zollsenkungen zu vereinbaren. 1900 schrieb ein Gesetz den Goldstandard für die Währung fest und begrenzte die Ausgabe von Silbermünzen. William McKinley hielt stets intensive Kontakte zum Präsidenten der »American Federation of Labor« und sicherte sich somit auch die Unterstützung seiner Politik durch die Gewerkschaft.

Im spanisch-amerikanischen Krieg griffen die USA 1889 in den seit 1895 tobenden kubanischen Befreiungskampf gegen Spanien ein. Dies war der Beginn einer expansiven Weltpolitik der USA, die auch von den Nachfolgern William McKinleys fortgesetzt wurde. Sie basierte auf dem Wunsch, neue Märkte und Rohstoffquellen zu erschließen, sowie in der Karibik und im fernen Osten strategisch wichtige Punkte zu kontrollieren. Gleichzeitig lenkte die amerikanische Expansionspolitik von den sozialen Konflikten im eigenen Land ab, da der Krieg die Nation einte. 1889 griffen die USA die spanische Flotte vor den Philippinen an, und nach einem kurzen Krieg wurden die spanischen Streitkräfte in Kuba und auf den Philippinen geschlagen. Die Amerikaner hatten nur geringe Verluste zu verzeichnen. Am 10. Dezember 1898 kam es im Vertrag von Paris zur Annexion von Puerto Rico, den Philippinen und Guam. Kuba wurde zwar unabhängig, allerdings sicherten sich die USA ein Interventionsrecht und damit die Vorherrschaft in Kuba. Im Juli 1898 annektierten die USA zudem auch die bis dahin unabhängige Republik Hawaii.

William McKinleys Expansionsbestrebungen wurden auch durchaus kritisch aufgenommen, dennoch setzte der Präsident diese Politik weiter nach Asien hin fort. Die Streitkräfte wurden modernisiert, und ein Unabhängigkeitskampf der Philippinen gegen die neue amerikanische Herrschaft zwischen 1891 bis 1902 blutig niedergeschlagen. Bis zum Zweiten Weltkrieg waren die Philippinen damit de facto eine amerikanische Kolonie. Die USA forderten von anderen Ländern auch die Respektierung ihres ungehinderten Zuganges zum chinesischen Markt ein und 1900/1901 beteiligten sich die USA mit ihrer Marine an der Niederschlagung des Boxeraufstandes in China.

Mit William McKinley war Amerika zu einer Großmacht aufgestiegen, womit auch die Einmischung in weltweite Auseinandersetzungen und Rivalitäten begonnen hatte. Die Kriegsgewinne und der wirtschaftliche Aufschwung sicherten ihm im Wahlkampf 1900 einen neuerlichen klaren Sieg über seinen alten Gegenspieler, den Demokraten William Jennings Bryan. Auch im Kongress wurde die republikanische Mehrheit ausgebaut, und William McKinley ging mit seinem Vizepräsidenten Theodore Roosevelt in die zweite Amtszeit.

Gleich zu Beginn führte er mit Großbritannien Verhandlungen über den Bau eines Kanals in Mittelamerika mit dem Ergebnis, dass die USA alle Rechte für den Bau und die Kontrolle eines Kanals durch Panama erhielten.

Als William McKinley 1901 in Buffalo, New York, eine Weltausstellung besuchte, wurde er zum Opfer eines Attentates, das vom Arbeitslosen Leon Czolgosz verübt worden war. Er starb nur wenige Tage später im Alter von nur achtundfünfzig Jahren.

THEODORE ROOSEVELT

* 27. Oktober 1858 in New York City
† 6. Januar 1919 in Oyster Bay, New York

26. Präsident der Vereinigten Staaten
(1901–1909) – Republikaner

*»Wenn er zu einer Hochzeit geht, möchte er die Braut sein,
und wenn er zu einem Begräbnis geht, die Leiche.«*

(BEMERKUNG EINES VERWANDTEN ÜBER THEODORE ROOSEVELTS BEDÜRFNIS,
STÄNDIG IM MITTELPUNKT STEHEN ZU MÜSSEN, ANLÄSSLICH DER HOCHZEIT
VON ELEANOR UND FRANKLIN ROOSEVELT AM 17. MÄRZ 1905)

Theodore Roosevelt war erst zweiundvierzig Jahre alt, als er Präsident der Vereinigten Staaten wurde und somit der jüngste, der jemals dieses Amt antrat. Er wurde am 27. Oktober 1858 in New York City geboren und entstammte einer wohlhabenden New Yorker Familie. Sein Vater war ein erfolgreicher Geschäftsmann, der seinen Sohn auf viele Reisen mitnahm. So lernte Theodore Roosevelt schon früh Europa kennen und beherrschte auch mehrere Fremdsprachen. Nach seinem Studium an der Harvard University, die er von 1876 bis 1880 besucht hatte, war er besonders an naturgeschichtlichen Erkenntnissen interessiert. Er setzte seine Studien an der Columbia Law School fort, ohne diese allerdings zu beenden. 1882 erschien sein erstes Buch über den Seekrieg zwischen England und den USA. Im Jahr zuvor hatte auch seine politische Karriere begonnen, als er als unabhängiger Kandidat für die Republikanische Partei in das Abgeordnetenhaus des Staates New York gewählt worden war. Dort sprach er sich für die Verbesserung der Arbeitsbedingungen von Fabrikarbeitern und härtere Strafen für Gewalttaten im häuslichen Bereich aus.

Zwei Jahre zuvor hatte er Alice Hathaway Lee, die Tochter eines wohlhabenden Bankiers aus Massachusetts, geheiratet, die jedoch bereits vier Jahre später nach der Geburt ihrer Tochter starb. Theodore Roosevelt übergab das Kind der Obhut seiner Schwester Bamie und zog sich für zwei Jahre auf seine Ranch in North Dakota zurück, um dort an einem weiteren Buch zu arbeiten. 1886 ging er wieder nach New York und kandidierte auf Seiten der Republikaner für das Amt des Bürgermeisters. Die Wahl verlor er allerdings. Im selben Jahr heiratete er ein zweites Mal. Seine neue Frau war Edith Kermit Carow, eine Freundin seiner Schwester, die er schon seit Jugendtagen kannte. Mit ihr hatte er fünf weitere Kinder.

Theodore Roosevelt wurde 1889 von Präsident Benjamin Harrison zu einem Mitglied der »Civil Service Commission« ernannt, das die Aufgabe hatte, eine weitreichende Verwaltungsreform umzusetzen. Er behielt diese Position auch, als Grover Cleveland das Präsidentenamt übernahm, da er hervorragende Arbeit leistete. Einige Jahre später wurde ihm die Leitung der korrupten New Yorker Polizeibehörde übertragen, eine Funktion, die ihm Einblick in die Armut der Slums der Stadt gewährte. Er entließ viele der bestechlichen Mitarbeiter und entwickelte ein neues Ausbildungsprogramm für Polizisten.

Präsident William McKinley ernannte ihn 1897 zum stellvertretenden Marineminister. Dabei sprach sich Theodore Roosevelt für eine Aufrüstung der Flotte und eine Expansion auf den Meeren aus. Er unterstützte sowohl den Krieg gegen Spanien als auch die Unabhängigkeitsbestrebungen Kubas. Als 1898 der spanisch-amerikanische Krieg begann, legte Theodore Roosevelt sein Amt als stellvertretender Marineminister nieder, um eine Kavallerieeinheit zu gründen. Mit diesen »Rough Riders«, einer Einheit aus Cowboys, aber auch Sportreitern aus der Oberschicht der Ostküste, kämpfte er selbst in Kuba. Sein Einsatz brachte ihm viel Ruhm als Kriegsheld ein, und als er 1899 für das Amt des Gouverneurs im Staate New York kandidierte, gewann er auch dadurch die Wahl.

Als Gouverneur initiierte er Verbesserungen der Arbeitsbedingungen in den Betrieben, reduzierte den Arbeitstag öffentlich Bediensteter auf acht Stunden, auch mit dem Ziel, ein Exempel für die Privatwirtschaft zu statuieren, und setzte sich massiv dafür ein, die Rassentrennung an öffentlichen Schulen zu verbieten. Trotz seiner liberalen Grundhaltung zögerte er allerdings auch nicht, die Nationalgarde zur Niederschlagung von Streiks heranzuziehen. Eine weitere Maßnahme war die Besteuerung von Konzernen. Zwar verfolgte er im Prinzip die Devise, dass sich der Staat nicht in wirtschaftliche Belange einzumischen habe, dennoch war er auch überzeugt davon, dass die Politik dafür Sorge zu tragen hatte, dass das Wohl aller Staatsbürger gewährleistet war. Da diese Überzeugung nicht im Einklang mit den republikanischen Maximen stand, wurde er 1900 von seiner Partei auf den relativ bedeutungslosen Posten des Vizepräsidenten von William McKinley versetzt. Als dieser am 6. September 1901 durch den anarchistischen Arbeiter Leon Czolgosz in Buffalo verletzt worden war und wenig später verstarb, wurde Theodore Roosevelt allerdings nach weniger als einem Jahr sein Nachfolger im Präsidentenamt.

Theodore Roosevelt sollte sich als sehr starker Präsident erweisen, der es hervorragend verstand, die Öffentlichkeit mit Hilfe der Presse für seine politischen Ziele zu begeistern. Er war zum Zeitpunkt der Amtsübernahme bereits ein erfahrener Politiker, gebildet und ausgestattet mit einer guten Menschenkenntnis, was ihn im Amt sehr erfolgreich machte.

Sein außenpolitisches Ziel war die Sicherung der weltpolitischen Führungsrolle der USA. Obwohl er Aufrüstung, Krieg und Imperialismus befürwortete, war er auch bekannt für sein Streben nach einer friedlichen Schlichtung von Konflikten.

Theodore Roosevelt, der als erster Präsident einen Afro-Amerikaner zu einem offiziellen Empfang im Weißen Haus empfing, verfolgte die innenpolitische Reformpolitik eines »Square Deal«, der auf einem verstärkten Schutz der natürlichen Ressourcen, einer Kontrolle der Auswüchse der Wirtschaftswelt und einem Schutz der Konsumenten basierte. Diese Politik führte zu beeindruckenden Veränderungen in der sozialpolitischen Landschaft. Er setzte sich massiv für die staatliche Kontrolle der Monopolstellung von Trusts ein und sorgte auch für eine Verbesserung der Arbeitnehmerschutzbestimmungen. 1903 entstand unter seiner Regierung das Ministerium für Handel und Arbeit und das »Bureau of Corporations«, ab 1914 »Federal Trade Commission«, das die Aufgabe hatte, verdächtige, nicht legale Aktivitäten von Firmen zu untersuchen. Mit Hilfe des »Elkin Act« von 1903 wurden die Eisenbahngesellschaften einer Kontrolle unterworfen. Auch gegen Missstände in der Lebensmittelindustrie und dem pharmazeutischen Bereich ging Theodore Roosevelt vor, und es wurden Gesetze wie der »Pure Food and Drug Act« und 1906 der »Meat Inspection Act« erlassen. Der »Sherman Antitrust Act« von 1890 kontrollierte Wirtschaftsgiganten im Versicherungswesen, im Erdölbereich, in der Tabakindustrie und bei den Eisenbahnen.

Auch in der Verwaltung ortete er Veränderungsbedarf und war an aktiver Umweltpolitik interessiert. Deshalb wurde während seiner Amtszeit auch eine Reihe von Nationalparks gegründet. Sein primäres Ziel war nicht einmal so sehr die Verbesserung der sozialen Verhältnisse, sondern hauptsächlich die Stabilisierung und Stärkung des Staates. Mit den Reformen wollte er demnach die Beziehungen zwischen Industrie, Geschäftswelt und Arbeitnehmern verbessern. Gleichzeitig begann eine Ära der informellen Kooperation zwischen der Regierung und Vertretern des Großkapitals, die auch den republikanischen Wahlkampf von 1904 finanzierten, in dem sich Theodore Roosevelt ein weiteres Mal zur Wahl stellte. Seine Popularität als Präsident war groß, und auf Reisen in alle Staaten und Territorien der USA versuchte er, weiteren Zuspruch zu erlangen. So verzeichnete er einen überwältigenden Sieg. Er war der erste Präsident, der wiedergewählt wurde, nachdem er in der ersten Amtszeit nicht durch eine Wahl, sondern durch den Aufstieg aus der Vizepräsidentschaft Präsident geworden war. Auch das Amt des Vizepräsidenten, das in der ersten Amtszeit vakant war, nachdem der ursprüngliche Inhaber Garret Hobart 1899 verstorben war, wurde mit Charles Fairbanks wieder besetzt.

Innenpolitisch stand der Kurs der zweiten Amtszeit ganz unter dem Einfluss des »Progressive Movement«, welches in der Zeit von 1901 bis 1914 die amerikanische Politik beherrschte. Die Vertreter dieser Reformbewegung setzten weiter auf einen strikten sozialpolitischen Reformkurs. In außenpolitischer Hinsicht hatten die USA inzwischen eine uneingeschränkte Weltmachtposition erreicht und ihren Einfluss in Lateinamerika erweitert. Theodore Roosevelt stärkte die Flotte und hatte schon zuvor vor Interventionen in Mittelamerika, etwa in Panama, Honduras, der Dominikanischen Republik und Kuba und einer Besitznahme der Panamakanalzone nicht zurückgeschreckt. Die Unabhängigkeitsbestrebungen Panamas von Kolumbien wurden unter Theodore Roosevelt unterstützt, die gescheiterte Panamakanal-Gesellschaft von Frankreich abgekauft und daraufhin unter amerikanischer Leitung mit dem Bau des Kanals begonnen, der 1914 fertiggestellt wurde. Damit waren die militärischen und vor allen Dingen die wirtschaftlichen Möglichkeiten der USA im atlantischen, wie im pazifischen Raum verbessert worden.

Theodore Roosevelt erweiterte am 6. Dezember 1904 im Rahmen einer Rede vor dem Kongress mit dem »Roosevelt-Corollary« die Monroe-Doktrin. Diese sollte als Basis für eine expansionistische Außenpolitik dienen, war aber auch eine Reaktion auf den

militärischen Druck, den mehrere europäische Staaten auf lateinamerikanische Länder aufgrund von ausstehenden Schuldenrück-
zahlungen auszuüben begannen. Die Vereinigten Staaten sollten
nach der Vorstellung ihres Präsidenten als internationale Polizei-
gewalt mit Interventionsrecht auftreten und so andere Staaten von
Militäreinsätzen abschrecken.

Im russisch-japanischen Krieg von 1904/05 brachte sich Theodore Roosevelt als Vermittler ein und bereitete so maßgeblich den
Frieden von Portsmouth, New Hampshire, im Jahr 1905 vor. Dafür
wurde ihm 1906 als erstem Amerikaner der Friedensnobelpreis
verliehen. Das »Root-Takahira-Abkommen« von November 1908
sah die wechselseitige Anerkennung des territorialen Besitzstandes
im pazifischen Raum durch Japan und die USA vor. 1906 interve-
nierte Theodore Roosevelt in der ersten Marokkokrise und unterstützte die Haltung von Frankreich und Großbritannien gegen die
Wünsche Deutschlands. Damit kehrte er dem Isolationismus der
USA vollständig den Rücken und mischte sich direkt in einen Konflikt europäischer Staaten ein. Theodore Roosevelt verfolgte außenpolitisch die Devise »Speak softly and carry a big stick«. Dennoch
setzte er durchaus nicht nur auf militärische Stärke, sondern auch
sehr häufig auf diplomatisches Geschick und trug damit viel zur
Beibehaltung der friedlichen Verhältnisse in Europa und Asien bei.

1908 verzichtete Theodore Roosevelt auf eine weitere Kandidatur bei den Präsidentschaftswahlen, weshalb sein Kriegsminister
William H. Taft zum Präsidentschaftskandidaten der Republikaner
nominiert wurde. Theodore Roosevelt unterstützte seinen ehemaligen Mitarbeiter, der dann die Wahl gewann. Er selbst zog sich ins
Privatleben zurück und unternahm Reisen nach Afrika und Europa. Unzufrieden mit der Politik seines Nachfolgers kandidierte er
nach seiner Rückkehr ein weiteres Mal für die Nominierung als
Präsidentschaftskandidat, allerdings wurde von den Republikanern William H. Taft der Vorzug gegeben. Daraufhin stellte sich
Theodore Roosevelt, wenn auch erfolglos, 1912 für die Bull Moose
Party, einer Splittergruppe ehemaliger Republikaner, die noch libe-
ralere und sozialere Reformprogramme forderten, der Wahl für das
Präsidentenamt. Am 14. Oktober 1912 wurde auf ihn ein Attentat
verübt, bei dem er allerdings nur leicht verletzt wurde.

Nachdem in Europa der Erste Weltkrieg ausgebrochen war,
befürwortete Theodore Roosevelt den Eintritt seines Landes auf
der Seite der Entente-Mächte und sprach sich auch für die Teil-

nahme der USA an einer Intervention in Russland aus, mit der man 1918 auf die Oktober-Revolution reagierte. 1916 unterstützte er Charles Evans Hughes gegen Woodrow Wilson bei den Präsidentschaftswahlen, da er dessen Plänen für den Beitritt der USA zum Völkerbund ablehnend gegenüberstand. Seinem Empfinden nach hätte dies die Souveränität der USA zu stark beschnitten. Nachdem Theodore Roosevelt erkennen musste, dass die Progressive Party zwar einigen Zuspruch bei der Bevölkerung erhielt, sie jedoch nicht mehrheitsfähig war und es kaum möglich erschien, sie dauerhaft zu etablieren, verließ er die Partei und kehrte in seinen letzten Lebensjahren zu den Republikanern zurück.

Bei einer Reise nach Brasilien hatte er schwere gesundheitliche Schäden erlitten, von denen er sich Zeit seines Lebens nicht mehr wirklich erholen sollte. Zudem machte ihm der Tod seines jüngsten Sohnes, der an der französischen Front fiel, schwer zu schaffen. Erst sechzigjährig starb Theodore Roosevelt am 6. Januar 1919 an den Folgen eines Herzinfarkts in Oyster Bay, New York. Bis heute behielten vor allen Dingen zwei Leistungen seiner Amtszeit nachhaltige Bedeutung: einerseits sein Engagement zum Schutz natürlicher Ressourcen und andererseits der Bau des Panamakanals. Am Rande sei erwähnt, dass auf ihn die Bezeichnung »Teddybär« für kleine Stoffbären zurückgeführt wird.

WILLIAM HOWARD TAFT

* 15. September 1857 in Cincinnati, Ohio
† 8. März 1930 in Washington, D. C.

27. Präsident der Vereinigten Staaten
(1909–1913) – Republikaner

> »*Ich kann mich nicht daran erinnern, jemals*
> *Präsident gewesen zu sein.*«
>
> (WILLIAM ÜBER SEINE TÄTIGKEITEN ALS PRÄSIDENT UND ALS
> RICHTER DES OBERSTEN GERICHTSHOFES DER USA)

William Howard Taft folgte Theodore Roosevelt im Amt des Präsidenten, wobei es ihm nie gelang, aus dem Schatten seines Vorgängers herauszutreten. Seine Präsidentschaft war eine der erfolglosesten der Vereinigten Staaten überhaupt und mündete in einer Abwahl William Tafts. Dies löste zudem eine massive Krise in der Republikanischen Partei aus. Er wurde am 15. September 1857 in Cincinnati, Ohio, als Sohn einer wohlhabenden Familie geboren. Sein Vater arbeitete in der Regierung von Ulysses S. Grant und war unter Präsident Chester Arthur Gesandter in Russland und Österreich-Ungarn. William Taft nahm nach dem Besuch von Privatschulen seine Studien an der Yale University auf und setzte sie anschließend an der Cincinnati Law School fort. Anschließend war er als Anwalt und Gerichtsreporter tätig und heiratete 1886 die Musiklehrerin Helen »Nellie« Herron, mit der er drei Kinder hatte. Die Söhne sollten sich später ebenfalls als Politiker profilieren.

In der Zeit ab 1887 war er Richter in Ohio und anschließend ab 1890 Generalstaatsanwalt der Vereinigten Staaten. Ein Jahr darauf arbeitete er am Berufungsgerichtshof in Cincinnati, Ohio, wo er bis 1899 tätig blieb. Zeitgleich war er auch Professor für Rechtswissenschaften und Dekan an der Cincinnati Law School.

Eine Folge des spanisch-amerikanischen Krieges war die Annexion der Philippinen. William Taft wurde 1900 der erste Zivilgouverneur in diesem Protektorat. Er bemühte sich um ein friedliches Miteinander auf den Inseln und arrangierte dort erfolgreich Verkäufe von Ländereien des Vatikans an die USA. 1904 wurde er zum Kriegsminister der Regierung Theodore Roosevelts berufen und zu einem engen Berater des Präsidenten. Er war 1904 beim Beginn des Baus des Panamakanals involviert, beteiligte sich 1905 an den Vorverhandlungen zum Frieden von Portsmouth in New Hampshire zwischen Russland und Japan und war erfolgreich bei der Abwehr einer drohenden Revolution in Kuba. 1908 nominierten ihn die Republikaner zu ihrem Präsidentschaftskandidaten, wobei William Taft bis zu diesem Zeitpunkt hauptsächlich über Erfahrungen im Verwaltungsbereich und weniger in der Politik verfügte. Theodore Roosevelt sah in ihm aber dennoch seinen idealen Nachfolger und unterstützte ihn bei seinen Ambitionen. William Taft sprach sich ganz offiziell für die Fortsetzung der Politik seines Vorgängers aus und gewann die Wahl gegen den Demokraten William Jennings Bryan, der zum dritten Mal für die Demokraten kandidiert hatte, mit relativ großem Vorsprung.

So erfolgreich er im Bereich der Verwaltung war, so wenig gelang es ihm, die Parteifreunde und die Öffentlichkeit für seine politischen Ziele zu interessieren und zu engagieren. Die Fraktionskämpfe innerhalb der Republikanischen Partei wurden unter seiner Präsidentschaft stärker. Auf der einen Seite waren die Interessen der Wirtschaft, vor allen Dingen an der Ostküste, und auf der anderen Seite die Forderungen des liberalen und reformorientierten Flügels der Partei. Es kam 1912 zu einer der temporären Spaltungen der Republikanischen Partei und zu einer persönlichen Feindschaft zwischen William Taft und seinem früheren Unterstützer Theodore Roosevelt.

1909 unterschrieb William Taft den »Payne-Aldrich Tariff Act«, ein neues Zollgesetz, welches teilweise Senkungen der hohen Zölle vorsah, jedoch andere anhob. Damit hielt er seine Versprechungen, die er im Wahlkampf gemacht hatte, nicht ein und verlor die Unterstützung der Farmer im Mittleren Westen und vieler reformorientierten Republikaner in den eigenen Reihen.

Ein Vorfall, der ihn weitere Sympathien und vermutlich auch die Freundschaft von Theodore Roosevelt kostete, war die Kontroverse zwischen William Tafts Innenminister Richard Ballinger und dem Leiter der Forstbehörde Gifford Pinchot. Letzterer hatte Konzepte für den verantwortungsvollen Umgang mit den Wäldern und Naturschutzgebieten in den USA entwickelt und erhöhte die Fläche der Schutzgebiete, indem er öffentliche Bereiche zu geschützten

Reservaten erklärte. Richard Ballinger sah in diesen Aktivitäten illegale Aktionen. Ihm selbst wurde von Gifford Pinchot vorgeworfen, dass er Kohlegebiete in Alaska privaten Interessenten überließ und geschütztes Land für bestimmte Personen in Bau- und Abbauland umwidmete. William Taft entschied sich 1910, nicht Richard Ballinger, sondern Gifford Pinchot zu entlassen. Aufgrund der immer größer werdenden Spaltung der republikanischen Partei musste diese auch bei den Kongresswahlen 1910 eine schwere Niederlage hinnehmen. Die Demokraten verbuchten erstmals seit 1895 wieder die Mehrheit im Repräsentantenhaus für sich. Auch im Senat verringerte sich der Einfluss der Republikaner. William Taft hatte immer weniger Handlungsspielraum und wurde nun auch vom ehemaligen Präsidenten Theodore Roosevelt öffentlich angegriffen.

Dennoch kam es zu einigen weiteren Reformen. So verabschiedete der Kongress 1909 und 1912 den 16. bzw. 17. Zusatzartikel zur Verfassung, die das Recht auf die zentrale, landesweite Erhebung einer Einkommenssteuer vorsahen und die direkten Wahlen von Senatoren einführten. Auch der »Mann Elkins Act« von 1910 wurde in seinen kontrollierenden und regulierenden Aufgaben auf das Nachrichtenwesen erweitert. William Taft setzte die Antitrust-Politik Theodore Roosevelts fort, und im Mai 1911 wurden durch Entscheidungen des Obersten Gerichtshofes Trusts zerschlagen. Den Konzernen im Bereich der Erdöl- und Tabakindustrie gelang es allerdings nach der Auflösung wiederum, ihre monopolistischen Positionen auszubauen. Die Kontrolle von Trusts durch die Regierung führte zu viel Kritik in Wirtschafts- und Geschäftskreisen, die die Politik William Tafts ebenfalls immer weniger unterstützten.

Außenpolitisch war William Taft bemüht, amerikanische Investitionen speziell in Lateinamerika, Kanada und Asien zu fördern und zu sichern. Er versuchte, durch Anleihen und Investments wirtschaftliche und finanzielle Stabilität im karibischen Raum und in Zentralamerika zu erreichen, um Revolutionen zu verhindern und den Panamakanal zu sichern. Nach der Dominikanischen Republik, Panama und Kuba wurde während der Präsidentschaft William Tafts auch Nicaragua zu einem amerikanischen Protektorat. Interventionen durch die Stationierung von US-Streitkräften gekoppelt mit einer »Dollar-Diplomatie«, die gekennzeichnet war durch die Ausgabe von Anleihen und die Kontrolle von Zöllen, waren eng miteinander verbunden. Die »Open Door Policy« mit

China, die Amerika den freien Zugang zum chinesischen Markt sicherte, wurde nun auch auf den Export von Kapital ausgeweitet. Mit Kanada wollten die USA 1911 einen Handelsvertrag abschließen, welcher Zollfreiheit für Rohstoffe und die Senkung der Zölle für Industriewaren vorsah. Das Parlament in Ottawa weigerte sich allerdings, den Vertrag zu unterzeichnen, da es den Ausverkauf Kanadas fürchtete. Einen weiteren Misserfolg verzeichnete William Taft bei den neuen Schiedsgerichtsverträgen mit Frankreich und England, die er 1911 unterzeichnet hatte und denen 1912 die Zustimmung des Senats aufgrund nationalistischer Vorbehalte verweigert wurde.

Bei einer erneuten Präsidentschaftskandidatur im Jahr 1912 belegte William Taft hinter Woodrow Wilson und dem für die Progressive Party kandidierenden Theodore Roosevelt nur den dritten Platz. Die Reformrepublikaner hatten sich 1911 abgespalten und die »National Progressive Republican League« gegründet, die eine erneute Kandidatur William Tafts verhindern wollte. Das gelang ihnen zwar nicht, wohl aber verhinderten sie seine Wiederwahl zum Präsidenten. Die Demokraten wurden auch zur stärksten Fraktion im Senat, womit die Präsidentschaft William Tafts sehr unrühmlich endete.

Dieser zog sich 1913 ins Privatleben zurück und war bis 1921 als Professor für Verwaltungsrecht an der Yale University tätig. Er verfasste mehrere Bücher zu staats- und politikrelevanten Themen und war in den Jahren des Ersten Weltkrieges Präsident der 1915 gegründeten »League to Enforce Peace«. Diese war mit einer Neugestaltung internationaler Beziehungen nach dem Ende des Krieges befasst. Unter Präsident Woodrow Wilson bekleidete er ab 1918 gemeinsam mit Frank P. Walsh das Amt des Vorsitzenden des »National War Labor Board«, einer staatlichen Schlichtungsstelle für Arbeitskämpfe. Präsident Warren G. Harding berief ihn 1921 auf den Posten des »Chief Justice«, des Vorsitzenden des »Supreme Court« der USA, ein Amt, das er bis zum 3. Februar 1930 bekleiden sollte. Damit war er bis heute der einzige, der Höchstrichter und Präsident der USA gewesen war. Als Höchstrichter des Landes war William Taft verantwortlich für mehrere Verwaltungsreformen. Am 8. März 1930 starb er 72-jährig in seinem Haus in Washington, D. C. Er wurde als erster US-Präsident auf dem Nationalfriedhof in Arlington, Virginia, beigesetzt.

THOMAS WOODROW WILSON

* 28. Dezember 1856 in Staunton, Virginia
† 3. Februar 1924 in Washington, D.C.

28. Präsident der Vereinigten Staaten
(1913–1921) – Demokrat

> »Wenn du dir Feinde machen willst,
> versuche, etwas zu verändern.«
>
> (WOODROW WILSON)

Thomas Woodrow Wilson, der in jungen Jahren Tommy und später Woodrow genannt wurde, erblickte am 28. Dezember 1856, in Staunton, Virginia, als drittes von vier Kindern eines Pfarrers aus Ohio und einer britischen Mutter das Licht der Welt. Sein Vater war ein promovierter Theologe und gehörte der presbyterianischen Kirche an. Trotzdem befürwortete er die Sklaverei und hatte auch selbst einige Sklaven. Der spätere Präsident wuchs somit ganz im Gedankengut und den Wertvorstellungen der Südstaaten auf.

Woodrow Wilson wurde als Kind nicht zuletzt aufgrund der Wirren der Sezession von den Eltern unterrichtet und besuchte anschließend Privatschulen in Augusta, Georgia, und in Columbia, South Carolina. Sein Studium begann er am Davidson College in North Carolina. Dieses musste er allerdings aus Krankheitsgründen unterbrechen und setzte es erst ein Jahr später am College of New Jersey, der späteren Princeton University, fort. An der University of Virginia in Charlottesville versuchte er anschließend ein Studium der Rechtswissenschaften, das er allerdings im Selbststudium beendete. In Atlanta, Georgia, absolvierte er ein juristisches Praktikum und wurde 1882 als Anwalt zugelassen. Wenig interessiert an juridischen Tätigkeiten studierte er ab 1883 an der Johns Hopkins University Geschichte und Politikwissenschaften, wo er 1885 mit einer Dissertation über »Congressional Government« zum Doktor der Philosophie promovierte. Von 1885 bis 1888 war er als Professor am Bryn Mawr College in Pennsylvania tätig und 1888 lehrte er Geschichte und Volkswirtschaftslehre an der Wesleyan

University in Middletown, Connecticut. Zwei Jahre später wurde er als Professor für Rechtswissenschaften und Sozialökonomie an die Princeton University berufen, wo er von 1902 bis 1910 auch als Rektor tätig war. Dazu übernahm er Lehraufträge an der Johns Hopkins University. 1885 heiratete er Ellen Louise Axson, mit der er drei Töchter hatte. Als First Lady widmete sie sich sozialen Anliegen, starb aber bereits 1914 mit erst vierundfünfzig Jahren. Woodrow Wilson selbst erlitt 1906 einen Schlaganfall, wodurch sein Sehsinn stark beeinträchtigt wurde.

Auf Empfehlung und mit Unterstützung des demokratischen Politikers und Zeitungsverlegers John Harper (»Harper´s Weekly«) bewarb sich Woodrow Wilson 1910 als Kandidat der Demokratischen Partei für das Amt des Gouverneurs in New Jersey. Er wurde mit großer Mehrheit gewählt und befreite sich sehr schnell vom Einfluss der Parteigrößen. Es gelang ihm, seine Amtsführung unabhängig von den Vorgaben des Parteiapparates zu gestalten, was seine Popularität bei der Bevölkerung erhöhte. Als Gouverneur setzte er einige wichtige Reformen in New Jersey um, wie etwa die Etablierung von Kontrollmechanismen bei Wahlfinanzierungen, die Einführung einer Unfallversicherung für Arbeiter und eine Verbesserung der gesetzlichen Regelung für Frauen- und Kinderarbeit.

Woodrow Wilson sah sich als Mitglied der Reformdemokraten, und im Sommer 1912 wurde er auf dem Nationalkonvent seiner Partei zum Präsidentschaftskandidaten nominiert. Er stützte seinen Wahlkampf auf Versprechen nach mehr Demokratie, die Beschränkung der Macht der Trusts, verstärkte soziale Reformen und eine friedfertige Außenpolitik. Er war ein akademisch profilierter Politiker, der 1912 auch aufgrund der durch William Taft und Theodor Roosevelt provozierten Spaltung der Republikanischen Partei einen Wahlsieg für die Demokraten erringen konnte.

Woodrow Wilsons Amtszeit stand ganz im Zeichen einer progressiven Reformpolitik. Er war bemüht, seine Wahlversprechen einzulösen, und engagierte sich für soziale Verbesserungen und mehr Kontrolle über die monopolistisch agierenden Trusts. Er stärkte den Staat mit wirtschaftsregulierenden Tätigkeiten, unterstützte 1913 eine Bankreform und die Einführung einer staatlichen Bankaufsicht, die die Dominanz der Banken in der Geschäftswelt beschränkte, und sprach sich für eine Reduktion der Schutzzölle aus. Seit den Jahren des Bürgerkrieges wurde unter

seiner Präsidentschaft erstmals wieder eine Bundeseinkommens-
steuer erhoben, auch um die Einbußen aus den Zollsenkungen
zu kompensieren. Der »Clayton Antitrust Act« aus dem Jahr 1914
verbot unfaire Geschäftspraktiken und wettbewerbsgefährdende
Fusionen, und die im selben Jahr erweiterte »Federal Trade Commission« war verantwortlich für die Einhaltung der Antitrust-Ge-
setze und den Schutz der Konsumenten. Gewerkschaften und
Farmer-Verbände wurden allerdings aus dem Geltungsbereich des
Antitrust-Gesetzes ausgenommen. Damit war ihre Rechtsstellung
zwar verbessert, allerdings erhielten die Gewerkschaften erst 1933
das volle Koalitionsrecht.

Innenpolitisch gab es noch einige weitere sozialpolitische Reformen, etwa ein Gesetz, das die Arbeitsbedingungen der Matrosen
verbesserte. Ein weiteres aus dem Jahr 1916 sah eine Betriebsunfall-
versicherung für Bundesbedienstete vor, Kinderarbeit unter vierzehn Jahren wurde verboten und in Bergwerken ein Mindestalter
von sechzehn Jahren eingeführt, um dort tätig sein zu dürfen. Der
Arbeitstag für Mitarbeiter der Eisenbahnen wurde auf acht Stunden reduziert, und Farmer erhielten Unterstützung beim Ansuchen
um kurzfristige Kredite.

Diese von Woodrow Wilson geprägte Politik des »Progressive Movement« wurde zu einem Vorläufer des »New Deal«, der
zwei Jahrzehnte später unter der Präsidentschaft von Franklin
D. Roosevelt die politische Landschaft prägen sollte. Allerdings
war Woodrow Wilson auch rassistisch geprägt und voller Vorur-
teile der weißen Bevölkerung aus den Südstaaten. Er bestand in
Behörden des Bundes und des Militärs auf Rassentrennung, die
dort nach dem Bürgerkrieg bereits abgeschafft worden war. Als
Rektor der Princeton University hatte er schon zuvor gefordert,
dass Schwarze sich dort nicht als Studierende bewerben sollten,
um den Rassenfrieden zu erhalten. Auch das Wahlrecht, welches
Afro-Amerikaner stark benachteiligte, wollte er in den Südstaaten
beibehalten. Dem Wahlrecht von Frauen stand er ebenfalls skep-
tisch gegenüber, dennoch wurde dieses 1920 vom US-Kongress
beschlossen. Trotz seiner arbeiter- und gewerkschaftsfreundlichen
Haltung entschied er sich bei einem Streik von Minenarbeitern in
Colorado, die Nationalgarde zur Wiederherstellung von Ruhe und
Ordnung einzusetzen. Diese Aktion kostete mehreren Menschen
das Leben.

Ein Jahr nach dem Tod seiner ersten Frau heiratete Woodrow Wilson 1915 die Witwe Edith Galt, die indianische Wurzeln hatte. Sie zeichnete sich im Amt der First Lady durch besondere Sparsamkeit aus.

Woodrow Wilson wurde wegen seiner erfolgreichen Reformpolitik 1916 wiedergewählt, wobei seine zweite Amtszeit ganz im Zeichen des Ersten Weltkrieges stand, der 1914 begonnen hatte. Zu Beginn verfolgte Woodrow Wilson eine strikte Neutralitätspolitik der USA. Trotzdem erfolgte eine massive Aufrüstung der Nation, die seit dem deutschen U-Boot-Krieg im Februar 1915, der auch die amerikanische Handelsschifffahrt bedrohte, weiter vorangetrieben wurde, da die USA noch in keiner Form auf eine Kriegsteilnahme vorbereitet waren.

Der Krieg bedeutete auch ein Ende der Wirtschaftskrise in den USA, und es gab immer mehr Befürworter eines Kriegseintritts der USA. Ebenso wurde die Februar-Revolution in Russland von Woodrow Wilson grundsätzlich positiv aufgenommen. Die Kenntnisnahme des Zimmermann-Telegramms, das ein Bündnisangebot Deutschlands an Mexiko für den Fall der Aufgabe der Neutralität der USA enthielt, ließen im März 1917 das Kabinett zugunsten eines Kriegseintritts der USA an der Seite von Großbritannien und seiner Verbündeten entscheiden. Nach der Zustimmung durch den Kongress wurde am 6. April 1917 durch Woodrow Wilson die Kriegserklärung der USA an das Deutsche Reich verkündet. Gründe dafür waren auch die wirtschaftlichen Verflechtungen mit den Alliierten und der Wunsch, nach dem Ende des Krieges an der Gestaltung der internationalen Lage mitwirken zu können. Durch den Eintritt der USA weitete sich der Weltkrieg aus, und das Kräfteverhältnis veränderte sich zugunsten der Alliierten. Erstmals hatten die USA direkt in einen europäischen Krieg eingegriffen und halfen mit, die Deutschen und deren Verbündete zu besiegen.

Der Krieg bedeutete ein Ende der Reformpolitik innerhalb der USA und beschränkte durch verschiedene Ausnahmegesetze auch die demokratischen Strukturen des Landes. Die Wirtschaft wurde ebenfalls ganz auf die Bedürfnisse des Krieges hin ausgerichtet. Der Eintritt in den Ersten Weltkrieg hatte ebenso sozialpolitische Konsequenzen, da viel mehr Frauen in der Industrie Beschäftigung fanden und schwarze Arbeitskräfte aus dem Süden verstärkt in die Industriestädte des Nordens abwanderten.

Als 1918 die Demokraten sowohl im Senat, als auch im Repräsentantenhaus die Mehrheit einbüßten, verlor der Präsident viel von seinem einstigen Handlungsspielraum. Am 11. November 1918 endete der Erste Weltkrieg mit einem Waffenstillstand und dem Sieg der Alliierten. Woodrow Wilson wollte nun die gestiegene Bedeutung der USA in der Welt für die Durchsetzung seines 14-Punkte-Friedensprogrammes nutzen, was ihm auf der Pariser Friedenskonferenz, die im Januar 1919 begann, allerdings nur teilweise gelang.

Die Satzung zur Gründung des Völkerbundes wurde verabschiedet, und der Friedensvertrag von Versailles von den USA entscheidend mitgestaltet. Allerdings nahmen auch die Eigeninteressen Englands, Italiens, Frankreichs und Japans viel Platz ein. Woodrow Wilsons Forderung nach einem Völkerbundbeitritt der USA wurde von der republikanischen Senatsmehrheit im eigenen Land abgelehnt, die darin eine viel zu große Beschränkung der Souveränität und Handlungsfreiheit der USA sah. 1920 lehnte der Kongress auch die Ratifizierung des Vertrages von Versailles ab und entschied sich zu einem gesonderten Vertragsabschluss mit dem Deutschen Reich, Österreich und Ungarn.

Woodrow Wilson erlitt im Oktober 1919 einen schweren Schlaganfall, von dem er sich nicht mehr erholte. Teilweise gelähmt war er in seiner politischen Handlungsfähigkeit stark eingeschränkt, kehrte aber 1920 wieder in sein Amt zurück. Er erhielt im selben Jahr auch den Friedensnobelpreis von 1919, der ihm für seinen Einsatz bei der Beendigung des Ersten Weltkrieges und bei der Gründung des Völkerbundes verliehen wurde.

1919 wurde in den USA eine kommunistische Partei gegründet, was Justizminister Alexander Palmer zu einer Verfolgungskampagne gegen ihre Anhänger veranlasste. Dies ging als »Palmer Raids« unrühmlich in die Geschichte ein. Präsident Wilson duldete diese undemokratische Maßnahme, worunter seine Popularität sehr litt.

1920 besiegte der Republikaner Warren G. Harding bei den Präsidentschaftswahlen den Demokraten James M. Cox, welcher sich für den Beitritt zum Völkerbund und eine Fortsetzung der unter der Regierung Woodrow Wilsons eingeleiteten Reformen ausgesprochen hatte. Damit musste Woodrow Wilson eine weitere Niederlage einstecken. Als kranker und enttäuschter Mann verbrachte er seine letzten Lebensjahre als Privatmann in Washington. Er starb am 3. Februar 1924 dort und wurde auch in der Hauptstadt beigesetzt. Obwohl er in manchen Bereichen gescheitert war, gilt er unter Historikern als starker Präsident, der mit seinen innenpolitischen Reformen und seinen Ideen für eine friedliche internationale Koexistenz beachtenswerte, nachhaltige Leistungen erbracht hatte.

WARREN GAMALIEL HARDING

* 2. November 1865 in Blooming Grove, Ohio
† 2. August 1923 in San Francisco, Kalifornien

29. Präsident der USA (1921–1923) – Republikaner

>*»Mein Gott, dieser Job ist die Hölle! Ich habe*
keinen Ärger mit meinen Feinden, aber mit meinen
Freunden, meinen gottverdammten Freunden (...).
Sie sind es, die mir schlaflose Nächte bereiten!«

(WARREN HARDING ÜBER SEIN PRÄSIDENTENAMT)

Warren Harding war einer der amerikanischen Präsidenten mit der kürzesten Amtsdauer. Er übte diese Tätigkeit nur zwei Jahre lang aus und nachfolgenden Generationen blieb sie vor allen Dingen im Zusammenhang mit einem schlimmen Korruptionsskandal in seiner Administration in Erinnerung. Geboren wurde Warren Harding am 2. November 1865 in Blooming Grove, Ohio. Er war das erste von acht Kindern eines Landarztes und einer Hebamme, die auch eine kleine Landwirtschaft betrieben. Der Vater erwarb eine lokale Zeitung mit dem Namen »Caledonia Argus«, in der Warren Harding nach dem Abschluss der Schule eine Druckereilehre begann. In den Jahren 1879 bis 1882 besuchte er erfolgreich das Ohio Central College und arbeitete danach für zwei Jahre als Lehrer in Marion, Ohio. Noch während seiner Studentenzeit unternahm er bei einer lokalen Zeitung erste journalistische Versuche. 1884 erwarb er Anteile an der Zeitung »Marion Daily Star« und wurde zum Mitherausgeber. Wenig später gründete er eine weitere Zeitung mit dem Namen »Weekly Star«.

Warren Harding, ein erklärter Anhänger der Republikanischen Partei, entwickelte eine Neigung für Alkohol, Kartenspiel und Frauenbekanntschaften, alles Vorlieben, die er auch als Präsident nicht ablegte. 1891 heiratete er Florence Kling, die geschiedene Tochter eines reichen Bankiers. Durch ihre finanzielle Unterstützung und den gemeinsamen tatkräftigen Einsatz konnten sich Warren Hardings Zeitungen zu sehr erfolgreichen und absatzstarken Medien entwickeln.

Warren Harding litt schon mit vierundzwanzig Jahren an Erschöpfungs- und Angstzuständen und musste mehrere Wochen in einem Sanatorium verbringen. Sein Schwiegervater, Amos Kling, war von Anfang an nicht begeistert von Warren Hardings Verbindung mit seiner Tochter und fühlte sich durch die kritischen Kommentare in Warren Hardings Zeitungen nicht selten persönlich angegriffen. Außerdem missfielen ihm mögliche afro-amerikanische Vorfahren, die man bei Warren Hardings Familie vermutete. Auch wenn eine solche Verwandtschaftslinie nie bestätigt werden konnte, wurde dies in einer Zeit, die geprägt war von rassistischen Vorurteilen, als Makel angesehen, was Warren Harding in gewissen Kreisen durchaus schadete.

Seine Frau Florence veranlasste Warren Harding, in die Politik zu gehen, und 1898 wurde er in den Senat von Ohio gewählt. Fünf Jahre später übernahm er das Amt des Vizegouverneurs. Der Versuch, 1910 die Gouverneurswahlen zu gewinnen, scheiterte zwar, allerdings gelang es ihm 1914, in den Senat in Washingtons gewählt zu werden. Als republikanischer Senator in Washington sprach er sich für das Verbot von Alkohol, das er allerdings selbst häufig missachtete, für das Frauenstimmrecht und gegen den Beitritt der USA zum Völkerbund aus. Weitere politische Ziele waren der Ausbau der Handelsmarine, die Einführung von Schutzzöllen, die Beschränkung von Zuwanderung und die territoriale Expansion des Landes.

1920 war Warren Harding ein Verlegenheitskandidat beim Nationalkonvent der Republikaner, da er außerhalb von Ohio relativ unbekannt war. Dennoch wurde er letztendlich als Präsidentschaftskandidat nominiert, weil die beiden aussichtsreichsten Kandidaten Intrigen zum Opfer gefallen waren. Dies ist umso verwunderlicher, zumal seine Affäre mit einer verheirateten Frau an die Öffentlichkeit drang und deren Familien nur mit einer hohen Geldsumme zum Schweigen über diese Liaison veranlasst werden konnte.

Warren Hardings Wahlkampf war ganz auf ein Zurück zu einer Politik des Isolationismus und der Nichteinmischung als Reaktion auf den Ersten Weltkrieg ausgerichtet. Die Demokraten hingegen wollten die fortschrittliche Politik von Woodrow Wilson weiterführen. Warren Harding, dessen Wahlkampfgegner James M. Cox, der Gouverneur von Ohio, war, versprach den Amerikanern die Rückkehr zur »Normalität« und traf damit genau den Zeitgeist. Zudem wandte er sich gegen eine weitere Gängelung des »Big Business« durch die Regierung und vertrat ein nationalistisches Programm, das ganz im Zeichen von »America First« stand. Dies sollte seine Unterstützung der ländlichen und kleinstädtischen amerikanischen Bevölkerung signalisieren. Warren Hardings Präsidentschaftskandidatur wurde von der Presse wohlwollend kommentiert, und erstmals in der Geschichte der USA unterstützten Hollywood-Stars seine Wahl zum Präsidenten. Wichtige Wählerstimmen gewann er auch durch seinen Einsatz für die Rechte von Frauen. Seit 1920 hatten diese das Wahlrecht, und Warren Hardings eigene Frau steigerte durch ihren aktiven Wahlkampf ebenfalls die Popularität ihres Mannes.

Warren Harding wurde mit einem Erdrutschsieg zum 29. Präsidenten der Vereinigten Staaten gewählt, bei dem er einundsechzig Prozent der Stimmen für sich verbuchen konnte. Speziell die wohlhabende Bevölkerung und das Großkapital unterstützten ihn und seine propagierte Politik des Isolationismus und des Antikommunismus. Begünstigt wurde sein großer Wahlerfolg auch durch eine Wirtschaftskrise, die zu Beginn der zwanziger Jahre das Land erschütterte, und in ihm jener Mann gesehen wurde, dem man ihre Bewältigung am ehesten zutraute. Nach seiner Wahl zum Präsidenten ließ Warren Harding eine Reihe politischer Gefangener begnadigen und schenkte so auch Eugene V. Debs die Freiheit, der seinen Wahlkampf als Vertreter der Sozialisten aus dem Gefängnis heraus geführt und immerhin drei Prozent der Wählerstimmen erhalten hatte.

Während Warren Hardings Präsidentschaft wurde der Oberste Gerichtshof der USA mit höherem Stellenwert versehen, das »Department of Veterans Affairs« eingerichtet und der Friedensvertrag mit dem Deutschen Reich, Österreich und Ungarn unterzeichnet, was für die USA das Ende des Ersten Weltkrieges bedeutete. 1921 äußerte sich Warren Harding in Birmingham, Alabama, zur Rassenproblematik und sprach sich dezidiert für die Gleichwertigkeit aller Ethnien aus. Warren Hardings Politik stand ganz im Zeichen einer Nichteinmischung in wirtschaftliche und soziale Belange und war auf die Beseitigung von Woodrow Wilsons Wirtschaftsregulierungen hin ausgerichtet. So wurden die Zölle für Industriewaren und landwirtschaftliche Produkte massiv erhöht. Hingegen schaffte man Zusatzsteuern auf Sondergewinne ab und senkte den Steuerhöchstsatz von über dreiundsechzig auf fünfzig und dann noch weiter auf fünfunddreißig Prozent ab. Für Anliegen der Arbeiter hatte Warren Harding kaum ein offenes Ohr, sondern unterstützte die Unternehmerseite. So ließ er etwa einen Eisenbahnerstreik durch seinen Justizminister mit großer Härte unterdrücken, ein Vorgehen, gegen das sogar in seinem eigenen Kabinett große Bedenken vorgebracht wurden.

1921 wurde unter seiner Präsidentschaft die erste gesetzliche Zuwanderungsbeschränkung in den USA beschlossen. Der »Emergency Quota Act« reduzierte die jährlichen Raten auf 360.000 Personen und legte zudem Quoten für die einzelnen Herkunftsnationen fest, was sich vor allen Dingen auf Einwanderer aus Ost- und Südosteuropa auswirkte. Es gab es in den folgenden Jahren noch weitere Verschärfungen der Einwanderungspolitik.

Das Straßenbaugesetz aus dem Jahr 1921 trieb den Autobahnbau maßgeblich voran, und in weiteren Verordnungen wurden die Kreditbedingungen für Bauern verbessert. Dennoch blieb die Situation für Farmer seit Ende des Ersten Weltkrieges aufgrund von stagnierenden Marktbedingungen, Überproduktion und Preisverfall von landwirtschaftlichen Produkten auf dem Weltmarkt sehr schwierig.

Warren Hardings Außenpolitik konnte einige Erfolge aufweisen. Das Handelsembargo gegen die Sowjetunion wurde aufgehoben, was den amerikanisch-sowjetischen Handel ankurbelte. Dennoch weigerte sich Warren Harding weiterhin, die Sowjetunion offiziell anzuerkennen, wobei er auf die Unvereinbarkeit der politischen Grundsätze der beiden Länder verwies.

Bei der Konferenz zur Begrenzung der Flottenrüstung 1922 nahmen alle Siegermächte des Ersten Weltkrieges teil. Die USA verfolgten dabei in Absprache mit Großbritannien das Ziel, ihren Einfluss im Fernen Osten zu stabilisieren und Japans Vorherrschaft in der Region zu beschränken. Außerdem einigte man sich auf eine gemeinsame Front gegen die Sowjetunion und ein kontrolliertes Vorgehen beim immer teurer werdenden Wettrüsten auf dem Meer. Bei einem Vier-Mächte-Abkommen von 1921 sprachen sich die USA, Großbritannien, Frankreich und Japan wechselseitig ihre Insel-Besitzungen im Pazifischen Ozean zu. Ein Jahr später wurde China als souveräner Staat anerkannt. Ein weiteres Abkommen aus demselben Jahr beschränkte die Zahl von Flottenstützpunkten und

Flugzeugträgern und verringerte das Wettrüsten auf dem Meer. Die USA hatten seit dem ersten Weltkrieg ihre Führungsmacht im Fernen Osten ausbauen können, wobei der Interessensausgleich unter den beteiligten Großmächten ein großer Erfolg war.

Innenpolitisch häuften sich allerdings die Skandale. Viele der politischen Ämter wurden von Warren Harding mit seinen Freunden und Günstlingen besetzt. Speziell alte Mitstreiter aus seinem Heimatstaat, die als Ohio-Gang bezeichnet wurden, fungierten als Berater und hatten wichtige Ämter, wie etwa jenes des Justiz- oder des Innenministers, inne. Sie waren alle den Wünschen und Vorstellungen des Großkapitals zugetan und ließen sich das auch entsprechend honorieren. Zudem wurden während Warren Hardings Amtszeit immer wieder öffentliche Gelder unterschlagen. Inwieweit er in diese illegalen Aktivitäten involviert war oder auch nur davon gewusst hat, ist bis heute nicht ganz geklärt.

1923 wurden hohen Regierungsbeamten aus dem engsten Mitarbeiterkreis des Präsidenten Bestechungsaffären, Veruntreuungen, Korruption und illegale Transaktionen von Alkohol und Drogen vorgeworfen. Daraufhin musste der Justizminister zwar zurücktreten, wurde aber aus Mangel an Beweisen nie verurteilt. Noch größeres Aufsehen erregte der »Teapot-Dome-Skandal«, in den der Innenminister direkt verwickelt war. Wertvolle Ölfelder im Staatsbesitz wurden von ihm nach Erhalt von Schmiergeldern an zwei Firmen verkauft, wofür er 1931 als erstes Mitglied eines amerikanischen Kabinetts zu einer Gefängnisstrafe verurteilt wurde. Auch wenn nicht geklärt ist, inwieweit Warren Harding von den Machenschaften seiner engsten politischen Vertrauten Kenntnis hatte, ist sicher, dass er nichts unternahm, um die Korruption im Weißen Haus zu unterbinden oder an der Aufdeckung der Skandale maßgeblich mitzuwirken. Vielmehr versuchte er mit persönlichen Werbekampagnen, vor allen Dingen im Westen der USA und in Alaska, seine politische Ehre wiederherzustellen. Bei einer dieser Reisen erkrankte er und verstarb in San Francisco an den Folgen eines Schlaganfalls. Er wurde in seinem Heimatort Marion, Ohio, beigesetzt und war der sechste Präsident der Vereinigten Staaten, der noch während seiner Amtszeit starb. Sein Nachfolger wurde der damalige Vizepräsident Calvin Coolidge.

Warren Hardings Präsidentschaft war gekennzeichnet von Skandalen. Dennoch attestieren ihm zeitgenössische Historiker keine vollkommen gescheiterte Amtsführung. In gewisser Hinsicht fehlten ihm sicher Erfahrung, Weitblick, Führungsqualitäten und intellektuelle Fähigkeiten, welche das Amt erfordert hätten. Seine Reden waren oft widersprüchlich und die Korrespondenz strotzte vor Fehlern. Erst spät ließ er sich diesbezüglich beraten. Warren Hardings Moralvorstellungen standen darüber hinaus im krassen Gegensatz zu den Werten der damaligen amerikanischen Gesellschaft. Er hatte mehrere Affären mit verschiedenen Frauen. 1919 wurde aus einer solchen Verbindung eine uneheliche Tochter geboren. Zu ihr hatte Warren Harding zwar nie Kontakt, kam aber seinen Alimentationszahlungen regelmäßig nach.

JOHN CALVIN COOLIDGE

* 4. Juli 1872 in Plymouth, Vermont
† 5. Januar 1933 in Northampton, Massachusetts

30. Präsident der USA (1923–1929) – Republikaner

*»Es gibt für niemand, nirgendwo und nirgend wann ein
Recht auf Streik gegen die öffentliche Sicherheit«*

(CALVIN COOLIDGE, DER SICH 1919 FÜR EIN HARTES VORGEHEN GEGEN
STREIKENDE POLIZISTEN IN BOSTON, MASSACHUSETTS, AUSSPRACH)

John Calvin Coolidge wurde am 4. Juli 1872 in Plymouth, Vermont,
als Sohn eines Farmers und Ladenbesitzers geboren. Sein Vater war
in späteren Jahren auch als Unternehmer tätig und bekleidete politische Ämter. Früh verlor Calvin Coolidge seine Mutter und seine
jüngere Schwester. Der Vater heiratete in zweiter Ehe eine Lehrerin,
und Calvin Coolidge entwickelte ein herzliches Verhältnis zu ihr.

Nach dem Schulbesuch in Ludlow, Vermont, begann er sein
Studium am Amherst College in Massachusetts, das er mit Auszeichnung abschloss. Anschließend arbeitete er zunächst als Anwalt in Northampton, Massachusetts, und wurde dann für ein Jahr
zum Vizepräsidenten der Nonatuck Savings Bank ernannt. 1899
begann er seine politische Karriere als republikanischer Stadtrat.
Anschließend war er als Staatsanwalt von Northampton tätig, um
wenig später als Abgeordneter und schließlich von 1912 bis 1915
als Senator von Massachusetts zu fungieren. 1904 lernte Calvin
Coolidge Grace Goodhue, eine junge Lehrerin, kennen, die er ein
Jahr später heiratete und mit der er zwei Söhne hatte.

1915 wurde er zum Vizegouverneur und drei Jahre später zum
Gouverneur von Massachusetts gewählt. Er galt als fleißiger und
ehrlicher Politiker und setzte sich für eine humanere Arbeitsgesetzgebung ein, die vor allen Dingen Frauen und Kinder besser
schützen sollte. Nationalen Bekanntheitsgrad erhielt er aber primär
durch sein hartes Vorgehen beim Streik der Polizei in Boston im
Jahr 1919. Er setzte die Miliz zur Bekämpfung der Streikenden ein
und stellte sich auf den Standpunkt, dass Polizisten nie ein Recht

zur Bildung einer Gewerkschaft zugesprochen worden wäre und sie daher ungesetzlich handelten.

Seiner konsequenten, aber auch vielfach kritisierten Linie zur Aufrechterhaltung von Gesetz und Ordnung verdankte er 1920 die Nominierung zum Vizepräsidentschaftskandidaten der Republikaner. Im Wahlkampf unterstützte er die Entscheidung Woodrow Wilsons, in den Krieg einzutreten, und forderte die bedingungslose Kapitulation Deutschlands. Warren G. Harding gewann die Wahl, und Calvin Coolidge fungierte von 1921 bis 1923 als sein Vizepräsident. Als Warren G. Harding 1923 in San Francisco starb, folgte ihm Calvin Coolidge ins Präsidentenamt. Seine Vereidigung als Präsident wurde durch seinen eigenen Vater, einen Friedensrichter, in Vermont vorgenommen, bei dem Calvin Coolidge bei der Nachricht vom Tod des Präsidenten gerade zu Besuch weilte.

Im Gegensatz zu Warren G. Harding war Calvin Coolidge moralisch unantastbar und wurde zu einem ungewöhnlich populären Präsidenten. Sein geschicktes wirtschaftspolitisches Agieren machte ihn zur Symbolfigur des Wirtschaftswachstums der zwanziger Jahre. Landesweite Hörfunkansprachen, die er als erster Präsident hielt, schufen zudem eine bis zu diesem Zeitpunkt nicht bekannte akustische und emotionale Nähe zur Bevölkerung. Er bediente sich bewusst moderner Kommunikationsstrategien und verstand es, sich die Gunst der Presse zu sichern.

Seine Politik war gekennzeichnet von Ruhe und Besonnenheit, die jeglichen Aktionismus ablehnte, wohl aber im »Big Business« den Hauptträger des amerikanischen Wohlstands sah. Calvin Coolidge sprach sich ebenso wie Warren Harding gegen eine Einmischung der Regierung in Geschäftstätigkeiten der Wirtschaftswelt aus und lehnte eine staatliche Wirtschaftsregulierung ab. Die Konjunktur boomte und verlieh Calvin Coolidge weitere Popularität. Die Produktion langlebiger Wirtschafts- und Konsumgüter nahm rasant zu, und auch die Realeinkommen stiegen kontinuierlich. Weiter verfolgt wurden eine Politik hoher Schutzzölle und die Durchsetzung von Steuersenkungen für höhere Einkommensklassen. Der Autobahnbau wurde mit Hilfe öffentlicher Mittel vorangetrieben, und es gelang, die Staatsverschuldung weiter zu senken.

Als die Korruptionsskandale unter der Präsidentschaft von Warren G. Harding immer mehr an die Öffentlichkeit drangen, setzte Calvin Coolidge eine unabhängige Kommission zur Aufklärung aller Vorkommnisse ein, was seinen Ruf als integrer Mann und Politiker stärkte. 1924 wurde er vom Nationalkonvent der Republikanern als Kandidat für eine zweite Amtszeit als Präsident nominiert und bewarb sich mit dem Slogan »Keep Cool with Calvin Coolidge«, welcher auf den von ihm gewährleisteten Frieden und Wohlstand im Land verweisen sollte, um das höchste Amt im Staat. Er nützte für seinen Wahlkampf moderne Kommunikationsmittel und setzte bekannte Filmstars ein, die an seiner Seite für die Wiederwahl kämpften. Calvin Coolidge gewann mit großem Vorsprung, erlitt mit dem plötzlichen Tod seines erst sechzehnjährigen Sohnes, der an den Folgen einer Blutvergiftung starb, jedoch fast zeitgleich einen schrecklichen Verlust.

Einen wichtigen Achtungserfolg bei den Präsidentschaftswahlen erzielte auch die 1922 gegründete progressive Wählerkoalition aus Farmer-Organisationen, Gewerkschaften, der Socialist Party, einzelstaatlichen Arbeiterparteien und Frauenverbänden, die unter der Führung des Senators von Wisconsin, Robert M. La Follette, als Integrationsfigur und dritten Kandidaten bei der Präsidentschaftswahl angetreten war. Damit wurden auch Reformpotenzial und Reformwille im Land demonstriert.

Während seiner zweiten Amtszeit wurden die außenpolitischen Aktivitäten der USA in Europa, Lateinamerika und dem Fernen Osten erweitert, aber auch die Nichtanerkennungspolitik gegenüber der Sowjetunion, trotz entgegengesetzter Position Großbritanniens, Frankreichs, Italiens und Japans, fortgesetzt. Calvin Coolidge war wie die Mehrheit der Amerikaner gegen einen Beitritt der USA zum Völkerbund. Sein Vizepräsident Charles Dawes entwickelte den nach ihm benannten »Dawes-Plan«, um die Modalitäten für die Reparationszahlungen Deutschlands an die alliierten Siegermächte zu regeln. Mit einer britisch-amerikanischen Anleihe sollte die Wiederherstellung der Zahlungsfähigkeit Deutschlands gewährleistet werden. Dies funktionierte eine Zeitlang recht gut und wurde erst 1929, als klar wurde, dass Deutschland seinen Zahlungen trotz allem nicht mehr nachkommen konnte, durch den »Young Plan« ersetzt. Ein weiteres wichtiges Ergebnis der Außenpolitik von Calvin Coolidge war der »Briand-Kellogg-Pakt«, mit dem gemeinsam mit dem französischen Außenminister, Aristide Briand, und dem Außenminister der USA, Frank Kellogg, ein Kriegsächtungspakt entwickelt worden war. Darin verurteilten am 27. August 1928 sechzig Vertragsteilnehmer, darunter auch die UdSSR, den Krieg als Mittel zur Lösung internationaler Konfliktfälle. Urgiert wurde die friedliche Beilegung und Regelung sämtlicher internationaler Streitigkeiten. Der Kriegsächtungspakt blieb zwar unverbindlich, war aber ein wichtiger Schritt in Richtung eines völkerrechtlich kodifizierten Gewaltverzichts. 1929 wurde der Vertrag von den USA ratifiziert.

Andererseits wurde aber die Kriegsflotte des Landes verstärkt, was mitverantwortlich war für das Scheitern der Genfer Abrüstungskonferenz zur Begrenzung von Kriegsschiffen. Auch die Beziehungen zu Japan, dem Hauptgegner im Fernen Osten, verschlechterten sich weiter, nachdem schon ein Immigrationsverbot für japanische Staatsbürger im Jahr 1924 zu zwischenstaatlichen Verstimmungen geführt hatte.

Calvin Coolidges Lateinamerika-Politik war ebenso widersprüchlich. Die Militärherrschaft über die Dominikanische Republik wurde 1924 beendet, allerdings intervenierten die Vereinigten Staaten in Nicaragua und stationierten bis zum Jahr 1933 Truppen in diesem Land. Ebenso übten die USA diplomatischen Druck auf Mexiko aus, das 1925 Landerwerbs- und Erdölgesetze erlassen hatte, die die Interessen von amerikanischen Investoren beeinträchtigten. Man versuchte, Mexiko zu einer Veränderung seiner politischen Linie zu zwingen, und gelangte 1928 zu einem Ausgleich mit der mexikanischen Regierung. Da die generelle Kritik lateinamerikanischer Staaten gegen die kontinuierlichen Interventionen durch die USA zunahm, sah sich Calvin Coolidge 1928 im Rahmen der Eröffnung der sechsten »Interamerikanischen Konferenz« in Havanna veranlasst, diesen Ländern ganz offiziell das Wohlwollen der USA zuzusichern.

Im »Railway Labor Act« aus dem Jahr 1926 wurden die Rechte der Eisenbahnergewerkschaften gestärkt und eine Streikschlichtungsstelle installiert. Auch in Wohnungsbau wurde zunehmend investiert. Gegen eine Hauptforderung der Farmer, den staatlichen Ankauf von überschüssigem Getreide zu regeln, legte der Präsident allerdings zwei Mal erfolgreich sein Veto ein. Calvin Coolidges Veto gegen Entschädigungszahlungen für Kriegsveteranen wurde allerdings im Kongress überstimmt.

Eine neuerliche Kandidatur für das Präsidentenamt lehnte Calvin Coolidge 1927 ab und ebnete damit Herbert Hoover den Weg für die Nominierung durch die republikanische Partei. Der Grund für die etwas überraschende Weigerung von Calvin Coolidge, noch einmal zu kandidieren, war schwer erklärbar. Vermutlich lag sie unter anderem auch in der weisen Voraussicht begründet, die nur ein Jahr später einsetzende Weltwirtschaftskrise mit seinem politischen Stil nicht mehr bewältigen zu können. Nach Ende seiner Amtszeit zog sich Calvin Coolidge nach Massachusetts zurück und veröffentliche 1929 seine Autobiographie. Er starb im Alter von sechzig Jahren unerwartet an den Folgen eines Herzinfarkts.

HERBERT HOOVER

* 10. August 1874 in West Branch, Iowa
† 20. Oktober 1964 in New York City

31. Präsident der USA (1929–1933) – Republikaner

> *»Zwanzig Millionen Menschen verhungern. Wie immer*
> *ihre Politik ist, sie sollen zu essen bekommen.«*
>
> (HERBERT HOOVER AUF DIE FRAGE NACH SEINEN
> BESTREBUNGEN, 1921 HILFESTELLUNG FÜR DIE HUNGERSNOT
> IM BOLSCHEWIKISCHEN RUSSLAND ANZUBIETEN)

Herbert Clark Hoovers Familie hatte ihre Wurzeln in Deutschland und der deutschsprachigen Schweiz. Er wurde als erster Präsident westlich des Mississippi, im Bundesstaat Iowa, geboren. Seine Eltern waren Quäker, und Herbert Hoover und die beiden Geschwister wurden ganz im Sinne dieser Glaubensgemeinschaft zu harter Arbeit und einem friedlichen, gottgefälligen Leben erzogen. Der Vater verdiente den Lebensunterhalt für die Familie als Schmied und Farmer. Herbert Hoover verlor sehr früh beide Eltern und wuchs bei Verwandten in Oregon auf. Anfangs half er auf deren Farm mit und verrichtete später Büroarbeiten in der Firma seines Onkels. Am Abend besuchte er Kurse in Buchhaltung, Maschineschreiben und Mathematik.

1891 begann er mit dem Studium des Bergbauingenieurwesens an der neu gegründeten Stanford University und schloss dieses erfolgreich ab. Daraufhin war er als international sehr angesehener Bergbauingenieur tätig. Sein Beruf führte ihn bis nach England, Australien und China. 1899 heiratete er seine Studienkollegin Lou Henry, und einige Jahre später wurden die beiden Söhne Herbert und Allan geboren.

1909 gründete Herbert Hoover eine eigene Beratungsfirma und übernahm Lehraufträge an der Stanford und der Columbia University. Geschicktes Agieren und geschäftliches Know-how machten ihn schnell zum Millionär und brachten ihm zudem die Reputation eines hervorragenden Ingenieurs und Technikers ein.

Zur Zeit des Ausbruches des Ersten Weltkrieges hielt sich Hoover in London auf und wurde nach dem Kriegseintritt der USA von Präsident Woodrow Wilson mit der Direktion der Food Administration betraut, die sich um die Lebensmittelversorgung der Alliierten im Krieg, aber auch der Menschen in den USA kümmerte. Er rief die Bevölkerung zu »Meatless Mondays« und »Wheatless Wednesdays« auf und empfahl den Anbau von Obst und Gemüse in den eigenen Gärten.

Nach Ende des Krieges war Herbert Hoover auch verantwortlich dafür, im Rahmen der American Relief Administration Lebensmittellieferungen nach Europa zu organisieren und die Nahrungstransporte nach Russland zu verwalten. Herbert Hoover hatte sich durch diese Aktivitäten einen hervorragenden Ruf erworben, weshalb sich sowohl Demokraten und auch Republikaner an ihn wandten, um ihn für eine Kandidatur bei den Präsidentschaftswahlen zu gewinnen. Er hatte 1912 die Kandidatur Theodore Roosevelts für die Progressive Party unterstützt und schloss sich der Republikanischen Partei an. Auf eine eigene Kandidatur verzichtete er allerdings.

Der neue Präsident Warren G. Harding machte Herbert Hoover 1921 zu seinem Handelsminister. Diese Tätigkeit übte er auch unter der nachfolgenden Präsidentschaft von Calvin Coolidge aus. Herbert Hoover sprach sich gegen regulierende bundestaatliche Eingriffe in die Wirtschaft aus. Er unterstütze die Symbiose der Geschäftswelt und des Staates und initiierte staatliche Förderungen für die Entwicklung der wirtschaftlichen Infrastruktur. Unter seiner Verantwortung wurde in Straßenbau, Luftverkehr und Energiepolitik investiert.

1928 wurde Herbert Hoover am Nationalkonvent der Republikaner als Präsidentschaftskandidat nominiert. Seine Kandidatur war nicht unumstritten, da ihn Nationalisten aufgrund seines langen Aufenthaltes im Ausland ebenso ablehnten, wie die Farmer, die seine Agrarpolitik kritisierten. Sein Ruf als genialer Technokrat und die umfassende Wirtschaftserfahrung verhießen aber eine Fortsetzung der »Prosperity«, also des wirtschaftlichen Wachstums und Wohlstandes. Wegen der nach wie vor anhaltenden guten Wirtschaftslage und der uneinigen Demokraten konnte Herbert Hoover die Präsidentschaftswahlen 1928 mit großer Mehrheit für sich entscheiden.

Gleich nach Amtsantritt unternahm er eine Reise nach Lateinamerika, um dort die Angst vor Interventionsabsichten der USA zu beseitigen. Sein Ziel war es, eine Politik der »guten Nachbarschaft« zu führen. Innenpolitisch verfolgte er eine Reihe von progressiven Reformen und setzte sich für eine neue Arbeitsgesetzgebung, Bildungs- und Gesundheitsprogramme für Indianer und eine Gefängnisreform ein.

1929 begann allerdings die Weltwirtschaftskrise, die auch die USA in große wirtschaftliche Probleme stürzte. Gründe für die »Great Depression« waren großangelegte Börsenspekulationen, die Ungleichverteilung des Wohlstandes im Land, Produktionsüberschüsse, Bankpleiten und ein Rückgang des internationalen Handels. Die Arbeitslosigkeit stieg rapide an, und viele Farmer verloren ihr Grundeigentum. Der Außenhandel ging massiv zurück, und die Industrieproduktion stagnierte. Herbert Hoover und sein Kabinett reagierten mit einer konservativen Wirtschafts- und Sozialpolitik. Ein zu hohes Maß an finanzieller Unterstützung an die verarmte Bevölkerung wurde als negativ für den amerikanischen Individualismus und als Gefährdung der Moral angesehen. Das Ausmaß und die Dauer der »Great Depression« wurden von der Regierung allerdings vollkommen unterschätzt, und der Glaube an den automatischen Wiederaufschwung der kapitalistischen Wirtschaft erwies sich als trügerisch. Viel zu lange wurde mit Maßnahmen zur Bekämpfung der Krise gewartet. Ein fehlendes staatliches Programm für öffentliche Aufträge und ein Mangel an Arbeitslosenunterstützung trafen die breite Masse sehr hart. Erst ab 1930 begannen langsam, öffentliche Mittel zur Krisenbekämpfung zu fließen, wobei die staatlichen Zuwendungen an private Hilfsorganisationen zu gering waren und die Not vieler Menschen nur wenig milderte. Herbert Hoover verlor stark an Ansehen bei der Bevölkerung. Daran änderte auch die Bereitstellung von Mitteln für öffentliche Arbeitsprogramme im Straßen-, Brücken- und Flughafenbau nichts mehr. Eine katastrophale Fehlentscheidung war es auch, hohe Schutzzölle zu favorisieren, da dies schlimme Auswirkungen auf den Welthandel hatte. Herbert Hoovers wirtschaftspolitische Maßnahmen unterstützten mehr die Konzerne, als dass sie positiv regulierend auf die Wirtschaft eingewirkt hätten. Der soziale Bereich blieb zudem auch weiterhin fast vollkommen von staatlicher Unterstützung ausgespart. Dazu kam, dass Herbert Hoover und seine Frau immer wieder teure Empfänge im Weißen

Haus gaben. Diese finanzierten sie zwar ausschließlich aus ihrem privaten Vermögen, trotzdem zogen sie den Zorn der weitgehend verarmten Bevölkerung auf sich. Daran änderte auch die Tatsache nichts, dass Herbert Hoover sein gesamtes Präsidentengehalt für wohltätige Zwecke spendete.

Außenpolitisch versuchte der »Young-Plan« von 1929 die finanziellen und politischen Verhältnisse in Europa weiter zu stabilisieren. Dieser hatte den »Davis-Plan« abgelöst und die deutschen Reparationszahlungen neu geregelt, in dem sie erheblich reduziert und die Zahlungsfrist verlängert wurde. Nach einem vollständigen Zusammenbruch der Reparations- und Kriegsschuldenzahlungen wurden sie auf Herbert Hoovers Anweisungen hin ausgesetzt. In diesem Zuge wurde auch das Rheinland von den Alliierten geräumt.

Herbert Hoover sprach sich gegen die Anerkennung der UdSSR aus, setzte allerdings dem Flottenwettrüsten mit Großbritannien ein Ende. Er war auch bestrebt, die Beziehungen zu Lateinamerika weiter zu verbessern. Die Interventionen in Nicaragua wurden beendet und die US-Marine aus Haiti abgezogen. Zur weiteren Entlastung des Staatshaushaltes gelang es Herbert Hoover 1930, Großbritannien und Japan nochmals von der Sinnhaftigkeit einer Flottenabrüstung zu überzeugen. Ähnliche Verhandlungen für den Landbereich scheiterten allerdings bei der Genfer Abrüstungskonferenz von 1932. Herbert Hoover legte zwar einen umfassenden amerikanischen Abrüstungsvorschlag vor, der darauf abzielte, chemische Waffen, Panzer und schwere Artillerie abzuschaffen und nationale Rüstungsproduktionen weiter zu reduzieren, blieb mit seinen Vorschlägen allerdings erfolglos.

Als 1931 die Japaner die nordostchinesischen Provinzen eroberten, reagierten Präsident Herbert Hoover und sein Außenminister Henry Stimson mit der »Hoover-Stimson-Doctrine«. Darin bekräftigten sie die Haltung der USA, Situationen nicht anzuerkennen, die mit militärischer Gewalt erzwungen worden waren. Dies wurde in Einklang mit dem »Briand-Kellogg-Pakt« gesehen und war ein klarer symbolischer Akt für die Ächtung von Krieg.

Obwohl Herbert Hoover während seiner Präsidentschaft viele Fehler unterlaufen waren und sein Ansehen darunter massiv gelitten hatte, wurde er 1932 neuerlich zum republikanischen Präsidentschaftskandidaten nominiert. Sein demokratischer Gegenspieler war Franklin D. Roosevelt, der Reformen speziell für die breite verarmte Bevölkerung versprach. Diesen Aussichten auf einen »New Deal« leisteten die Amerikaner Folge und wählten ihn zum neuen Präsidenten. Herbert Hoover verlor mit einer der schwersten Wahlniederlagen in der Geschichte der Republikanischen Partei. 1936 nahm er einen neuen Anlauf für eine Präsidentschaftskandidatur, wurde aber von den Republikanern nicht nominiert. Er war dann allerdings ein massiver Kritiker der Reformen, die unter dem New-Deal-Konzept von Franklin Roosevelt initiiert wurden, und verurteilte sie als unamerikanisch und sozialistisch. Er sprach sich weiterhin für eine Nichteinmischung der USA in europäische Konflikte aus und warnte vor dem Einsatz der Atombombe. Auch einer militärischen Invasion der USA in Korea und Vietnam konnte er nichts abgewinnen. 1946 betraute ihn Präsident Harry Truman ein weiteres Mal mit der Organisation einer Lebensmittelhilfe für Europa. 1964 starb Herbert Hoover neunzigjährig in New York und wurde in seinem Heimatort West Branch in Iowa beigesetzt.

Franklin Delano Roosevelt

* 30. Januar 1882 in Hidepark, New York
†12. April 1945 in Warm Springs, Georgia

32. Präsident der USA – (1933–1945) – Demokrat

>*Der Test für unseren Fortschritt ist nicht, ob wir mehr zum
Überfluss jener hinzufügen, die viel haben; er ist, ob wir
jenen genug zur Verfügung stellen, die zu wenig haben.*«

(Franklin D. Roosevelt bei seiner zweiten
Inaugurationsrede am 20. Januar 1937)

Franklin D. Roosevelt war der Nachkomme einer wohlhabenden
Familie aus New York, die ursprünglich aus den Niederlanden
stammte und weitläufig verwandt war mit dem 26. Präsidenten
der Vereinigten Staaten, Theodore Roosevelt. Als einer der bedeutendsten Präsidenten der USA wurde er als einziger vier Mal gewählt und war mit insgesamt zwölf Jahren im Amt der am längsten
dienende Präsident in der Geschichte der USA. Schon seine Eltern
waren überzeugte Demokraten. Dennoch hatte sein Vater nie ein
politisches Amt angestrebt.

Franklin D. Roosevelt wurde am 30. Januar 1882 in Hyde Park,
New York, geboren und viele Jahre lang von Privatlehrern unterrichtet. Kontakt mit anderen Kindern hatte er in dieser Zeit wenig
und wusste auch nichts über die Härten des Lebens, denen andere,
weniger begüterte Menschen ausgesetzt waren. Dafür unternahm
er mit seiner Familie häufig Reisen nach Europa. Ab 1896 besuchte
Franklin D. Roosevelt eine vornehme Privatschule in Massachusetts.

Anschließend studierte er von 1900 bis 1904 an der Harvard
University Geschichte und Politikwissenschaft und setzte seine
Studien im Fach der Rechtswissenschaften an der Columbia University in New York fort. 1907 erhielt er die Zulassung als Rechtsanwalt und begann, in einer Anwaltspraxis in New York City zu
arbeiten.

1905 heiratete Franklin D. Roosevelt seine entfernte Cousine, Eleanor Roosevelt, eine Nichte von Präsident Theodore Roosevelt. Sie war eine sehr engagierte Frauen- und Bürgerrechtlerin und wie ihr Mann eine überzeugte Demokratin. Als First Lady engagierte sie sich später für soziale Probleme, gab eigene Pressekonferenzen und gestaltete täglich eine Zeitungskolumne. Das Ehepaar hatte sechs Kinder, von denen zwei Söhne später als Kongressabgeordnete erfolgreich waren und ein weiterer als Bürgermeister ebenfalls ein politisches Amt bekleidete.

Franklin D. Roosevelts Interesse am Beruf des Rechtsanwaltes war gering, weshalb er sich für eine politische Karriere entschied. Von 1910 bis 1913 war er als Senator des Staates New York in Albany tätig. Er setzte sich für Natur- und Umweltschutz sowie für soziale Reformen ein. Im Jahr 1912 unterstützte er Woodrow Wilson während dessen Präsidentschaftskandidatur. Dieser berief ihn ein Jahr später in das Marineministerium, wo er bis 1920 tätig war. Er sprach sich für die Verstärkung der Flotte, den Eintritt der USA in den ersten Weltkrieg und für Interventionen in Mittelamerika aus. Ein Versuch, 1914 einen Sitz im Bundessenat zu bekommen, scheiterte. Politisch machte sich Franklin D. Roosevelt einen Namen als progressiver Demokrat. Wie Woodrow Wilson sprach er sich für den Beitritt der USA zum Völkerbund aus, was aber vom US-Senat abgelehnt wurde.

Nach einer Affäre mit der Sekretärin seiner Frau, Lucy Mercer, bot ihm Eleanor Roosevelt die Scheidung an, die er aus beruflichen Überlegungen ablehnte. Dies hätte nämlich das Ende seiner politischen Karriere bedeutet.

Im Wahlkampf von 1920 trat er an der Seite von James N. Cox als Kandidat für die Vizepräsidentschaft an. Er musste aber gemeinsam mit seiner Partei eine empfindliche Niederlage einstecken, da Calvin Coolidge und Charles Gates Dawes die Wahl gewannen. Franklin D. Roosevelt kehrte zum Anwaltsberuf zurück und war auch als Vizepräsident einer Finanzgesellschaft tätig. 1921 erkrankte er an einem schweren Nervenleiden und war eine Zeit lang fast völlig bewegungsunfähig. Damals war er auf Beinschienen und einen Rollstuhl angewiesen. Die schwere Krankheit unterbrach vorerst auch weitere politische Ambitionen, und erst 1926 entschied er sich dazu, seine politische Karriere fortzusetzen.

Er bewarb sich 1928 erfolgreich um das Gouverneursamt in New York. Schon im Wahlkampf versprach er, sich für Verbesserung der Situation der Farmer, Reformen im Gesundheits- und Bildungswesen, die Schaffung einer Altersfürsorge und eine aktive Außenpolitik einzusetzen. Trotz schwerer Krankheit und an den Rollstuhl gefesselt wirkte er auf die Wähler optimistisch und voller Lebensfreude, was ihm viele Sympathien verschaffte. Beraten wurde er vom »Brains Trust«, einem Stab von liberalen Professoren der Harvard und Columbia University. Er setzte als Gouverneur von New York alles daran, seine Wahlversprechen einzuhalten, scheiterte aber häufig am Widerstand der Republikaner, die die Mehrheit im New Yorker Parlament hatten. Franklin D. Roosevelt betrieb viel Öffentlichkeitsarbeit und verwendete besonders gerne das Radio, um den Wählern seine politischen Ziele zu vermitteln. So wurde er 1930 abermals zum Gouverneur von New York gewählt und stärkte damit seine Popularität. New York blieb von den Auswirkungen der Weltwirtschaftskrise nicht verschont, und so wurde 1931 ein Notprogramm verabschiedet. Die Arbeitslosen erhielten Geld vom Staat New York, die Einkommenssteuern wurden auf fünfzig Prozent erhöht und damit lokale Hilfsprogramme finanziert.

1932 nominierten die Demokraten Franklin D. Roosevelt als Präsidentschaftskandidaten. Er versprach, im Falle des Wahlsieges der krisengeschüttelten Bevölkerung zu helfen. Dazu kündigte er einen »New Deal« für das amerikanische Volk an. Dieser Begriff sollte zum Schlagwort für seine Reformpolitik werden. Franklin D. Roosevelt gewann die Wahl mit großem Vorsprung und die Demokraten erzielten auch im Senat und im Repräsentantenhaus die Mehrheit.

Am 15. Februar 1933 wurde Franklin D. Roosevelt Opfer eines Attentats in Miami, Florida, welches von einem verarmten italienischen Einwanderer aus Protest gegen die große Not der Massen im Land verübt wurde. Franklin D. Roosevelt selbst blieb zwar unverletzt, aber der Bürgermeister von Chicago, Anton Cermak, der ihn begleitet hatte, wurde getötet.

Wenig später trat Franklin D. Roosevelt das Amt des Präsidenten der USA an. Die Politiker seiner Regierung unterstützten seinen Reformkurs. Erstmalig war mit Arbeitsministerin Frances Perkins auch eine Frau Mitglied des Kabinetts. Die Arbeitslosigkeit war in der Zwischenzeit weiterhin gestiegen, die Banken steckten in einer akuten Krise, und viele Farmer standen vor dem Nichts. Eine erste Maßnahme war es, mehr Arbeitsplätze zu schaffen und die

Kaufkraft der Bevölkerung zu stärken. Kinderarbeit wurde verboten, das Versammlungsrecht von Gewerkschaften garantiert und ein Arbeitsbeschaffungsprogramm verabschiedet. Den Farmern wurden staatliche Prämien für Anbaubeschränkungen bezahlt, und durch die Abwertung des Dollars verbesserten sich die Bedingungen für den amerikanischen Export. Aufgrund der vielen Sozialmaßnahmen war Franklin D. Roosevelts Popularität bei der amerikanischen Bevölkerung sehr groß. Obwohl sein Programm durchaus einer kapitalistischen Grundhaltung verpflichtet war, war er dennoch bestrebt, den Einzelnen vor dem Missbrauch der privaten wirtschaftlichen Macht zu schützen.

Der Einfluss der Geschäftswelt auf die Politik ging unter der demokratischen Ära zurück. Dagegen gewann das Konzept der sozialen Gerechtigkeit immer mehr an Bedeutung in der Politik von Franklin D. Roosevelt. Aus diesem Grund entschloss er sich zum zweiten »New Deal«. Dadurch verbesserte sich 1935 die Rechtsstellung der Gewerkschaften, und ein Sozialversicherungsgesetz führte zum ersten Mal im ganzen Land Unterstützungsleistungen für Alte, Behinderte und Arbeitslose ein. Außerdem gab es ein weiteres Arbeitsbeschaffungsprogramm, durch welches mehrere Millionen Arbeitslose Beschäftigung fanden. Mit einem Wohnungsgesetz wurden Slums saniert, und 1938 Mindestlöhne eingeführt. Bis 1940 sollte schrittweise die 40-Stunde-Woche eingeführt werden, und abermals wurde Kinderarbeit verboten. Aufgrund dieser sozialen Reformen errang Franklin D. Roosevelt bei der Präsidentschaftswahl im Jahr 1936 einen Erdrutschsieg.

Die Bestrebungen des Präsidenten, das Höchstgericht zu reformieren, scheiterten am Widerstand in der eigenen Partei und an der Ablehnung durch die Öffentlichkeit. In den Jahren 1937/38 kam es zu einer weiteren Wirtschaftskrise, die die Industrieproduktion reduzierte und die Arbeitslosigkeit steigen ließ. Auch die Agrarkrise verschärfte sich wieder. Damit war es auch der Administration Franklin D. Roosevelts nicht gelungen, weitere Wirtschaftskrisen zu verhindern. Die Arbeitslosigkeit konnte trotz allem verringert und die Krise der Farmer vermindert werden. Die Gesetze für die Unterstützung sozial schwacher Menschen in den USA hatten zudem richtungsweisenden Charakter.

Außenpolitisch setzte der Präsident auf gute Nachbarschaft und gleichberechtigte Beziehungen zu anderen Ländern. Er war ein Gegner der europäischen Diktaturen unter Hitler und Mussolini, aber auch des japanischen Kaisers, und forderte in einer viel beachteten Rede 1937, das Deutsche Reich, Italien und Japan unter politische »Quarantäne« zu stellen. Franklin D. Roosevelt nannte zwar diese Staaten nicht explizit, ließ aber keinen Zweifel daran, wen er damit meinte. Außerdem befürwortete er den »Morgenthau-Plan« und dessen Empfehlung einer Bombardierung Deutschlands durch die Nachbarstaaten.

Franklin D. Roosevelt wandte sich gegen nationalistische Bestrebungen und vertrat die Überzeugung einer wechselseitigen globalen Abhängigkeit aller Staaten. Er verstand die »One World« als Ausgangspunkt seiner politischen Überlegungen. Es verwundert nicht, dass er sich sehr für eine gerechte Nachkriegsordnung einsetzte und die Gründung der Vereinten Nationen 1945 in San Francisco massiv unterstützte. Franklin D. Roosevelt entschied sich auch zu einer Politik der guten Nachbarschaft mit Lateinamerika und zur Aufnahme diplomatischer Beziehungen mit der UdSSR im Jahre 1933.

1935 wurden Neutralitätsgesetze auf Initiative der Isolationisten im Kongress verabschiedet, die die USA im Falle von Kriegen zur strikten Nichteinmischung und zu einem Waffenembargo gegenüber den kriegführenden Nationen verpflichtete. Franklin D. Roosevelt unterschrieb diese Gesetze trotz persönlicher Bedenken aus innenpolitischen und wahltaktischen Überlegungen. Öffentlich verurteilte er mehrfach die Politik Nazideutschlands und sprach sich gegen Krieg aus. Er empfahl allerdings ein weiteres Mal, die Aggressoren unter Quarantäne zu stellen. Dennoch unterstützte seine Administration die britische Appeasement-Politik gegenüber Hitler. 1939 versuchte Franklin D. Roosevelt ein weiteres Mal, den Senat zu überzeugen, die neutrale Ausrichtung der USA zu verändern. Argumentativ stützte er seine Forderung auf die Erkenntnis, dass ein deutscher Angriff auf Frankreich auch amerikanische Sicherheitsinteressen beeinträchtigen würde. Die amerikanische Verteidigung von Westeuropa vor einem deutschen Angriff wurde aber von den isolationistischen Senatsmitgliedern, die die Mehrheit hatten, abgelehnt. 1939 verfolgte man daher eine Politik der Nichteinmischung in Europa, und als der zweite Weltkrieg ausbrach, verkündeten die Vereinigten Staaten ihre Neutralität. Dennoch befahl Franklin D. Roosevelt, die Streitkräfte zu verstärken. Er erkannte die drohende Gefahr, die sich aus dem Sieg der faschistischen Achsenmächte für die ganze Welt und somit auch die globalen Interessen der USA ergeben hätte. Daher war er nicht mehr bereit, die USA in jedem Fall aus dem Krieg heraus zu halten, sondern erachtete die Unterstützung der europäischen Westmächte, allen voran Großbritanniens, für unbedingt erforderlich. Dies sollte zunächst im Rahmen wirtschaftlicher Maßnahmen erfolgen. Am 4. November 1939 überzeugte Franklin D. Roosevelt erfolgreich den Kongress, die Neutralitätsgesetze abzuändern. Amerikanische Waffenverkäufe an die kriegführenden Mächte wurden nun gestattet, was die Westmächte sehr unterstützte. 1940 wurde zudem die Wehrpflicht in den USA eingeführt.

1940 gewann Franklin D. Roosevelt zum dritten Mal die Präsidentschaftswahl mit klarem Vorsprung, wobei er mit der seit George Washington geübten Tradition einer nur zweimaligen Kandidatur brach. Die Zusammenarbeit mit dem britischen Premierminister Winston Churchill wurde weiter verstärkt. Franklin D. Roosevelt sagte Großbritannien schließlich die Unterstützung der USA zu, um einen Sieg der Achsenmächte zu verhindern.

Diese Wende in der Haltung der USA führten zum japanischen Angriff auf den US-Flottenstützpunkt Pearl Harbor auf Hawaii und zur deutschen Kriegserklärung vom 11. Dezember 1941. Franklin D. Roosevelt trat auf der Seite von Großbritannien und der Sowjetunion in den Krieg ein. Unmittelbar nach Kriegsausbruch wurde angeordnet, 100.000 japanisch-stämmige Amerikaner zu internieren, was eine große menschliche Fehlentscheidung von Präsident Franklin D. Roosevelt war. Italienisch- und deutschstämmige Amerikaner blieben von solchen Maßnahmen allerdings verschont.

1940 kam es zu einer Umorganisierung des FBI, welcher durch die Gründung der »Special Intelligence Services« zu einem weltweit operierenden Geheimdienst ausgeweitet wurde. Primäres Augenmerk im Krieg wurde auf das Deutsche Reich gelegt, welches als Hauptfeind galt. 1941 wurden die Guthaben der Deutschen, der Italiener und der Japaner in den USA eingefroren. Als die Deutschen die Sowjetunion überfielen, sprach Franklin D. Roosevelt Russland Hilfe zu.

Die USA waren nun vollständig in den zweiten Weltkrieg involviert. Gemeinsam mit Winston Churchill und Stalin ging Amerika gegen Adolf Hitler vor. Auf der Konferenz von Casablanca forderte Franklin D. Roosevelt gegen Winston Churchills anfängliche Bedenken 1943 die bedingungslose militärische Kapitulation des Deutschen Reiches. Am 14. August 1941 wurde die Atlantik-Charta veröffentlicht, die die Grundlage für eine Nachkriegsordnung war und auf vier Freiheiten gründen sollte. Diese waren die Freiheit der Rede und der Meinungsäußerung, die Religionsfreiheit, die Freiheit von Not und die Freiheit von Furcht vor kriegerischen Auseinandersetzungen. All dies sollte überall auf der Welt Gültigkeit haben und war auch ein Aufruf zur weltweiten Abrüstung. Diese Atlantik-Charta sollte später auch in die Grundsätze der Vereinten Nationen einfließen.

Innenpolitisch verfolgte Franklin D. Roosevelt nach Kriegsende das Ziel, seine Reformpolitik fortzusetzen. 1944 wurden den Angehörigen der Streitkräfte in der sogenannten »G.I.-Bill of Rights« finanzielle Zuwendungen für berufliche Ausbildungen zugesprochen.

1944 bewarb sich Franklin D. Roosevelt zum vierten Mal für das Amt des Präsidenten. Er siegte wiederum, allerdings mit einem weitaus geringeren Vorsprung. Damit hatte er sich abermals über die von George Washington eingeführte freiwillige Selbstbeschränkung hinweggesetzt. Erst seit 1951 gilt nämlich eine offizielle Begrenzung auf eine einmalige Wiederwahl. Franklin D. Roosevelt war bei der Konferenz von Teheran 1943 und der Konferenz von Jalta im Februar 1945 über die Neugestaltung Europas nach dem Krieg zu einigen Zugeständnissen an Stalin bereit, um auch die Sowjetunion in die Weltorganisation der Vereinten Nationen einzubinden. Nur so sah er eine Chance auf dauerhaften Weltfrieden.

Sein Gesundheitszustand verschlechterte sich immer mehr und kurz vor dem Ende des zweiten Weltkrieges starb er am 12. April 1945 im Alter von nur dreiundsechzig Jahren in Georgia an einer Gehirnblutung. Am selben Tag folgte ihm Vizepräsident Harry S. Truman im Präsidentenamt. Damit erlebte Franklin D. Roosevelt den Sieg über das nationalsozialistische Deutschland und Japan nicht mehr.

HARRY S. TRUMAN

* 8. Mai 1884 in Lamar, Missouri
† 26. Dezember 1972 in Kansas City Missouri

33. Präsident der USA (1945–1953) – Demokrat

»*Das ist das größte Ereignis der Weltgeschichte.*«

(HARRY S. TRUMAN ZUM ABWURF DER ATOMBOMBE
AUF HIROSHIMA UND NAGASAKI 1945).

Harry S. Truman wurde am 8. Mai 1884 in Lamar, Missouri, im Mittleren Westen der USA, geboren. Er entstammte einer Farmer-Familie und übte nach dem Besuch der öffentlichen Schule in Independence, Missouri, verschiedene Jobs aus. So war er als Zeitungspacker, Buchhalter oder Bankangestellter tätig und arbeitete auf Bitten seines Vaters auf der Familienfarm mit. Er war schon in frühen Jahren sehr belesen und spielte leidenschaftlich gerne Klavier.

Sein eigentlicher Wunsch war ein Studium an der Militärakademie in West Point, wo er allerdings keine Chance auf Aufnahme hatte, da er an einem starken Sehfehler litt. Harry S. Truman kehrte auf die Farm zurück und unterwarf sich wieder den Direktiven des Vaters. Erst als dieser 1914 starb, bedeutete das etwas mehr Freiheit für den Sohn. Bei spekulativen Investitionen in Zink und Öl verlor er allerdings gleich einmal viel Geld.

Ab 1916 diente er freiwillig in der US-Army und nahm am ersten Weltkrieg teil. 1919 verließ er die Armee, kehrte nach Hause zurück und heiratete Elisabeth Virginia Wellis, eine Jugendfreundin aus Independence, Missouri. Wenig später wurde ihre Tochter geboren. 1919 führte Harry S. Truman gemeinsam mit einem Partner ein Geschäft in Kansas City, das 1922 bankrottging. Daraufhin wechselte er in die Politik. Mit Hilfe eines einflussreichen Mitglieds der Demokraten, Tom Pendergast, wurde er zum Verwaltungsleiter von Jackson County, Missouri. Gleichzeitig studierte er an der Kansas City Law School.

Und 1934 wurde Harry S. Truman demokratischer Senator im Bundessenat. Er sprach sich für die »New Deal«-Politik von Präsident Franklin D. Roosevelt aus und setzte sich aktiv für die Rechte der Gewerkschaften und gegen die Diskriminierung schwarzer Amerikaner ein. Am Ende des Zweiten Weltkriegs war er Leiter des Senatsausschusses für die Überwachung der Kriegsproduktion. Dabei unterband er Korruptionsversuche und Verschwendungen, was die Effizienz in der Kriegsindustrie steigerte.

1944 wurde Harry S. Truman am Nationalkonvent der Demokraten als überraschende Kompromisslösung zum Vizepräsidentschaftskandidaten an der Seite von Franklin D. Roosevelt nominiert und übernahm nach dessen Wahlsieg dieses Amt. Nach dem überraschenden Tod Franklin D. Roosevelts wurde Harry S. Truman am 12. April 1945 der 33. Präsident der Vereinigten Staaten.

Er war ein Verfechter einer aktiven Globalpolitik der USA und überzeugt davon, dass es notwendig sei, feindlichen Staaten militärisch entgegenzutreten. Am 8. Mai 1945 kapitulierte Deutschland, womit der Krieg in Europa endete. Im Juni erfolgte die Gründung der Vereinten Nationen und im Juli 1945 war Harry S. Truman ein Teilnehmer der Potsdamer Konferenz, wo das gemeinsame Vorgehen der Alliierten gegen Deutschland festgelegt wurde. Im selben Monat gab Harry S. Truman auch den Befehl für den Abwurf der amerikanischen Atombomben gegen Japan. Einerseits erhoffte man sich in den USA dadurch eine schnellere Beendigung des Krieges, als dies mit einer Invasion in Japan möglich gewesen wäre, zum anderen wollte man gegenüber der UdSSR Stärke demonstrieren.

Am 2. September 1945 kapitulierte Japan. Damit war auch in Asien der Zweite Weltkrieg beendet. Gleichzeitig war dies aber der Beginn des Kalten Krieges, der zu einem wesentlichen Faktor während Harry S. Trumans Präsidentschaft wurde. Immer mehr entfernten sich die einstigen Kriegsverbündeten USA und UdSSR voneinander und gingen auf Konfrontationskurs. Große Interessenskonflikte, aber auch gesellschaftspolitische Divergenzen, sowie die wechselseitigen Ängste vor einer Expansionspolitik des anderen Landes führten zu einer neuerlichen Verschärfung der Weltlage.

Harry S. Trumans Politik unterschied sich massiv von jener Franklin D. Roosevelts. Wirtschaftsfachleute und hohe Angehörige des Militärs wurden mit Regierungsfunktionen betraut. Bei den Kongresswahlen 1946, den ersten nach Beendigungen des Krieges, erlangten die Republikaner die Mehrheit in beiden Häusern. Dadurch verstärkte sich der Einfluss der konservativen Politik. Eine Fortsetzung des »New Deal« erschien damit immer schwieriger. Beziehungen zu Stalin und der UdSSR wurden ebenfalls immer schlechter. 1946 setzten die USA ihre Atombomben-Tests im Pazifik fort, und am 12. März 1947 verkündete Harry S. Truman vor dem Kongress seine Doktrin, mit der von westlicher Seite der Kalte Krieg begonnen wurde. Die Verteidigung der freien und unabhängigen Völker gegenüber jeglicher kommunistischer Bedrohung wurde zum Ziel der amerikanischen Außenpolitik erhoben. Damit bekräftigten die USA auch ihren Anspruch auf globale Führungs- und Interventionstätigkeiten.

George C. Marshall, der frühere Stabschef der Armee und spätere Außenminister der Vereinigten Staaten, kündigte am 5. Juni 1947 das »European Recovery Program« an, das unter dem Namen »Marshall-Plan« sechzehn westeuropäische Staaten finanziell und wirtschaftlich beim Wiederaufbau nach dem Weltkrieg unterstützen und gleichzeitig in das Bündnissystem der USA eingliedern sollte. Der Kongress bewilligte den »Marshall-Plan« mit großer Mehrheit, und 1948 wurde das entsprechende Gesetz von Harry S. Truman unterzeichnet.

Wenig später, am 4. April 1949, wurde die NATO gegründet. Damit war ein amerikanisch dominiertes Militärbündnis geschaffen, das Kanada und westeuropäische, demokratische Staaten als Mitglieder hatte. Diese Politik der Bündnisse im Gegensatz zur Bruderstaaten-Ideologie der UdSSR war Teil der »Containment-Strategie«, die die Eindämmung des Kommunismus und des militärischen und politischen Einflusses der UdSSR zum Ziel hatte.

Innenpolitisch gelang es Harry S. Truman 1946 mit dem »Employment Act«, die Bundesregierung zu verpflichten, Maßnahmen zu setzen, um die Beschäftigungszahlen zu erhöhen sowie die Produktion zu stärken und die Kaufkraft zu sichern. Sämtliche diesbezüglichen Ergebnisse waren jährlich dem Kongress zu melden. 1947 wurde der Geheimdienst CIA (»Central Intelligence Agency«) gegründet, und im selben Jahr auch das »National Security Council« geschaffen, welches als Planungs- und Krisenstab fungierte.

Harry S. Truman verfolgte im Vorfeld der nächsten Präsidentschaftswahlen ein Programm des »Fair Deal«, in dessen Rahmen er weitere soziale und liberale Reformen durchführen wollte. Größere soziale Sicherheit, bessere Ausbildungsmöglichkeiten und mehr medizinische Versorgung waren die Eckpunkte. Harry S. Truman war auch bestrebt, Bürgerrechte für die schwarzen Amerikaner stärker abzusichern, die Sanierung von Slums voranzutreiben, den sozialen Wohnbau zu verstärken und die Mindestlöhne zu erhöhen.

Bei der Präsidentschaftswahl im Jahre 1948 wiesen alle Umfragen auf einen Sieg von Thomas E. Dewey hin. Dennoch gewann Harry S. Truman, dessen zweite Amtszeit, die 1949 begann, ganz im Zeichen der Kommunistenhetze stand. Sie war eng mit der Person des republikanischen Senators Josef McCarthy verbunden. Die USA jener Tage waren von einer stark antikommunistischen Atmosphäre bestimmt, was zu einer regelrechten Verfolgung vermeintlicher Kommunisten führte. Regierungsmitglieder wurden zur Loyalität dem Land gegenüber verpflichtet und jene entlassen, die man auch nur für verdächtig hielt, mit dem Kommunismus zu sympathisieren. Der Antikommunismus wurde gleichsam zur Regierungsdoktrin. So verwundert es nicht, dass Funktionäre der amerikanischen Kommunistischen Partei 1949 zu mehrjährigen Haftstrafen verurteilt wurden, da ihnen die Verschwörung mit dem Ziel des Sturzes der Regierung vorgeworfen wurde.

Das »Taft-Hartley-Gesetz«, das Gewerkschaftsaktivitäten beschränkte und Streiktätigkeiten erschwerte, sowie den Ausschluss von Kommunisten aus gewerkschaftlichen Funktionen vorsah, wurde im Kongress mit einer republikanischen Mehrheit verabschiedet, obwohl Harry S. Truman dagegen sein Veto eingelegt hatte.

1949 wurde unter Mao Tse-Tung die kommunistische Volksrepublik China gegründet, und ein Jahr später brach der Koreakrieg aus. Nach dem Zweiten Weltkrieg war Korea am 38. Breitengrad in einen nördlichen und südlichen Staat geteilt worden. Im Norden bildete sich eine kommunistische Regierung, und im Süden entstand ein antikommunistisches Regime, das von den USA unterstützt wurde. 1950 kam es zu einer Invasion Nordkoreas in den südlichen Teil, um das Land unter kommunistischer Führung wiederzuvereinigen. Unter dem Befehl von General McArthur und mit dem Mandat der Vereinten Nationen folgte ein verlustreicher Krieg in Asien, in den nach Grenzkonflikten auch China eintrat. Der Oberbefehlshaber hatte fälschlicherweise eine Involvierung Chinas ausgeschlossen und sprach sich nun für eine aggressive Kriegspolitik inklusive eines möglichen Einsatzes von Atomwaffen aus. Harry S. Truman hielt aber eine Ausweitung des Krieges für zu gefährlich und zu teuer. Er sah sich durch General McArthur kompromittiert, der der Öffentlichkeit eigene, mit dem Präsidenten nicht akkordierte Pläne präsentierte, weshalb er ihn 1951 trotz seiner großen Popularität als Kriegsheld vom Oberbefehl in Korea ablöste. Auch wenn es 1953, als Harry S. Truman schon nicht mehr im Amt war, einen Waffenstillstand gab, ist bis heute die Korea-Frage nicht gelöst.

1951 wurden zunächst Australien, Neuseeland und später die Philippinen und Japan in das amerikanische Militärbündnis, den ANZUS-Pakt, miteinbezogen. Somit gab es auch im pazifisch-asiatischen Raum Verbündete der USA. Die Rüstungsausgaben stiegen durch den Koreakrieg massiv an, und das Amerika der fünfziger Jahre war geprägt von einer Atmosphäre der Intoleranz und der politischen Hysterie. Dazu führten der kalte Krieg, der Koreakrieg und nicht zuletzt McCarthys Kommunistenhetze. Dies belastete auch die demokratische Regierung Harry S. Trumans, die immer weniger Unterstützung in der Bevölkerung fand. 1952 verzichtete er daher auf eine weitere Bewerbung als Präsidentschaftskandidat. Das geschah auch deswegen, weil im Jahr 1950 ein Attentat auf ihn ausgeübt wurde, das aber scheiterte. Als Sieger der Präsidentschaftswahlen ging letztendlich der im Zweiten Weltkrieg zu großen Ehren gekommene und daher höchst populäre General Dwight David Eisenhower hervor.

Nach der Beendigung seiner Amtsgeschäfte zog Harry S. Truman sich in seinen Heimatsort Independence, Missouri, zurück, blieb aber noch weiter als Berater für die Demokratische Partei tätig. In Independence starb er am 26. Dezember 1972 und wurde auch in seiner Heimatstadt beigesetzt.

Dwight »Ike« David Eisenhower

* 14. Oktober 1890 in Denison, Texas
† 28. März 1969 in Washington, D.C.

34. Präsident der Vereinigten Staaten
(1953–1961) – Republikaner

> »In den Beratungsgremien der Regierung müssen wir uns
> gegen den unerwünschten Einfluss der Militärindustrie wehren,
> unabhängig davon, ob dieser nachgefragt wurde oder nicht.«

(Dwight D. Eisenhower in seiner Abschiedsrede am 17. Januar 1961)

Dwight D. Eisenhower wurde am 14. Oktober 1890 in Denison, Texas, als dritter von vier Söhnen geboren. Seine Vorfahren kamen aus dem Saarland bzw. Lothringen und gehörten der Sekte der Mennoniten an. 1891 zog die Familie nach Abilene, Kansas, wo der Vater als Ingenieur arbeitete und Dwight D. Eisenhower die Schule besuchte. Nach Beendigung der Abilene High School im Jahr 1909 fehlte ihm das Geld um zu studieren. Daher bewarb er sich an der US-Militärakademie in West Point, New York, und begann 1911 mit seiner Ausbildung zum Offizier, die er 1915 abschloss.

Ein Jahr später heiratete Dwight D. Eisenhower Mamie (Marie) Geneva Doud aus Denver, Colorado. Mit ihr hatte er zwei Söhne, von denen der jüngere später ebenfalls die militärische Laufbahn einschlug, bevor er US-Botschafter in Belgien wurde.

Während des ersten Weltkrieges war Dwight D. Eisenhower Mitglied der Infanterie, wurde aber nicht für den Einsatz in Europa vorgesehen. Stattdessen bildete er in der Heimat amerikanische Panzertruppen aus. 1920 wurde er zum Major befördert. In diesem Jahr ereilte ihn auch ein schwerer Schicksalsschlag, da sein älterer Sohn dreijährig an Scharlach starb.

Von 1922 bis 1924 war Dwight D. Eisenhower als Offizier in der Panamakanalzone tätig und besuchte anschließend das renommierte Command and General Staff College, welches junge Männer für Führungsaufgaben in der Armee ausbildete.

Ab 1933 war Dwight D. Eisenhower dann mehrere Jahre lang Mitarbeiter von General McArthur und begleitete ihn auch auf einer Militärmission auf die Philippinen. 1941 übernahm er nach dem japanischen Überfall auf Pearl Harbor die Planungsabteilung des Kriegsministeriums in Washington und wurde 1942 zum Oberbefehlshaber der alliierten Landungstruppen in Nordafrika ernannt. 1943 leitete Dwight D. Eisenhower gleichfalls die Landungen in Sizilien und Süditalien und wurde noch im selben Jahr zum Oberbefehlshaber der alliierten Streitkräfte berufen. 1944 erfolgte die Invasion in der Normandie, und Dwight D. Eisenhower befehligte auch den Vormarsch auf Deutschland. Er zeichnete sich durch die geschickte Koordination der Kriegsführung der Alliierten aus, was ihm internationale Anerkennung verlieh. Nach dem Ende des Krieges wurde Dwight D. Eisenhower zum Oberbefehlshaber über die amerikanischen Besatzungstruppen in Deutschland ernannt und war als Militärgouverneur in der amerikanischen Besatzungszone tätig. In seiner Zeit in Europa hatte Dwight D. Eisenhower vermutlich eine Liebesaffäre mit der Engländerin Kay Summersby, die ihm als Fahrerin zugeteilt worden war.

1945 wurde er von Präsident Harry S. Truman zum Stabschef der Armee ernannt. In dieser Funktion organisierte er die amerikanischen Streitkräfte neu und wurde zum Fünf-Sterne-General befördert, bevor er 1948 aus dem Militärdienst ausschied. Anschließend war er einige Jahre lang Präsident der Columbia University in New York tätig. Obwohl Dwight D. Eisenhowers Welt jene des Militärs und der Ideologie der Streitkräfte war und er über keinerlei Erfahrung für die Ausübung dieser Tätigkeit verfügte, entstanden unter seiner Leitung Abteilungen für Friedensforschung und Weiterbildung.

1950 wurde er von Präsident Harry S. Truman zum NATO-Oberbefehlshaber in Europa ernannt. Nachdem er mehrere Male eine Kandidatur für das Amt des amerikanischen Präsidenten abgelehnt hatte, konnten ihn die Republikaner 1952 doch dafür gewinnen. Es gab heftige parteiinterne Kontroversen, dennoch wurde Dwight D. Eisenhower vom republikanischen Nationalkonvent als Präsidentschaftskandidat nominiert. Er sah sich selbst als Mann der Mitte zwischen konservativen und liberalen Republikanern und sprach sich während des Wahlkampfes für eine unbeschränkte freie Marktwirtschaft, für das Nichteingreifen des Staates in Wirtschaftsbelange und für eine strikte Sparpolitik zur Erzielung eines ausgeglichenen Bundeshaushalts aus.

Am 4. November 1952 wurde Dwight D. Eisenhower, obwohl er bis dahin noch nie ein politisches Amt bekleidet hatte, mit großer Mehrheit zum Präsidenten gewählt, nicht zuletzt, weil viele Wähler enttäuscht waren über die Politik von Harry S. Truman. Zudem verhalfen Dwight D. Eisenhower seine große Popularität und das Wahlversprechen, den Koreakrieg zu beenden, zum Sieg. 1953 konnte er sein Versprechen tatsächlich einlösen, und der Krieg wurde beendet.

Dwight D. Eisenhower besetzte wichtige Regierungsposten mit Konzernvertretern aus der Auto- und Rüstungsindustrie, weshalb viele innenpolitische Entscheidungen ziemlich konservativ ausfielen. Bundesstaatliche Arbeitsbeschaffungsprogramme wurden von ihm abgelehnt, und er schuf auch Lohn- und Preiskontrollen zur Wirtschaftsregulierung ab, die noch aus der Präsidentschaft Harry S. Trumans stammten. Die Steuern wurden gesenkt, und die Großindustrie erhielt wieder mehr Freiheiten und Handlungsspielräume. Eine kostenlose Polio-Impfung für alle Schulkinder wurde auch abgelehnt, woraufhin die zuständige Ministerin nach landesweiten Protesten zurücktreten musste. Die Sozialfürsorge und die Arbeitslosenunterstützung wurden allerdings erweitert, und die Mindestlöhne erhöht. Auch das Hochschulwesen kam in den Genuss bundesstaatlicher Förderungen.

Grundsätzlich war die wirtschaftliche Situation während Dwight D. Eisenhowers Präsidentschaft nicht schlecht. Die Einkommen waren gut, und die Arbeitslosigkeit recht niedrig. Der Antikommunismus in der amerikanischen Form des McCarthyismus weitete sich jedoch aus, zumal Dwight D. Eisenhower gegenüber den Machenschaften seines Parteikollegen nie öffentlich Stellung bezog. Joseph McCarthys Kampagnen führten im ganzen Land zu einer Atmosphäre der Angst. 1953 gab es weitere Verschärfungen bei den Loyalitätsbestimmungen der Mitarbeiter des Bundes und noch mehr Entlassungen aus dem Staatsdienst. Selbst Robert Oppenheimer, ein weltbekannter Atomwissenschaftler, verlor seinen Job, da er als Sicherheitsrisiko eingestuft worden war. Auch Ethel und Julius Rosenberg, die 1951 wegen Spionagetätigkeiten für die UdSSR zum Tode verteil worden waren, begnadigte Eisenhower nicht. Erst Mitte der fünfziger Jahre regte sich Widerstand gegen die Verhetzung durch McCarthy, und seine Machenschaften wurden von höchster Stelle nicht mehr mitgetragen.

Andererseits wurden unter Dwight D. Eisenhowers Präsidentschaft die Rassentrennung und Diskriminierung von Afro-Amerikanern immer stärker bekämpft und gleiche Bürgerrechte für alle eingefordert. 1954 erklärte der Oberste Gerichtshof die Rassentrennung an öffentlichen Schulen für verfassungswidrig und korrigierte seine Entscheidung von 1896, wo er bestimmt hatte, dass die Segregation gesetzeskonform wäre. 1955 initiierte Martin Luther King in Montgomery, Alabama, einen Busboykott von Afro-Amerikanern gegen die Rassentrennung im Verkehrswesen. Dwight D. Eisenhower selbst hatte eine ambivalente Haltung zur Frage gleicher Bürgerrechte für alle. Er unterstützte zwar in Washington D. C. alle Maßnahmen zur Abschaffung der Rassentrennung und schickte 1957 Bundestruppen nach Little Rock, Arkansas, um einigen Afro-Amerikanern den Besuch der High School zu ermöglichen, was zuvor vom damaligen Gouverneur Faubus abgelehnt worden war. 1957 und 1960 erließ er auch den »Civil Rights Act«, mit dem Afro-Amerikanern das Wahlrecht zugesichert wurde, was ihnen bis dahin im Süden versagt geblieben war. Allerdings wollte Dwight D. Eisenhower die Bundesregierung nicht zur allgemeinen Durchsetzung von Bürgerrechten instrumentalisieren. Somit war es nach längerer Zeit nur wenigen schwarzen Schülern möglich, im Süden der USA die Schulen der Weißen zu besuchen. Das freie Wahlrecht hatten die Afro-Amerikaner auch noch nicht wirklich.

1956 wurde Dwight D. Eisenhower wieder gewählt. Man sah in ihm damals noch eine Symbolfigur für wirtschaftlichen Aufschwung, aber auch Frieden innerhalb und außerhalb der USA. In seiner zweiten Amtszeit gab es allerdings Einbrüche bei den wirtschaftlichen Wachstumsraten, und eine Rezession war verantwortlich dafür, dass die Arbeitslosigkeit 1958 massiv anstieg. Daher waren die Wähler immer unzufriedener mit seiner Regierung, und 1960 gewann der Demokrat John F. Kennedy die Präsidentschaftswahlen.

Der kalte Krieg war in vollem Gange, und es kam während der letzten Zeit von Dwight D. Eisenhowers Präsidentschaft zu zahlreichen Krisen, aber auch wieder Phasen der Entspannung in der internationalen Lage. Dwight D. Eisenhowers Außenminister, John Foster Dulles, war ein radikaler Gegner des Kommunismus und bestrebt, die »Containment-Doktrin«, die er als zu schwach und unwirksam empfand, durch die Idee des »Rollback« des Kommunismus zu ersetzen. Auf der anderen Seite gab es aber immer mehr Stimmen in den USA, die schon Ende der fünfziger Jahre eine Verbesserung der Ost-West-Beziehungen einforderten und auf Abrüstung und Gewaltverzicht drängten. Unter der Regierung von Dwight D. Eisenhower intervenierten die USA allerdings in mehreren Krisenregionen der Welt. Der CIA war 1953 am Sturz der Regierung im Iran beteiligt, 1954 wurden von den USA eine Militärintervention in Guatemala gegen die dortige Regierung initiiert und 1958 Marinesoldaten in den Libanon geschickt, um ein Übergreifen der irakischen Revolution zu unterbinden. Außerdem wurden Vorbereitungen getroffen, um in Kuba Fidel Castros Regierung zu stürzen.

1954 wurde die Bundesrepublik Deutschland Mitglied der NATO und in Südostasien schuf man 1954 die SEATO, einen antikommunistischen Schutzpakt. Südvietnam wurde ab 1955 zu einem wichtigen amerikanischen Stützpunkt in dieser Region. Damit hatte sich die Zahl der Staaten, die direkt in einem Militärbündnis mit den USA standen, auf dreiundvierzig erhöht. Sieben weitere Länder hatten Militärabkommen oder weitere Stützpunktverträge mit den USA unterzeichnet. Trotz dieser militärischen Stärke war Dwight D. Eisenhower bestrebt, alles zu tun, um den Weltfrieden zu erhalten. Abrüstungsvorschläge wurden gemacht und eine Reihe von Abkommen war darauf ausgerichtet, die Ost-West-Beziehungen nicht unnötig zu belasten. Dazu zählten etwa der Waffenstillstand in Korea 1953 oder der österreichische Staatsvertrag von 1955.

Ein erstes bilaterales amerikanisch-sowjetisches Gipfeltreffen fand 1959 zwischen dem sowjetischen Ministerpräsidenten Nikita Chruschtschow und Präsident Dwight D. Eisenhower in Camp David statt. Mit dem Abschuss eines amerikanischen Spionageflugzeugs über der UdSSR verschlechterten sich 1960 die amerikanisch-sowjetischen Beziehungen allerdings wieder. Der Kalte Krieg war in voller Stärke neu aufgeflammt. Dwight D. Eisenhower konnte diesen zwar während seiner Amtszeit nicht beenden, allerdings gelang es ihm, eine militärische Eskalation zu vermeiden.

Nach dem Ende seiner Präsidentschaft zog sich Dwight D. Eisenhower auf seine Farm in Gettysburg, Pennsylvania, zurück. Immer wieder wurde er jedoch von den nachfolgenden Präsidenten John F. Kennedy und Lyndon B. Johnson konsultiert. Er starb am 28. März 1969 in Washington an einem Herzleiden und wurde in Abilene, Kansas, beerdigt.

JOHN F. KENNEDY

* 29. Mai 1917 in Brookline, Massachusetts
† 22. November 1963 in Dallas, Texas

35. Präsident der USA (1961–1963) – Demokrat

*»Meine amerikanischen Mitbürger, fragt nicht, was euer Land
für euch tun kann, fragt, was ihr für euer Land tun könnt.«*

(JOHN F. KENNEDY IN SEINER INAUGURATIONSREDE VOM 20. JANUAR 1961)

John F. Kennedy, den man allgemein Jack nannte, wurde am 29.
Mai 1917 in Brookline, Massachusetts, als Sohn wohlhabender
Eltern geboren. Er war das zweite von neun Kindern einer katho-
lischen Familie. Sein Vater war Multimillionär und Inhaber eines
erfolgreichen Investmentunternehmens. Unter der Regierung von
Theodore Roosevelt war dieser in den Jahren von 1937 bis 1940
Botschafter in Großbritannien. Bedingt durch mehrere Umzüge
der Familie besuchte John F. Kennedy verschiedene Privatschulen
an der Ostküste der USA. Ab 1931 ging er in die Choate School in
Wallingford, Connecticut, ein Internat für männliche Jugendliche.
Anschließend studierte John F. Kennedy an der Harvard University Politikwissenschaft und internationale Beziehungen. In seiner
Studienzeit unternahm er einige Reisen nach Europa und konnte
während der diplomatischen Tätigkeit seines Vaters in Großbritannien 1938 auch erste Arbeitserfahrungen sammeln.

1940 veröffentlichte John F. Kennedy seine universitäre Ab-
schlussarbeit unter dem Titel »Why England slept«, in der er
sich kritisch mit der britischen Appeasement-Politik befasste.
Dies brachte ihm erste Aufmerksamkeit in der Öffentlichkeit ein.
1941 wollte John F. Kennedy freiwillig in die US Army eintreten.
Gesundheitliche Probleme führten zu seiner Ablehnung. Allerdings wurde er wenig später bei der US-Marine aufgenommen.
Er erhielt eine Ausbildung in der Marine-Offiziersschule an der
North Western University in Chicago und wurde Kommandant
eines Schnellbootes im Pazifik. Dabei wurde sein Boot von einem
japanischem Zerstörer gerammt. Drei Besatzungsmitglieder star-

ben, John F. Kennedy konnte sich aber retten. Für seinen mutigen Einsatz erhielt er mehrere Auszeichnungen und wurde in den USA als Kriegsheld gefeiert.

Nach dem Tod des Bruders Joseph, der im Kriegseinsatz bei einem Flugzeugabsturz über dem Ärmelkanal ums Leben kam, waren nun die politischen Erwartungen der Familie auf ihn konzentriert. 1945 arbeitete John F. Kennedy als Journalist und berichtete von der Gründung der UNO in San Francisco und über die Potsdamer Konferenz. Ein Jahr später bewarb er sich um einen Sitz im US-Repräsentantenhaus, wo er Harry S. Trumans »Fair Deal« unterstützte, aber sein Zögern im Kampf gegen den Kommunismus in China kritisierte. Dies war der Beginn seiner politischen Laufbahn.

Seit 1953 gehörte er dem Bundessenat in Washington an, wo er seinen Heimatsstaat Massachusetts vertrat. Als Senator blieb John F. Kennedy eher unauffällig, wurde aber für diese Funktion zwei Mal wiedergewählt, nicht zuletzt auch aufgrund der hohen Summen, die der Vater in die Unterstützung der Wahlkampagnen seines Sohn investierte.

Am 12. September 1953 heiratete er Jacqueline Bouvier, mit der er vier Kinder hatte, von denen aber nur zwei das Erwachsenenalter erreichten. Sein gesundheitlicher Zustand verschlechterte sich weiter, und er musste sich einer Rückenoperation unterziehen. Seitdem war er auch gezwungen, ein Korsett zu tragen und starke Medikamente zu nehmen.

1956 misslang John F. Kennedys erster Versuch, als demokratischer Vizepräsidentschaftskandidat nominiert zu werden. Allerdings erhielt er ein Jahr später für sein Buch »Profiles in Courage« den Pulitzer-Preis. 2008 gestand jedoch Ted Sorensen, ein ehemaliger Mitarbeiter John F. Kennedys, in seinen Memoiren, dieses Buch zu großen Teilen verfasst zu haben. Der Erhalt des Pulitzer Preises erhöhte damals allerdings John F. Kennedys Bekanntheitsgrad, und er wurde zu vielen Vorträgen eingeladen.

Politisch stand John F. Kennedy in der Mitte. Senator Joseph McCarthy und seinen Verhetzungen gegenüber verhielt er sich neutral, sicher auch, da sein Bruder zeitweise für ihn arbeitete. Allerdings wandte auch er sich massiv gegen den Kommunismus.

Für die Anliegen der schwarzen Bevölkerung oder soziale Belange, etwa Programme zur Bekämpfung der Arbeitslosigkeit, engagierte sich John F. Kennedy als Senator wenig. 1958 wurde er dennoch als Senator wiedergewählt und war von da an der aussichtsreichste demokratische Präsidentschaftskandidat für die Wahlen im Jahr 1960. Erstmalig in der Geschichte der USA kam es zwischen den beiden Spitzenkandidaten, John F. Kennedy für die Demokraten und Richard Nixon für die Republikaner, zu einem Fernsehduell, welches John F. Kennedy noch größere Popularität einbrachte. Die Wahl am 8. November 1960 gewann er – wenn auch knapp.

John F. Kennedy hielt als Präsident weiter an der Politik der Stärke, an den Zielen des Kalten Krieges und am Ausbau der NATO fest. Dennoch versprach er bei seiner Antrittsrede auch, dass er sich um Frieden mit der UdSSR bemühen würde und Vorschläge zur Rüstungskontrolle vorlegen wolle. Seine Präsidentschaft war dann allerding von einer Reihe außenpolitischer Krisen gekennzeichnet. Die Invasion Kubas mit dem Ziel, die Regierung von Fidel Castro zu stürzen, scheiterte 1961 in der Schweinebucht und wurde zu einem militärischen und politischen Debakel für die USA. Die Krise barg durchaus Potenzial für eine massive Eskalation mit der UdSSR in sich. Wenige Monate später traf sich John F. Kennedy mit dem sowjetischen Präsidenten Nikita Chruschtschow in Wien, wo zwar Gespräche über eine allgemeine Abrüstung erfolglos blieben, man aber doch über die Zukunft Deutschlands diskutierte und sich im Berlin-Memorandum einigte, die Stadt zu entmilitarisieren. Nach dem Gipfeltreffen ordnete Walter Ulbricht mit Zustimmung Nikita Chruschtschows allerdings den Bau der Berliner Mauer an, was die Flucht von Ostdeutschen in den Westen für Jahrzehnte massiv erschweren sollte. 1963 besuchte John F. Kennedy Berlin und erklärte dort: »Ich bin ein Berliner«, womit er versuchte, die Freiheit des westlichen Teils der Stadt dem repressiven Regime im Osten gegenüberzustellen.

1962 drohte der Kalte Krieg in Kampfhandlungen auszuarten, da der amerikanische Geheimdienst herausgefunden hatte, dass die Sowjetunion Atomraketen nach Kuba verschiffte. Dies wurde als direkte Bedrohung der USA angesehen, deren Südküste nur neunzig Meilen von Kuba entfernt liegt. John F. Kennedy forderte die Entfernung der Raketen und befahl eine Seeblockade von Kuba, um weitere Lieferungen zu verhindern. Nach dreizehn Tagen einigten sich die USA und die UdSSR auf die Aufhebung der Seeblockade und die Beseitigung der Atomraketen. Zudem versicherten die USA, von einer Invasion in Kuba Abstand zu nehmen. Damit war die Kriegsgefahr gebannt. Das Debakel in der Schweinebucht veranlasste John F. Kennedy zu umfangreicher Wirtschaftshilfe und intensiver Kooperation mit Lateinamerika, um auf friedlichem Wege ein Übergreifen des Kommunismus von Kuba auf andere lateinamerikanische Länder zu verhindern.

John F. Kennedy erhöhte in signifikantem Maße die Militärpräsenz in Vietnam, um auch dort die Verbreitung des Kommunismus zu verhindern, hielt sich aber mit der Entsendung von Kampftruppen vorerst zurück. Der südvietnamesische Präsident Diem wurde mit Unterstützung des US-Geheimdienstes 1963 gestürzt, womit die USA im südostasiatischen Raum stärker denn je involviert waren. Auch die Militärhilfe für Südvietnam wurde verstärkt und 1961 befürwortete John F. Kennedy den Einsatz von Napalm und Entlaubungsmittel, was zu furchtbaren Verlusten unter der Zivilbevölkerung führte. Eine amerikanische Eliteeinheit sollte die Truppen des kommunistischen Vietkongs bekämpfen. John F. Kennedy hatte die Idee eines Einsatzes in Vietnam von der Eisenhower-Regierung übernommen. Sie hatte die sogenannte Domino-Theorie propagiert, gemäß der ein kommunistischer Erfolg in Vietnam zur Folge hätte, dass auch andere Staaten in diesem Raum dem Kommunismus zum Opfer fallen würden. 1963 bekräftige John F. Kennedy allerdings, dass der Vietnamkrieg ein Krieg der Vietnamesen sei und die USA nur bei der militärischen Aufrüstung und militärischen Beratung helfen könnten. Der Sieg gegen die Kommunisten müsste allerdings vom vietnamesischen Volk selbst erkämpft werden. Gleichzeitig war John F. Kennedy fest davon überzeugt, dass ein Rückzug der USA aus Vietnam politisch desaströs wäre, solange die Südvietnamesen nicht im eigenen Land die Vorherrschaft erringen könnten.

Die Kubakrise hatte nicht zu einer Verringerung des Wettrüstens geführt, ganz im Gegenteil nahm dieses eher noch zu. Nun war es Ziel der Kennedy-Administration, den Weltfrieden zu erhalten, weshalb es am 5. August 1963 zur Unterzeichnung eines Vertrages über ein Verbot der Atomwaffenversuche im Weltraum und unter Wasser kam. Dieses Abkommen wurde zwischen den USA, der UdSSR und Großbritannien abgeschlossen. Seit Ende des Zweiten Weltkrieges war dies der erste Schritt in Richtung Rüstungskontrolle und Entspannung. 1963 wurde eine direkte Telefonverbindung zwischen Washington und Moskau eingerichtet, um die Möglichkeit zu schaffen, in Krisensituationen schnell und unbürokratisch direkten Kontakt zwischen den beiden Regierungen aufzunehmen. John F. Kennedys politischer Handlungsspielraum war aufgrund der starken Position von konservativen Demokraten und Republikanern im Kongress nicht sehr groß. Zu seinen engsten Mitarbeitern zählten Angehörige aus reichen Kreisen der Ostküste mit direkten Verbindungen zur Wall Street. Viele Minister waren erfolgreiche Manager oder Banker gewesen. Zum Justizminister wurde John F. Kennedys Bruder Robert ernannt, wobei diese Form des Nepotismus später verboten wurde.

In der Innenpolitik war John F. Kennedy durchaus reformfreudig und bestrebt, sein Programm, das er schon im Wahlkampf vorgestellt und mit »The New Frontier« betitelt hatte, umzusetzen. Ziel war es, außenpolitisch Frieden zu schaffen und innenpolitisch die Armut zu bekämpfen. Er wollte Sozialreformen durchführen, Farmern helfen und Wohnprogramme finanzieren. 1961 kam es zu einem starken Wirtschaftsaufschwung. Eine Exportoffensive wirkte sich ebenfalls positiv aus, und Mindestlohn und Arbeitslosengeld wurden erhöht, allerdings gab es kaum Gesundheitsreformen oder Verbesserungen im Bildungswesen.

Als 1962 Übergriffe gegen Bürgerrechtsaktivisten eskalierten, zögerte John F. Kennedy einzugreifen, da er, obwohl er mit den Stimmen der Schwarzen Präsident geworden war, die Befürchtung hegte, die Unterstützung der Demokraten aus den Südstaaten im Kongress zu verlieren. Erst als die Unruhen zunahmen, schickte er Bundestruppen nach Mississippi, dem einzigen Staat, wo es noch immer die Rassentrennung im Bildungsbereich gab. Mit Hilfe des Militärs gelang es, diese an der University of Mississippi zu unterbinden, womit ein Präzedenzfall geschaffen wurde. 1963 legte John F. Kennedy dann dem Kongress einen Gesetzesentwurf für allgemeine Bürgerrechte vor. Damit wurde der Rassentrennung erfolgreich der Kampf angesagt, da der »Civil Rights Act« unter Präsident Lyndon B. Johnson ein Jahr später verabschiedet wurde. Einige Tage vor seinem Tod unterzeichnete John F. Kennedy noch das »National Security Action Memorandum Nummer 271«, welches ganz im Zeichen einer Kooperation mit der UdSSR in Weltraumangelegenheiten stand.

Am 22. November 1963 wurde er in Dallas, Texas, ermordet. Bis heute ist ungeklärt, ob John F. Kennedy Opfer einer Verschwörung oder des Einzeltäters Lee Harvey Oswald, wurde. Er wurde unter großer Anteilnahme des Volkes auf dem Nationalfriedhof in Arlington beigesetzt. Seine Wiederwahl hatte als sicher gegolten. Zum Nachfolger wurde sein bisheriger Vizepräsident Lyndon B. Johnson, der ein schweres Erbe übernahm.

John F. Kennedy wurde einerseits als Held verherrlicht, wozu nicht zuletzt sein unerwarteter tragischer Tod beitrug. Auf der anderen Seite galt er als höchst umstrittener Politiker, während dessen kurzer Amtszeit die Verwicklungen der USA in den Vietnamkrieg immer mehr zunahmen. John F. Kennedy sprach zwar oft von Frieden, unter seiner Präsidentschaft fand aber zeitweise das größte Wettrüsten statt, das es je in Friedenszeiten gab. Auch seine relativ unklare Haltung in der Bürgerrechtsfrage und sein fragwürdiger Lebenswandel mit unzähligen Affären ließen ihn häufig in einem ambivalenten Licht erscheinen. Ohne Zweifel ist sein Mythos bis heute aber ungebrochen.

Lyndon Baines Johnson

* 27. August 1908 in Stonewall, Texas
† 22. Januar 1973 in Stonewall, Texas

36. Präsident der Vereinigten Staaten
(1963–1969) – Demokrat

> *»Ich bin ein freier Mann, ein Amerikaner, ein US-*
> *Senator und ein Demokrat, in dieser Reihenfolge.«*
>
> (Lyndon B. Johnson im Vorwort zu seiner Biografie
> »The Lyndon Johnson Story« von 1964)

Lyndon B. Johnson wurde am 27. August 1908 in der Nähe von Johnson City, Texas, geboren, hatte noch vier jüngere Geschwister und wuchs in sehr bescheidenen Verhältnissen auf. Sein Vater war Farmer und Viehzüchter und hatte einige politische Ämter in seinem Bundesstaat inne. Die Mutter arbeitete als Lehrerin und Journalistin. Die Wirtschaftskrise, in der sich die USA zu dieser Zeit befanden, traf auch die Familie schwer, und sie musste die Farm verkaufen. Lyndon B. Johnson ging nach Abschluss der High School nach Kalifornien, wo er in Gelegenheitsjobs arbeitete und kehrte ein Jahr später nach Texas zurück. Dort verdiente er sein Geld noch kurz als Straßenbauarbeiter, bevor er auf Drängen der Mutter mit dem Studium der Geschichte am San Marcos College begann. Nach dem Studienabschluss wurde er zuerst Lehrer an einer Grundschule in Cotulla, Texas, die hauptsächlich von armen Kindern mexikanischer Einwanderer besucht wurde. Dann wechselte er an eine High School in Houston.

Lyndon B. Johnson war schon in frühen Jahren ein großer Anhänger der Reformpolitik von Franklin D. Roosevelt und trat der Demokratischen Partei bei. Er begann seine politische Laufbahn 1932 als Sekretär des texanischen Abgeordneten der Demokraten im Repräsentantenhaus von Washington, D. C., Richard M. Kleberg. Gleichzeitig absolviert er an der Georgetown University ein Studium der Rechtswissenschaften.

1934 heiratete Lyndon B. Johnson Claudia Alta Taylor, die seit Kindheitstagen »Lady Bird« genannt wurde und mit der er zwei Töchter hatte. Sie stammte aus wohlhabenden Verhältnissen und unterstützte aktiv seine politische Karriere.

1937 wurde Lyndon B. Johnson in das Repräsentantenhaus gewählt, nachdem er davor das Amt des Direktors der National Youth bekleidet hatte, einer Organisation, die jungen Menschen zu neuen Arbeitsplätzen verhelfen sollte. In Folge wurde er insgesamt fünf Mal wieder ins Repräsentantenhaus entsandt.

Im Zuge der »Operation Texas« setzte er sich 1938 sehr dafür ein, jüdischen Personen die legale Flucht aus dem nationalsozialistischen Deutschland in die USA zu ermöglichen. Nach dem Überfall Japans auf Pearl Harbor war Lyndon B. Johnson das erste Kongressmitglied, das sich für einen Einsatz bei der Marine meldete. 1941/42 war er kurzzeitig als Kapitän im Pazifischen Ozean im Kriegseinsatz, bevor er aus gesundheitlichen Gründen in die Heimat zurückkehrte. Bei seiner Kandidatur für den Senat unterlag er knapp. Daraufhin kehrte Lyndon B. Johnson, mittlerweile meistens LBJ genannt, ins Repräsentantenhaus zurück und unterstützte dort weiterhin die Politik von Franklin D. Roosevelt. Seine Frau Lady Bird Johnson brachte es in der Zwischenzeit zu beträchtlichem Reichtum als Unternehmerin. Sie hatte mit dem Erbe ihrer Mutter eine Radiostation in Austin, Texas, gekauft und nicht zuletzt aufgrund der Kontakte ihres Mannes war ihr Rundfunksender sehr schnell überaus erfolgreich.

1948 wurde Lyndon B. Johnson in den Senat gewählt und stieg dort bald zum Anführer der Demokraten auf. Er wandte sich immer mehr von der progressiven Politik des »New Deal« ab und entschied sich für einen gemäßigten pragmatischen politischen Stil. Er war maßgeblich an der Verfassung des »Civil Rights Act« von 1957 beteiligt, welches das erste Bürgerrechtsgesetz der USA nach dem Sezessionskrieg war, das vom Kongress verabschiedet wurde. Die Gleichberechtigung der Afro-Amerikaner war ihm sehr wichtig, und er sah in der Rassenproblematik ein ganz großes Anliegen, das es galt, möglichst schnell und nachhaltig zu lösen.

1955 erlitt Lyndon B. Johnson, der ein starker Raucher war, erst 46-jährig seinen ersten schweren Herzinfarkt und wurde zu einer längeren politischen Pause gezwungen. 1960 bewarb er sich für die Wahl zum demokratischen Präsidentschaftskandidaten. Der Wahlkampf wurde mit den finanziellen Mittel seiner Frau finanziert. Lyndon B. Johnson war jedoch der größeren Popularität John F. Kennedys nicht gewachsen. Er erklärte sich aber nach dessen Nominierung bereit, den Wahlkampf an seiner Seite zu führen und für das Amt des Vizepräsidenten zu kandidieren. Der Sieg der Demokratischen Partei in vielen Südstaaten, deren Bevölkerung John F. Kennedy eher kritisch gegenüber stand, war dann auch eindeutig Lyndon B. Johnson zuzurechnen.

John F. Kennedy und Lyndon B. Johnson siegten über Richard Nixon. Lyndon B. Johnson wurde als Vizepräsident mit vielen wichtigen Aufgaben betraut, unter anderem mit der Oberaufsicht über das amerikanische Weltraumprogramm. Auch mit Bürgerrechtsfragen war er befasst. Er unternahm viele Auslandsreisen. Lyndon B. Johnson taktierte politisch sehr geschickt, und die Kennedy-Administration war zeitweise aktiv darum bemüht, ihn nicht zu mächtig werden zu lassen. Außenpolitisch vertrat Lyndon B. Johnson eine Haltung, die ganz von der Ideologie des Kalten Krieges geprägt war, während er sich innenpolitisch durchaus für sozial- und wirtschaftspolitische Reformen stark machte.

Als John F. Kennedy 1963 ermordet wurde, rückte Lyndon B. Johnson in das höchste Amt der Vereinigten Staaten auf. Er führte das von seinem Vorgänger initiierte Programm der Konjunkturförderung und Stabilisierung der Wirtschaft weiter und beschloss 1964 eine umfassende Steuersenkung. Dies sollte die Kaufkraft der Bevölkerung steigern und die Bereitschaft der Wirtschaft erhöhen, mehr zu investieren.

Als 1964 neue Präsidentschaftswahlen anstanden, nominierten die Republikaner Senator Barry Goldwater aus Arizona als Kandidaten, der sich mit einem Programm präsentierte, das primär eine konservative Innenpolitik und einen verstärkten Einsatz der USA in Vietnam vorsah. Lyndon B. Johnson gewann die Wahl mit einem triumphalen Erfolg und konnte anfangs viele seiner geplanten Sozialprogramme durchsetzen. Hubert Humphrey aus Minnesota wurde zu seinem Vizepräsidenten. Die Mitglieder seines Kabinetts beließ Lyndon B. Johnson unverändert und sogar Justizminister Robert F. Kennedy, der Bruder seines ermordeten Vorgängers, verblieb bis 1964 im Amt. Lyndon B. Johnsons Ziel war es, die Armut und die rassistisch bedingte Ungleichheit in der Bevölkerung zu bekämpfen. Die sozialstaatlichen Ausprägungen in den USA erreichten eine bis dahin nie gekannte Dimension und stellten eine wichtige Basis der vom Präsidenten propagierten »Great Society«

dar. So wurden Weiterbildungskurse für Arbeitslose unterstützt, finanzielle Hilfsmittel für die Notstandsgebieten der Bergbauregionen der Appalachen zur Verfügung gestellt und staatliche Lebensmittelsubventionen (»Food Stamps«) für die Ärmsten ins Leben gerufen. Für alte Menschen wurden 1965 mit dem »Social Security Act« eine eigene öffentliche und bundesstaatliche Gesundheitsvorsorge (»Medicare«) eingeführt und für kranke, bedürftige Menschen ein ähnliches Programm mit der Bezeichnung »Medicaid« umgesetzt.

Der Wohnungsbau für sozial Schwache wurde ebenfalls forciert und in die Verbesserung der Infrastruktur vieler amerikanischer Städte investiert. Weiterhin wurden unter seiner Regierung der Umweltschutz ein wichtigeres Thema und das Schul- und Universitätswesen finanziell unterstützt. 1964 verabschiedete der Kongress den »Civil_Rights Act«, mit dem die Rassentrennung in öffentlichen Einrichtungen, Krankenhäusern, Restaurants, Schulen, Universitäten und bei Wahlen verboten wurde. Lyndon B. Johnsons Engagement für die sozial und wirtschaftlich Benachteiligten in seinem Land und der Kampf gegen die Rassentrennung waren wohl seine bedeutendsten Beiträge während seiner Präsidentschaft und brachten ihm bis heute historische Anerkennung.

1965 wurde der »Voting Rights Act« verabschiedet, ein Wahlrechtsgesetz, mit dem die Teilnahme der schwarzen Amerikaner an Wahlen sichergestellt werden sollte, da ihre Beteiligung bisher sehr gering war. Lese- und Rechtschreibtests hatten zuvor als Grundlage für eine Wählerregistrierung gegolten und wurden durch das Gesetz als nicht zulässig erachtet. Viele Afro-Amerikaner, die sich bisher aufgrund unzureichender Lese- und Schreibkenntnisse nicht in Wählerregister eintragen konnten, hatten nun das gesetzliche Recht dazu. Damit stieg die Zahl der registrierten Wähler in den Südstaaten in kurzer Zeit um mehr als die Hälfte an. In Gebiete, in denen nach wie vor die Gefahr von Diskriminierung beim Eintrag ins Wählerverzeichnis bestand, wurden Wahlbeobachter geschickt. Das Gesetz wurde verabschiedet, obwohl Lyndon B. Johnson und seiner Partei klar war, dass es die Demokraten in den Südstaaten viele Wählerstimmen kosten würde.

1967 gab es trotz allem eine Welle von brutalen Rassenunruhen, die auch zahlreiche Tote in einigen Städten forderten. Nur durch den Einsatz der Nationalgarde konnte in vielen Orten wieder Ruhe hergestellt werden. Die Gesellschaft schien sich in eine weiße und eine schwarze zu spalten. Zudem schockierten politisch motivierte Morde, deren prominenteste Opfer 1968 der schwarzer Bürgerrechtskämpfer Martin Luther King und der frühere Justizminister Robert Kennedy waren, das Land. Die junge Generation vor allem auf den Universitäten demonstrierte gegen den Krieg in Vietnam und die Politik in Washington. Nach der Ermordung von Martin Luther King unterzeichnete Lyndon B. Johnson 1968 einen »Civil Rights Act«, der noch viel härter gegen Diskriminierung jeglicher Art vorging, und ernannte als erster US-Präsident einen Schwarzen, Robert C. Weaver, zum Minister seines Kabinetts. Im selben Jahr wurde von Lyndon B. Johnson der »Gun Control Act« unterschrieben, welcher eines der umfangreichsten Waffenkontrollgesetze der USA war. Damit wurde mehr staatliche Kontrolle beim Verkauf von Waffen zulässig. Auch dieses Gesetz wurde von der Ermordung Martin Luther Kings und Robert Kennedys beeinflusst.

Durch den »Elementary und Secondary Education Act« wurden verstärkt Finanzmittel für den Bildungsbereich zur Verfügung gestellt. Gegen die Armut im Land rief Lyndon B. Johnson ein weiteres Programm mit der Bezeichnung »War on Poverty« ins Leben. Dies war neben den Bürgerrechtsgesetzen die zweite Säule seines »Great Society«-Projektes, da zu diesem Zeitpunkt bereits dreiundzwanzig Prozent der amerikanischen Bevölkerung unter der Armutsgrenze lebte. Auf diese Weise gelang es ihm, während seiner Amtszeit die Zahl der Ärmsten der Gesellschaft auf dreizehn Prozent zu senken, was keinem anderen Präsidenten jemals gelungen war. Allerdings machten die enormen Kosten für den Vietnamkrieg innere Reformen immer schwerer möglich, weshalb die Reformprogramme zugunsten dieses Krieges nach und nach reduziert werden mussten, obwohl die Wirtschaft boomte.

Der »Water Quality Act« und der »Clear Air Act« waren Ausdruck der Bedeutung, die auch die Umweltpolitik während der Ära Lyndon B. Johnsons hatte. Artenschutz wurde ebenfalls zum Thema, und Nationalparks und Naturschutzgebiete wurden ausgeweitet. Auch die Indianer erhielten im »Indian Civil Rights Act« von 1968 mehr Rechte, und die Einwanderungsbestimmungen, speziell für Zuwanderer aus Europa und China, wurden liberalisiert. Lyndon B. Johnson forcierte weiterhin das US-Raumfahrtprogramm, und während seiner Amtszeit gab es einige Apollo-Missionen. Ein halbes Jahr nach Ende seiner Amtszeit startete die Apollo 11 zum Mond.

Neben den Reformen zur Verbesserung der gesellschafts- und wirtschaftspolitischen Bedingungen in den USA verfolgte Lyndon B. Johnsons Politik das Ziel, die USA als Führungsmacht der kapitalistischen, westlichen Demokratien zu etablieren. Außenpolitisch war Lyndon B. Johnson bemüht, die von John F. Kennedy initiierte Entspannungspolitik mit der Sowjetunion fortzuführen. Er traf 1967 mit Minister Alexei Kossygin in New Jersey zusammen, und 1968 kam es zwischen Amerika, der Sowjetunion und weiteren Ländern zur Unterzeichnung eines Atomwaffensperrvertrages und zur nuklearen Abrüstung. Dieses Abkommen war von entscheidender Bedeutung zur Verhinderung eines Atomkrieges während des Kalten Krieges. Im Sechs-Tage-Krieg von 1967 waren die USA auf Seiten Israels, während Ägypten, Jordanien, der Irak und Syrien von der UdSSR unterstützt wurden.

Die zwei regionalen außenpolitischen Schwerpunktbereiche unter der Präsidentschaft Lyndon B. Johnsons waren aber Lateinamerika und Vietnam. In Lateinamerika gewann die Interventionspolitik der Vereinigten Staaten wieder Oberhand. Die CIA war 1964 an einem Militärputsch in Brasilien beteiligt, wodurch der Reformkurs, welcher unter Präsident Joao Goulart gestartet worden war, rückgängig gemacht wurde. Die USA mischten sich auch in der Dominikanischen Republik ein, um die Wiedereinsetzung des 1962 demokratisch gewählten und ein Jahr später aufgrund von geplanten Sozialreformen durch einen Militärputsch gestürzten Präsidenten Juan Bosch zu unterbinden. Lyndon B. Johnson argumentierte, dass es im Interesse der USA sei, weitere kommunistische Regime in der westlichen Hemisphäre mit allen Mitteln zu verhindern. Damit hatten sich die USA ihren Interventionsanspruch in anderen Ländern unter dem Vorwand der Bekämpfung des Kommunismus zugesprochen.

Ein weiterer Krisenschauplatz war Vietnam, welches seit dem Unabhängigkeitskrieg gegen die französische Kolonialmacht in den Jahren 1946 bis 1954 ganz im Zeichen von bewaffneten kommunistischen Revolutionen stand. Lyndon B. Johnsons Vorgänger Harry Truman, Dwight D. Eisenhower und John F. Kennedy waren schon mit dem Problem in Vietnam befasst. Unter der Präsidentschaft Lyndon B. Johnsons weitete sich der Krieg aus mit dem Ziel, eine Ausbreitung von kommunistischen Revolutionen im südostasiatischen Raum zu verhindern. Außerdem sollte der Einfluss der USA in der pazifischen Region ausgebaut und gefestigt werden.

1954 war Vietnam in einen antikommunistischen Süden und einen kommunistischen Norden geteilt worden. Die USA waren schon unter Dwight D. Eisenhower und John F. Kennedy als Militärberater des Südens tätig. Doch auch in diesem Teil kam es immer mehr zu kommunistischen Aufständen, die massiv von der Sowjetunion und der Volksrepublik China unterstützt wurden. Lyndon B. Johnson war überzeugt, dass nur eine harte Haltung gegenüber dem Norden den Kommunismus im gesamten Vietnam verhindern könnte. 1964 wurde ein US-Zerstörer vor der nordvietnamesischen Küste von kommunistischen Einheiten angegriffen. Nach wie vor ist nicht klar, ob es den Zwischenfall bei Tonkin im vorgegebenen Ausmaß gegeben hat oder dieser nur zum Anlass genommen wurde, um die amerikanische Truppenpräsenz in dieser Region zu rechtfertigen. Auf der Grundlage der Tonkin-Resolution von 1964 begann ein massiver Luftkrieg gegen das kommunistische Nordvietnam und gegen vom Vietkong kontrollierte Gebiete im Süden. Überzeugt von der Domino-Theorie, die besagte, dass nach einem Land, das dem Kommunismus verfiel, automatisch weitere folgen würden, entsandte Lyndon B. Johnson immer mehr US-Streitkräfte in die südostasiatische Region. Dennoch gelang es den USA nicht, irgendwelche Erfolge in Vietnam zu erzielen. Die Lage geriet immer mehr außer Kontrolle, und das pro-amerikanische Regime in Südvietnam drohte zu stürzen. Das Angebot von Friedensgesprächen wurde vom kommunistischen Vietkong mehrmals abgelehnt, und die Amerikaner setzten Napal-Bomben und hochgiftige Entlaubungsmittel ein, was zu großen Verlusten bei der Zivilbevölkerung führte. Seine Zustimmung zum Einsatz von Atomwaffen, wie er von einigen militärischen Führungskräften der USA gefordert wurde, gab Präsident Lyndon B. Johnson allerdings nicht. Er wollte auf jeden Fall einen Atomkrieg mit der Sowjetunion und China vermeiden.

Die amerikanische Bevölkerung begann, sich immer mehr gegen den Krieg in Vietnam auszusprechen. Dieser war durch die Medien ständig präsent. Die Ziele der »Containment-Politik«, die schon von Lyndon B. Johnsons Vorgängern verfolgt worden waren und die die Eindämmung des Kommunismus verfolgten, wurden immer häufiger hinterfragt. Ab 1967 kam es dann in den USA und teilweise auch in Europa zu massiven Protesten gegen den Vietnamkrieg, der sich immer mehr zu einem Desaster für das Land entwickelte. Ein Sieg war nicht zu erringen, da die Nordvietnamesen den Krieg mit extremem persönlichem Einsatz führten und das Kampfgebiet viel besser als die US-Truppen kannten. Die vietnamesische Zivilbevölkerung unterstützte den Vietkong größtenteils. Die Nordvietnamesen griffen im Rahmen der Tet-Offensive zur Beginn des Jahres 1968 Saigon und weitere Städte im Süden an. Die USA blieben zwar vorerst militärisch erfolgreich, da die Kommunisten die Herrschaft über die Städte wieder verloren, allerdings hatte die Offensive psychologische Konsequenzen. Auch wenn der Vietkong große Verluste zu verzeichnen hatte, bedeutete die Tet-Offensive doch eine Wende im Vietnamkrieg. Die Bombenangriffe auf Nordvietnam wurden nach massiven Protesten der Bevölkerung in den USA eingestellt. Im selben Jahr trat der amerikanische Verteidigungsminister Robert McNamara zurück, und 1969 begannen die Friedensverhandlungen mit Nordvietnam.

Sein Misserfolg im Zusammenhang mit dem Vietnamkrieg, die durch den Krieg gespaltene amerikanische Gesellschaft und sein sich verschlechternder Gesundheitszustand hielten Lyndon B. Johnson von einer neuerlichen Präsidentschaftskandidatur ab. Die Wahlen gewann dann Richard Nixon.

Lyndon B. Johnson zog sich nach Ende seiner Präsidentschaft auf seine Ranch in Texas zurück und starb dort am 22. Januar 1973 64-jährig an den Folgen eines Herzanfalls.

RICHARD MILHOUS NIXON

* 9. Januar 1913 in Yorba Linda, Kalifornien
† 22. April 1994 in New York City

37. Präsident der Vereinigten Staaten
(1969–1974) – Republikaner

*«What starts the process, really are the laughs and snubs and
slights you get when you are a kid. Sometimes it`s because you´re
poor or Irish or Jewish or ugly or simply that you are skinny. But
if you are reasonably intelligent and if your anger is deep enough
and strong enough, you learn that you can change those attitudes
by excellence, personal gut performance, while those you have
everything is sitting on their fat butts…»*

(RICHARD NIXON ZU SEINEM FRÜHEREN MITARBEITER KEN CLAWSON
EINIGE JAHRE NACH DEM ENDE SEINER PRÄSIDENTSCHAFT)

Richard Nixon, der bisher einzige Präsident der Vereinigten Staaten, der von seinem Amt zurücktrat, wurde 1913 in Yorba Linda, Kalifornien, geboren. Seine Familienmitglieder waren gläubige Quäker, und Richard Nixon erfuhr eine strenge Erziehung, bei der Alkohol und Vergnügungen wie das Tanzen unerwünscht waren. Richard Nixon war eines von fünf Kindern, von denen zwei noch in jungen Jahren starben. Sein Vater besaß ein kleines Lebensmittelgeschäft und eine Tankstelle, in der Richard Nixon oft aushalf.

Er gewann aufgrund seiner hervorragenden schulischen Leistungen ein Stipendium für den Besuch der Harvard University, das zwar alle Studiengebühren abdeckte, nicht aber die Miet- und Lebenshaltungskosten inkludierte. Daher war es ihm nicht möglich, zum Studium nach Boston zu gehen. Stattdessen besuchte er das quäkerische Whittier College in Kalifornien, wo er Geschichte studierte und im Football-Team der Universität spielte. Bei einem Spiel verlor er seine Vorderzähne und musste seitdem eine Brücke tragen. Diese Fehlstellung des Gebisses wurde später von Karikaturisten oftmals überzeichnet dargestellt. Richard Nixon wurde Studentenvertreter und organisierte in dieser Eigenschaft den

190

ersten Ball am Campus. Die Abhaltung von Tanzveranstaltungen war auf dem Universitätsgelände bis zu diesem Zeitpunkt nicht erlaubt gewesen, da das College ganz in der Tradition der Quäker geführt wurde.

Mit seinem Stipendium nahm Richard Nixon 1934 ein Studium der Rechtswissenschaften an der Duke University Law School auf. Danach absolvierte er das Anwaltsexamen in Kalifornien und begann, in einer kleinen Kanzlei zu arbeiten. Prestigereiche New Yorker Anwaltsbüros hatten nämlich kein Interesse an seiner Mitarbeit, da die Duke University in diesen Tagen noch keinen Elitestatus hatte. 1940 heiratete Richard Nixon die Lehrerin Thelma Catherine Ryan, die von Kindheitstagen an Pat genannt wurde. Mit ihr hatte er zwei Kinder. Richard Nixon versuchte, sein geringes Gehalt als Anwalt zeitweilig mit dem Einkommen aus einer Firma aufzubessern, die er gegründet hatte. Das Unternehmen, das gefrorenen Orangen-Juice verkaufte, war allerdings nicht erfolgreich.

Obwohl er als Quäker den Militärdienst hätte verweigern können, entschied sich Richard Nixon, während des Zweiten Weltkriegs in der Navy zu dienen, und wurde als Offizier im pazifischen Raum eingesetzt. Mit der Rückkehr ins zivile Leben begann auch seine politische Karriere, als Geschäftsleute aus Whittier dem ehrgeizigen jungen Mann im Rahmen der Kongresswahlen die Kandidatur für die Republikanische Partei nahelegten. Richard Nixon finanzierte sich den Wahlkampf zum Teil aus eigener Tasche und gewann die Wahl gegen seinen demokratischen Kontrahenten vor allen Dingen durch dessen Diffamierung, indem Richard Nixon ihn bezichtigte, mit kommunistischem Gedankengut zu sympathisieren. In einem Klima, das geprägt war von der Angst vor kommunistischen Einflüssen, war diese Taktik höchst erfolgreich, und er zog ins Repräsentantenhaus ein. In dieser Funktion war er 1947 maßgeblich an der Gestaltung des »Taft-Hartley Act« beteiligt, auf dessen Grundlage die Gewerkschaften weitgehend entmachtet wurden.

1951 wurde er Senator für Kalifornien, wobei er während des Wahlkampfes wiederum versucht hatte, seine Gegner durch den Vorwurf einer Affinität zum Kommunismus zu diffamieren. Daraufhin wurde er von der »Independent Review«, einer südkalifornischen Zeitung, mit dem Beinamen »Tricky Dick« bedacht, den er nie wieder loswerden sollte. Als Senator setzte Richard Nixon seine anti-kommunistischen Kampagnen als Mitglied des von Joseph

McCarthy geleiteten »Permanent Investigations Subcommittee« fort.

Bei den anstehenden Präsidentschaftswahlen im Jahr 1952 versuchten beide republikanische Präsidentschaftskandidaten, sowohl Robert Taft als auch Dwight D. Eisenhower, Richard Nixon im Wahlkampf für sich als Vizepräsidentschaftskandidaten zu gewinnen. Er entschied sich für die Unterstützung des populären Kriegshelden Dwight D. Eisenhower. Richard Nixon liebte es, sich und seine Familie in seinen vielen öffentlichen Auftritten während des Wahlkampfes als einfache Durchschnittsamerikaner zu präsentieren. Er fuhr ein gebrauchtes Auto, hatte Schulden auf seinem Haus in Washington abzubezahlen und trug zum Lebensunterhalt seiner alten Eltern bei. Allerdings verschwieg er ein geheimes Konto, dessen Existenz er in einer Fernsehsendung zugeben musste. Dabei bekräftigte er, dass das gesamte Geld ausschließlich Zwecken im Zusammenhang mit seinem politischen Amt zufließe. Auch der Geschenkannahme in Form eines kleinen Hundes wurde er bezichtigt, wobei er sich ebenfalls geschickt aus der Affäre zog, indem er vor der amerikanischen Öffentlichkeit verkündete, er würde – was immer geschähe – seinen Kindern den Hund auf keinen Fall wegnehmen. Diese reagierte positiv auf Richard Nixons Haltung, und Dwight D. Eisenhower behielt ihn als Mitstreiter.

Nach seinem Wahlsieg über Adlai Stevenson, dem Kandidaten der Demokraten, machte er Richard Nixon zu seinem Vizepräsidenten, der dieses Amt von 1953 bis 1961 innehatte. Er hatte dabei eine wichtige Vermittlerrolle zwischen der Administration und der Republikanischen Partei. Als Dwight D. Eisenhower 1955 und abermals 1957 schwer erkrankte, übernahm Richard Nixon bereits vorübergehend die Regierungsgeschäfte. Auch außenpolitisch war er sehr aktiv, wobei eine Reise nach Venezuela von massiven Anti-Amerika-Krawallen begleitet war. Gespräche bei einem Treffen mit dem Sowjetführer Nikita Chruschtschow im Jahr 1959 in Moskau wurde als »Kitchen Debate« bekannt, da diese in einer Modellküche auf einer Ausstellung stattfanden.

Richard Nixon gelang es, sein politisches Profil so zu stärken, sodass er bei den Präsidentschaftswahlen von 1960 als praktisch unangefochtener Kandidat der Republikaner ins Rennen ging. John F. Kennedy gewann zwar die Wahlen, allerdings nur mit einem hauchdünnen Vorsprung. Obwohl die Niederlage eine große Enttäuschung für ihn war, sah Richard Nixon trotz vermuteter

Wahlmanipulationen von einer Anfechtung des Ergebnisses ab und bewarb sich 1962 um das Amt des Gouverneurs von Kalifornien. Als er sich bei der Wahl klar geschlagen geben musste, schien dies auch das Ende seiner politischen Karriere zu sein. Er erklärte seinen Abschied von der Politik, ging mit seiner Familie nach New York und begann dort, als Anwalt zu arbeiten. Dass er der Politik jedoch nie wirklich abgeschworen hatte, bewies sein Engagement bei den Wahlkämpfen von republikanischen Kandidaten für verschiedene politische Ämter. Bald kehrte Richard Nixon auch tatsächlich selbst wieder in die politische Arena zurück, als er nämlich für das Amt des amerikanischen Präsidenten kandidierte. Die USA waren zu diesem Zeitpunkt in einer Krise, da der Krieg in Vietnam und rassistisch motivierte Unruhen im Land die Gesellschaft stark verunsicherten. Richard Nixon wurde zugetraut, wieder Ordnung herzustellen und den Zusammenhalt der Nation zu sichern. Er versprach das Ende des Vietnam-Krieges, ohne sich jedoch näher über die Modalitäten zu äußern, niedrigere Steuern und eine Senkung der Inflation. Die Republikaner standen geschlossen hinter ihm, während die Demokraten durch interne Machtkämpfe und nicht zuletzt die Ermordung von Robert F. Kennedy während des Wahlkampfes geschwächt waren. Das wirkte sich auch auf das Wahlergebnis aus, und Richard Nixon wurde – wenn auch nicht mit überwältigender Mehrheit – zum Präsidenten gewählt. Vor allen Dingen die Kandidatur eines dritten Kandidaten, des früheren Gouverneurs von Alabama, George C. Wallace, wirkte sich auf das Wahlergebnis aus, da er von beiden großen Parteien Wählerstimmen abwarb. Richard Nixon war der erste Präsident des zwanzigsten Jahrhunderts, dessen eigene Partei weder im Repräsentantenhaus, noch im Senat die Mehrheit hatte.

Bei seiner Amtsübernahme sah er sich großen wirtschaftlichen Problemen gegenüber. Die Inflation war weiter im Steigen begriffen und die Arbeitslosenrate ebenfalls hoch. Allerdings fiel auch die Mondlandung in sein erstes Amtsjahr, was den Nationalstolz und das Selbstvertrauen der USA wieder stärkte. Das Problem des Vietnam-Krieges war jedoch weiterhin ungelöst. Täglich starben Amerikaner an der Front, die Kosten des Konflikts nahmen ständig zu, und das Land verlor an internationalem Ansehen. 1969 begann endlich der Abzug der amerikanischen Truppen. Um allerdings eine bessere Ausgangsposition bei den Friedensverhandlungen zu haben, befahl Richard Nixon weitere militärische Schläge, besonders in Form von Luftoffensiven gegen Stützpunkte des kommunistischen Vietkongs. Die nationalen und internationalen Proteste gegen die Kampfhandlungen wurden immer stärker, und 1973 in Paris ein Abkommen unterzeichnet, womit der Krieg beendet war.

Wesentlich mehr profilierte sich Richard Nixon, unterstützt durch seinen Außenminister Henry Kissinger, beim Umgang mit den beiden kommunistischen Großmächten, der Sowjetunion und China. Er, der ursprünglich alle vermuteten kommunistischen Tätigkeiten im eigenen Land so vehement bekämpft hatte, war der erste US-Präsident, der 1972 sowohl Moskau, als auch Peking besuchte. Dies war die entscheidendste außenpolitische Wende der USA seit dem Beginn des Kalten Krieges. 1972 wurden durch Verträge mit der Sowjetunion der Rüstungswettlauf reduziert und die wechselseitigen Handelsbeziehungen verstärkt. Im Nahost-Krieg von 1973 wirkte Richard Nixon gemeinsam mit Henry Kissinger als Vermittler und konnte ein Jahr später einen Waffenstillstand erzielen.

Innenpolitisch verfolgte Richard Nixon soziale Reformen und sprach sich für eine verstärkte staatliche Unterstützung von behinderten Menschen aus. Auch die Zahlungen aus der Krankenversicherung wurden für bedürftige Menschen erhöht. Gesetze, die die Sicherheit am Arbeitsplatz garantieren sollten, wurden ebenso verabschiedet, wie eine Reihe von Bestimmungen zum Umweltschutz. Im Kampf gegen die Inflation verfügte er einen Lohn- und Preisstopp und zur Verbesserung der negativen Handelsbilanz die Freigabe des Dollarwechselkurses und eine Importabgabe. Zeitweilig gelang ihm so, die Inflation in den Griff zu bekommen und die Konjunktur zu beleben. Die Ölkrise begann schon 1973, die durch das arabische Embargo ausgelöst wurde, war dann auch in den USA für eine schwere Rezession verantwortlich, die dem Staat sehr zu schaffen machte.

Der Nachwelt ist Richard Nixon vor allen Dingen durch einen Skandal bekannt, der ihn letztlich auch das Präsidentenamt kostete. Im Rahmen der unter dem Namen »Watergate-Affäre« bekannten Vorfälle wurden 1972 fünf Personen bei einem Einbruch in das Hauptquartier der Demokratischen Partei in Washington gefasst, die versucht hatten, dort Abhörwanzen zu installieren und geheime Dokumente zu fotografieren. Sehr bald wurde dieses Ereignis in Zusammenhang mit den Präsidentschaftswahlen gebracht, die im selben Jahr stattfinden sollten. Ermittlungen des FBI wiesen nach, dass die Auftraggeber für den Einbruch im engsten Umkreis von Präsident Richard Nixon zu finden waren. Nach dessen Wiederwahl wurden weitere illegale Aktivitäten, die das Weiße Haus schon in den Jahren zuvor in Auftrag gegeben hatte, aufgedeckt. Die Amtsmissbräuche erfolgten in vielen Fällen, um den politischen Gegner zu diskreditieren. Richard Nixon verabsäumte es, die Ermittlungen zu unterstützen, und versuchte sogar, diese zu behindern. Daraufhin beschloss das Repräsentantenhaus, ein Amtsenthebungsverfahren (»Impeachment«) gegen den Präsidenten einzuleiten. Ohne dessen Ergebnis abzuwarten, trat dieser am 9. August als bisher einziger Präsident in der US-Geschichte zurück. An die Öffentlichkeit drang der Watergate-Skandal in erster Linie durch die Recherchen und Berichterstattung von Bob Woodward und Carl Bernstein, zwei Journalisten der »Washington Post«, die für ihre Arbeit mit dem »Pulitzer-Preis« ausgezeichnet wurden. Richard Nixons Nachfolger Gerald Ford ersparte ihm durch eine Generalamnestie für alle Straftaten währen seiner Amtszeit die Erniedrigungen eines Prozesses.

Obwohl die Watergate-Affäre eine schweren Vertrauenskrise und einen Bruch im Glauben an den Rechtsstaat ausgelöst hatte, gelang es Richard Nixon, als respektierter Berater für nationale und internationale Politiker zurückzukehren. Die Öffentlichkeit vergaß zwar nicht, verzieh ihm aber. Durch den Skandal verspielte er allerdings seine Chance, den USA mehr Sozialstaatlichkeit zu verleihen und seinen pragmatischen außenpolitischen Weg weiter zu gehen.

1993 starb seine Frau an Lungenkrebs, und ein Jahr später erlag Richard Nixon im Alter von einundachtzig Jahren einem Schlaganfall.

Gerald Rudolph Ford

* 14. Juli 1913 in Omaha, Nebraska
† 26. Dezember 2006 in Rancho Mirage, Kalifornien

38. Präsident der USA (1974–1977) – Republikaner

»Ich bin ein Ford, kein Lincoln«

(Gerald R. Ford bei seiner Antrittsrede zum
Vizepräsidenten der Vereinigten Staaten 1973)

Gerald Rudolph Ford, Jr. wurde am 14. Juli 1913 in Omaha, Nebraska, als Leslie Lynch King, Jr. geboren. Ursprünglich nach seinem
biologischen Vater benannt, erhielt er nach der Scheidung der Mutter und deren Wiederverheiratung den Namen seines Stiefvaters,
Gerald Rudolff Ford, der ihn adoptierte. Gerald Ford selbst änderte später die Schreibweise seines mittleren Namens auf Rudolph.
Die Familie lebte von einer kleinen Farbenfabrik, die Gerald Fords
Stiefvater in Grand Rapids, Michigan, besaß. Gemeinsam mit seinen drei Halbbrüdern besuchte er die Madison Elementary School
und später die lokale High School.

Das Bachelor-Studium absolvierte Gerald Ford an der University of Michigan, wo er sich auf Wirtschafts- und Politikwissenschaften spezialisierte. Er war sehr sportlich und ein erfolgreicher
American-Football-Spieler. 1935 wurde er sogar in eine College-
All-Stars-Mannschaft aufgenommen. 1939 setzte sein Studium an
der Yale University fort, wo er Rechtswissenschaften belegte. Nach
dem Studienabschluss kehrte er nach Michigan zurück und betrieb
gemeinsam mit seinem Freund Philip Buchen, der auch später in
den Jahren seiner Präsidentschaft zu seinen engsten Vertrauten
zählen sollte, eine kleine Anwaltskanzlei. Obwohl er Gründungs-
mitglied des »American First Committee« war, einer isolationistischen Bewegung, die Amerikas Teilnahme am Zweiten Weltkrieg
zu verhindern versuchte, meldete er sich nur ein Jahr nach dem
Kriegseintritt der USA zur Marine und nahm als Offizier am Krieg
gegen Japan im Südpazifik teil. Mutige Kampfeinsätze brachten
ihm mehrere Auszeichnungen.

Danach ging er wieder in seinen Heimatort Grand Rapids zurück und setzte seine Karriere in einer großen, renommierten Anwaltskanzlei fort. 1948 heiratete er Elizabeth Ann Bloomer, genannt Betty, mit der er vier Kinder hatte. Ermutigt durch seinen politisch aktiven Stiefvater und enge Freunde entschloss er sich, sich um einen Sitz im Repräsentantenhaus zu bewerben. Er gewann die Wahl mit deutlichem Stimmenvorsprung und zog im November 1948 mit fünfunddreißig Jahren als Abgeordneter in den Kongress in Washington ein. Dieses Amt sollte er fünfundzwanzig Jahre lang innehaben. Ab 1965 fungierte er auch als Oppositionsführer der Republikaner im Repräsentantenhaus.

Gerald Ford genoss hohes Ansehen vor allen Dingen bei den konservativen Amerikanern der Mittelklasse, was einerseits auf seinen aus eigener Kraft erzielten sozialen und politischen Aufstieg zurückzuführen und andererseits seinem Image des liebevollen und fürsorglichen Vaters und Ehemanns zu verdanken war.

Gerald Ford entwickelte sich zu einem Experten in Militärfragen und trat gegen Sozialreformen und für eine harte Linie von »Law and Order« ein. Er war ein vehementer Kritiker der Vietnampolitik Lyndon B. Johnsons, die ihm zu milde und nachgiebig erschien. Obwohl er dem Bürgerrechtsgesetz von 1964 ursprünglich eher negativ gegenüber stand, befürwortete er letztendlich angesichts der politischen Realitäten im Land dessen Verabschiedung.

Gerald Fords Rolle als republikanischer Oppositionsführer im Repräsentantenhaus gewann mit der Amtsübernahme Richard Nixons 1969 weiter an Bedeutung. Zudem unterstützte er die Außenpolitik Richards Nixons, zu deren Hauptpfeiler eine weitgehende Normalisierung der Beziehungen zur Sowjetunion zählte. Als Vize-Präsident Spiro T. Agnew wegen eines Bestechungs- und Steuerhinterziehungsskandals 1973 zurücktreten musste, nominierte Richard Nixon Gerald Ford als neuen Vize-Präsidenten. Unterstützung bei seiner Ernennung erhielt er auch vom demokratisch beherrschten Kongress, vermutlich hauptsächlich deshalb, weil man in ihm für die 1976 bevorstehenden Präsidentschaftswahlen keinen starken republikanischen Gegner für das Rennen um dieses Amt sah.

Wenig später, im August 1974, trat Präsident Richard Nixon aufgrund der drohenden Impeachment-Anklage im Zusammenhang mit dem Watergate-Skandal zurück, und Gerald Ford wurde 61-jährig zum amerikanischen Präsidenten, als einziger in der Geschichte der USA, der weder als Vize-, noch als Präsidentschafts-kandidat durch das Wahlmännerkollegium gewählt worden war. Nelson A. Rockefeller, der Gouverneur von New York, wurde zu seinem Vize-Präsidenten ernannt.

In einer der ersten Amtshandlungen als Präsident amnestierte Gerald Ford Richard Nixon für alle Straftaten, die ihm während seiner Amtszeit vorgeworfen worden waren. Diese damals höchst umstrittene Entscheidung wird heute als durchaus richtig erachtet, da das Land vor einer politischen Zerreißprobe stand.

Gerald Ford hoffte, während seiner Präsidentschaft das öffent-liche Vertrauen in die Politik, welches unter Richard Nixon extrem gelitten hatte, wiederherstellen zu können, was sich aber aufgrund der Enttäuschung über die Amtsführung seines Vorgängers und eine uneinige Administration nur schwer verwirklichen ließ.

Außenpolitisch hielt Gerald Ford weiter an der Politik der Ent-spannung mit der Sowjetunion fest und bemühte sich mit Hilfe seines Außenministers Henry Kissinger um Vermittlung im Nahen Osten. Das unter ihm am 4. September 1975 erzielte Sinai-Abkom-men zwischen Israel und Ägypten war ein erster Schritt auf dem Weg zum späteren ägyptisch-israelischen Frieden, der unter Prä-sident Jimmy Carter erzielt werden konnte.

Als April 1975 der Fall von Südvietnam nicht mehr aufzuhalten war, entschied sich Gerald Ford zum Abzug aller amerikanischen Truppen aus diesem Gebiet, womit noch während seiner Amts-zeit der Vietnamkrieg ein Ende fand. Beim sogenannten Maya-guez-Zwischenfall wurde ein amerikanisches Handelsschiff in internationalen Gewässern vor Kambodscha, das zu dieser Zeit von den Roten Khmer regiert wurde, attackiert. Aufgrund logis-tischer Fehler starben mehrere amerikanische Soldaten, was der Ford-Administration viel Kritik einbrachte.

Gerald Ford war an guten diplomatischen Beziehungen zu Japan und China interessiert und führte mit Leonid Breschnew wieder-holt Gespräche über eine Atomwaffen-Abrüstung. Sein wichtigster außenpolitischer Akt war die Unterzeichnung der Schlussakte von Helsinki im Rahmen der »Konferenz über Sicherheit und Zusam-menarbeit in Europa (KSZE)« im Jahr 1975, die eine Entschärfung des Ost-West-Konfliktes mit sich brachte. Man vereinbarte einen Gewaltverzicht und die Anerkennung der territorialen und poli-tischen Verhältnisse in Europa, so wie sie sich nach dem Zweiten Weltkrieg herausgebildet hatten. Einerseits wurde dadurch die

Sowjetunion in ihrer Vormachtstellung im osteuropäischen Raum bestätigt, andererseits musste sie aber nach westlichen Vorstellungen definierte Menschenrechte und Grundfreiheiten anerkennen.

Eine wirtschaftliche Stagnation, eine wachsende Inflation mit massiver Kapitalflucht ins Ausland, eine hohe Arbeitslosigkeit und die zunehmende Staatsverschuldung bestimmten die innenpolitische Situation der USA. Gerald Ford widmete sich primär der Bekämpfung der Inflation und stellte Budgetmittel für die Verbesserung des Bildungswesens zur Verfügung. Forderungen des demokratisch dominierten Kongresses nach mehr finanziellen Mitteln für Wohnungsbau, Gesundheit, soziale Projekte und die Schaffung von Arbeitsplätzen wurden von ihm abgelehnt. Um der verstärkten Rezession Einhalt zu gebieten, entschloss er sich 1975 zu einer umfangreichen Steuersenkung und Abgabenerhöhungen für importiertes Erdöl.

Eine Kommission, die von Vizepräsident Nelson Rockefeller geleitet wurde, versuchte, einen vermuteten Machtmissbrauch der CIA im Rahmen des Watergate-Skandals nachzuweisen. Einige der Vorwürfe erwiesen sich als richtig, und William E. Colby wurde als CIA Direktor von George H. W. Bush, dem späteren 41. Präsidenten der USA, abgelöst.

All dies schwächte Gerald Fords politische Position, und bei den Kongresswahlen im November 1974 erlebten die Republikaner eine Niederlage. Die Demokraten erlangten im Repräsentantenhaus mittlerweile sogar eine Zweidrittelmehrheit und bauten auch im Senat ihre Macht aus. Um seine Stellung als Präsident zu stärken, entschied sich Gerald Ford 1975/76, einen großen Teil seiner Mitarbeiter, die schon während der Präsidentschaft Richard Nixons ihr Amt innehatten, auszutauschen. Nur Henry Kissinger blieb Außenminister, und auch Finanzminister William E. Simon behielt sein Amt.

Wie sehr Gerald Ford an Vertrauen verloren hatte, zeigt sich auch in den eigenen Reihen, als er auf dem Nationalkonvent der Republikaner zwar 1976 wieder als Präsidentschaftskandidat nominiert wurde, ihm sein härtester Rivale, der ehemalige Gouverneur von Kalifornien, Ronald Reagan, aber nur ganz knapp unterlag. Bei den Präsidentschaftswahlen im November 1976 verlor Gerald Ford dann gegen den Demokraten Jimmy Carter. Dieser erschien vielen Wählern als neuer Garant für eine saubere Politik, da ihm keine Verbindungen zu den diskreditieren politischen Kreisen in Washington vorgeworfen werden konnten.

Im September 1975 war Präsident Gerald Ford Zielscheibe von zwei Mordversuchen, die während eines Besuchs von Kalifornien verübt wurden. In beiden Fällen waren die Attentäterinnen Frauen, die daraufhin zu lebenslanger Haft verurteilt wurden.

Bald nach der Übernahme des Präsidentenamtes erkrankte Gerald Fords Frau Betty an Brustkrebs. Das Ehepaar entschied sich, ihre Krankheit vor der Öffentlichkeit nicht zu verschweigen, und trug damit viel dazu bei, das Bewusstsein für die Verantwortung für die eigene Gesundheit in der Bevölkerung zu stärken. Betty Ford setzt sich auch öffentlich für das Recht von Frauen zum Schwangerschaftsabbruch ein.

Nach seinem Ausscheiden aus dem Präsidentenamt zog sich Gerald Ford mit seiner Frau nach Kalifornien zurück und verfasste seine Autobiografie mit dem Titel »A Time to Heal: The Autobiography of Gerald R. Ford«, die 1979 erschien. Seine Frau wurde alkohol- und medikamentenabhängig und musste sich in eine Entzugsklinik begeben. Im Jahre 1982 war sie eine der Mitbegründerinnen des Betty Ford Centers, einer Klinik für suchtkranke Patienten, und erfreute sich Zeit ihres Lebens großer Beliebtheit in der Bevölkerung.

Gerald R. Ford, der über neunzig Jahre alt wurde, starb am 26. Dezember 2006 in Kalifornien.

JAMES EARL CARTER, JR.

* 1. Oktober 1924 in Plains, Georgia

39. Präsident der USA (1977–1981) – Demokrat

>*I am a Southerner and an American, I am a farmer, an engineer, a father and husband, a Christian, a politician and former governor, a planner, a businessman, a nuclear physicist, a naval officer, a canoeist, and among other things a lover of Bob Dylan`s songs and Dylan Thomas`s poetry.*«

(JIMMY CARTER IN EINER SELBSTBESCHREIBUNG)

James Earl Carter, genannt Jimmy, wurde am 1. Oktober 1924 in Plains, Georgia, einer Kleinstadt ungefähr 200 km südlich von Atlanta geboren. Er war das erste Kind seiner Eltern und hatte drei jüngere Geschwister. Jimmy Carter wuchs in einfachen Verhältnissen auf. Seine Familie bestritt anfangs den Lebensunterhalt mit den Einnahmen aus einem kleinen Gemischtwarenhandel und dem Einkommen der Mutter, die als Krankenschwester arbeitete. Als Jimmy Carter vier Jahre alt war, zog die Familie auf eine Farm, auf der er bis zum Besuch des Colleges lebte. Die Erträge der Erdnuss- und Baumwollpflanzungen auf diesem Anwesen waren gut und wurden hauptsächlich mit Hilfe schwarzer Pächter erwirtschaftet. Jimmy Carter betätigte sich häufig selbst auf dem landwirtschaftlichen Besitz und hatte ursprünglich das Ziel, ein erfolgreicher Erdnuss-Farmer zu werden.

Seine Mutter, eine belesene Frau, übte großen Einfluss auf die Bildung und Erziehung der Kinder aus. Jimmy Carter war ein sehr ehrgeiziger Schüler und wollte beruflich in die Fußstapfen seines mütterlichen Onkels treten, der bei der amerikanischen Marine diente. Er bereitete sich ein Jahr lang auf die sehr anspruchsvolle Aufnahmeprüfung für die US Naval Academy in Annapolis, Maryland, vor und belegte dazu auch Kurse am Georgia Institute of Technology in Atlanta, Georgia. 1943 gelang ihm dann die Aufnahme an der Marine-Akademie, und er begann mit seiner Offiziersausbildung.

Zwei Jahre später lernte Jimmy Carter bei einem Familienbesuch eine gute Freundin seiner Schwester kennen. Rosalynn Smith hatte früh ihren Vater verloren und half, das Einkommen ihrer Mutter durch Hilfstätigkeiten in einem Friseursalon aufzubessern. Nachdem Jimmy Carter 1946 seine Ausbildung als Marineoffizier abgeschlossen hatte, heirateten die beiden noch im selben Jahr. Danach zogen sie nach Norfolk, Virginia, wo Jimmy Carter in der Marine diente. In den folgenden Jahren wurden auch die vier Kinder des Ehepaares geboren.

Jimmy Carter arbeitete als Flottenoffizier auf U-Booten und später als Bordingenieur. Nach dem Tod seines Vaters verließ er 1953 allerdings die Marine und übernahm die Leitung der familiären Erdnuss-Farm, die er zu einem höchst profitablen Unternehmen ausbaute. Zudem war er als Baptisten-Prediger und Lehrer an der Sonntagsschule tätig.

1962 wurde Jimmy Carter als Kandidat der Demokraten in den Senat des Bundesstaates Georgia gewählt, ein Amt, in dem er zwei Jahre später bestätigt wurde. In dieser Funktion war es ihm ein großes Anliegen, das Bildungswesen zu reformieren. 1970 siegte er bei den Gouverneurswahlen in Georgia. Auch wenn er im Wahlkampf noch wenig Abstand von rassistischem Gedankengut nahm und vor allem weiße Anhänger der Rassentrennung Jimmy Carter schließlich zum Gouverneur wählten, sprach er sich als Amtsinhaber dezidiert gegen die Diskriminierung der schwarzen Amerikaner aus. Er trat entschieden für deren soziale und wirtschaftliche Gleichstellung ein, was ihm später viel Unterstützung bei namhaften Personen der Bürgerrechtsbewegung sicherte. Als Gouverneur zeichnete sich Jimmy Carter generell als aktiver und reformwilliger Politiker aus und gewann somit viele Sympathien.

1976 setzte er sich im Rahmen der Vorwahlen für die Kandidatur zu den Präsidentschaftswahlen innerhalb der Demokratischen Partei durch und wurde vom Nationalkonvent der Demokraten mit großer Stimmenmehrheit nominiert. Seinen Wahlkampf für die Präsidentschaft führte Jimmy Carter unter der Devise »anders als bisher« und versprach den Amerikanern eine ehrliche und saubere Politik. Damit hatte er gegen den durch die Folgen des Watergate-Skandals geschwächten republikanischen Gegenkandidaten, den amtierenden Präsidenten Gerald Ford, die bessere Ausgangsposition. Jimmy Carter gab sich gemäßigt und versprach, neue Sozialprogramme umzusetzen, die Wirtschaftskrise zu bewältigen,

VERLAGSHAUS RÖMERWEG

BUP CORSO EDITION ERDMANN WALDEMAR KRAMER MARIX WEIMARER VERLAGSGESELLSCHAFT

Diese Karte entnahm ich dem Buch:

☐ Bitte senden Sie mir Ihr Büchermagazin.

☐ Bitte informieren Sie mich über Ihre Neuerscheinungen.

☐ Ja, ich möchte Ihren Newsletter erhalten.

Alle Informationen unter www.verlagshausroemerweg.de

Absender

Name, Vorname

Straße, Nr.

Plz, Ort

Telefonnummer*

Faxnummer*

E-Mail*

Unterschrift

* freiwillige Angabe

Für Ihre schnelle Anfrage:
info@verlagshausroemerweg.de

Rückantwort

Verlagshaus Römerweg GmbH
Römerweg 10
D-65187 Wiesbaden

den Staatshaushalt zu sanieren und die Rüstungsausgaben massiv zu reduzieren. Außenpolitisch wollte er die Entspannungspolitik seiner Vorgänger fortsetzen und Amerika in seiner Rolle als Weltführer stärken. Es gelang ihm sehr gut, Kontakte zu den wirtschaftlichen Eliten, den Medien und den verschiedenen Interessensgruppen zu knüpfen. Walter F. Mondale, der Senator von Minnesota, der als sein Vizepräsidentschaftskandidat ins Rennen ging, verfügte über wichtige Beziehungen zu Gewerkschaften und liberalen Kreisen. Am 2. November 1976 erzielte Jimmy Carter dann auch einen knappen Wahlsieg über den amtierenden Präsidenten Gerald Ford. Er verkörperte die Hoffnung auf einen politischen Neuanfang und war schon bei Amtsantritt um ein volksnahes Image bemüht. So ließ er sich zu den Inaugurationsfeiern nicht mit einer Limousine chauffieren, sondern ging zu Fuß. Er verkaufte die Präsidenten-Yacht, und auchsein Kleidungsstil war wesentlich zwangloserinformeller, als der seiner Vorgänger.

Auch Jimmy Carter machte es sich zur Aufgabe, die USA in ihrem Inneren zu stärken, um außenpolitisch wieder aktiver tätig werden zu können. Um diesem Anspruch gerecht werden zu können, begann er mit der Umstrukturierung von Ministerien und versuchte, seine ehrgeizigen Ziele im Bildungsbereich, im Verkehrswesen und in der Energiepolitik durchzusetzen. Die Rüstungsausgaben stiegen allerdings weiter an, und auch das Haushaltsdefizit konnte nur vorübergehend gesenkt werden. Trotz steuerlicher Anreize für neue Investitionen und Subventionen zur Schaffung neuer Arbeitsplätze kam es zu keinem dauerhaften Wirtschaftsaufschwung. Weder gelang es ihm, die Arbeitslosenquote, noch die Inflationsrate zu senken. Dazu kam die weltweite Energiekrise, die auch Amerika erschütterte. Vorschläge Jimmy Carters, der durch steuerliche Maßnahmen einen sparsameren Benzin- und Erdgasverbrauch erzielen wollte, ließen sich im Kongress nie vollständig durchsetzen. Am Ende seiner Amtszeit war die Wirtschaftskrise keineswegs überwunden, sondern hatte sich in vielen Bereichen noch verstärkt. Auch die angestrebten Reformen im Bildungs- und Sozialbereich konnten nur in wenig zufriedenstellendem Maße umgesetzt werden. Jimmy Carter wurde Führungsschwäche vorgeworfen, und ein Korruptionsskandal in seiner Administration, der zu einem Rücktritt des Budgetdirektors Bert Lance führte, mit dem Jimmy Carter eng befreundet war, wirkte sich ebenfalls negativ aus. Positiv bewertet wurden und werden im innenpolitischen

Bereich nur sein Engagement für Bürgerrechte, Rassengleichheit und Frauenrechte, obwohl er auch in diesen Belangen oft am Widerstand des Kongresses scheiterte. Wesentlich erfolgreicher verlief die Außenpolitik der Carter-Regierung. Jimmy Carter vermittelte erfolgreich zwischen Ägypten und Israel, was 1978 zum Abkommen von Camp David und ein Jahr später zum israelisch-ägyptischen Friedensvertrag führte. Am 7. September 1979 wurden Verträge mit Panama unterzeichnet, mit denen die Übergabe der Kontrolle des Panama-Kanals an den Staat Panama erfolgte. Auch dies wurde als Erfolg des Präsidenten gewertet, der damit ein jahrelanges Problem in der amerikanischen Lateinamerika-Politik beseitigen konnte.

Durch den Sturz des Schahs im Iran und die Errichtung eines islamischen Gottesstaates unter Ayatollah Khomeini verloren die USA 1979 allerdings viel Macht und Einfluss in dieser Region. Als Jimmy Carter dem schwerkranken Schah zu medizinischen Behandlungszwecken die Einreise in die USA gestattete, kam es in Teheran zu einer Geiselnahme amerikanischer Staatsbürger in der US-Botschaft. Eine militärische Befreiungsaktion scheiterte, mehrere Amerikaner starben, und die Geiseln wurden erst nach dem Amtsantritt von Jimmy Carters Nachfolger, Ronald Reagan, freigelassen. Dies hatte äußerst negative Auswirkungen auf das Ansehen des damals noch amtierenden Präsidenten.

Nicht nur dass, entgegen seinen Ankündigungen, die Rüstungsausgaben unter seiner Regierung drastisch anstiegen, kam es doch auch nach Jahren der Entspannungspolitik wieder zu einer Verschärfung des Ost-West-Konflikts und des Wettrüstens. 1979 wurde von Jimmy Carter und Leonid Breschnew in Wien das SALT-II-Abkommen zwischen den USA und der Sowjetunion unterzeichnet, das eine Begrenzung von strategischen Offensivwaffen beider Länder vorsah. Damit sollte das militärische Gleichgewicht bestätigt werden. Allerdings wurde der Vertrag nie ratifiziert. Als nach der islamischen Revolution im Iran die Sowjetunion in Afghanistan einmarschierte, entschied sich die Carter-Administration 1979 nämlich für eine Konfrontationspolitik gegenüber dem Weltmachtgegner. Die USA unterbrachen den Ratifizierungsprozess des SALT-II-Vertrages, entschieden sich Anfang 1980 zu drastischen Embargo-Maßnahmen gegen die Sowjetunion und boykottierten die Olympischen Spiele in Moskau. Auf die neue weltpolitische Lage reagierte Jimmy Carter in einer Kongressrede mit der Verkündigung einer nach ihm benannten Doktrin. Diese sah vor, dass sämtliche Aktivitäten von ausländischen Mächten in der Golfregion, besonders im Irak und im Iran, als aggressiver Akt gegen die amerikanischen Interessen gewertet würden, womit auch entsprechende militärische Interventionen nicht ausgeschlossen wären. Gleichzeitig kündigte Jimmy Carter eine weitere Erhöhung der Militärausgaben und die Wiedereinführung der allgemeinen Wehrpflicht an, die unter Richard Nixon abgeschafft worden war. Weder Jimmy Carters Wirtschaftssanktionen, noch seine Doktrin veranlassten die Sowjetunion allerdings zu einem Abzug aus Afghanistan. Dieser erfolgte erst unter den völlig veränderten politischen Verhältnissen der UdSSR unter der Führung Michail Gorbatschows.

Während Jimmy Carters Präsidentschaft wurde weiterhin die Einstellung jeglicher Unterstützungsleistungen für die Diktatur von Anastasio Somoza in Nicaragua beschlossen und diplomatische Beziehungen mit der Volksrepublik China aufgenommen. Massiv kritisiert wurde Jimmy Carters fortgeführte Unterstützung Indonesiens, das sich am Völkermord in Osttimor schuldig gemacht hatte.

Innenpolitisch gab es Vorwürfe im Zusammenhang mit dem Zwischenfall in einem Atomkraftwerk bei Harrisburg, Pennsylvania. Demnach wurde beim offiziellen Untersuchungsbericht eine vollständige Aufdeckung der Störursachen aufgrund zu starker Rücksichtnahme auf die US-Nuklearindustrie massiv behindert, was die Carter-Administration in ein ganz schlechtes Licht rückte.

Die Präsidentschaftswahlen des Jahres 1980 fanden daher für Jimmy Carter unter denkbar schlechten Bedingungen statt. Kandidat der Republikaner war der rechtskonservative ehemalige Gouverneur von Kalifornien, Ronald Reagan. Dieser forderte schon während des Wahlkampfes die Wiederherstellung der militärischen Überlegenheit der USA über die UdSSR und wollte von jeder Form der Entspannungspolitik Abstand nehmen. Jimmy Carter haftete mittlerweile der Ruf eines wenig kompetenten Präsidenten an, weshalb Ronald Reagan bei den Wahlen vom November 1980 mit großer Mehrheit gewann. Ronald Reagans Wahlsieg leitete einen politischen Rechtsruck ein, der in den kommenden zwölf Jahren die Geschicke des Landes maßgeblich bestimmen sollte.

Nach dem Ende seiner Amtszeit kehrte Jimmy Carter nach Georgia zurück und zeichnete sich im fortgeschrittenen Alter als kompetenter Vermittler bei internationalen Konflikten aus.

RONALD WILSON REAGAN

* 6. Februar 1911 in Tampico, Illinois
† 5. Juni 2004 in Bel Air, Kalifornien

40. Präsident der USA (1981–1989) – Republikaner

>*Mister Gorbachev, tear down this wall!*«

(RONALD REAGAN VOR DER BERLINER MAUER
KURZ VOR DER WENDE)

Ronald Reagan wurde am 6. Februar 1911 in der Kleinstadt Tampico im Bundesstaat Illinois geboren. Er wuchs in einfachen Verhältnissen auf. Der Vater arbeitete als Verkäufer und hatte ein schweres Alkoholproblem. Seiner Mutter Nelle verdankte Ronald Reagan die Liebe zum Theater, und er hatte als Schauspieler erste Erfolge bei Schulaufführungen. Er besuchte die High School in Dixon, Illinois, und anschließend das Eureka College in Peoria, Illinois, wo er Wirtschafts- und Theaterwissenschaften studierte, vor allen Dingen aber durch sportliche Leistungen auffiel. 1932 arbeitete er zunächst als Sportreporter für eine lokale Radiostation in Davenport, Iowa. Wenig später wechselte zu einer Radiostation nach Des Moines, für die er hauptsächlich American Football- und Baseball-Spiele kommentierte.

Mit Hilfe eines Freundes gelang ihm 1937 der Sprung nach Hollywood, wo er bei Warner Brothers einen Sieben-Jahresvertrag als Schauspieler erhielt. Er wirkte in den folgenden fünfundzwanzig Jahren in rund fünfzig Filmen, aber auch TV-Serien mit, wobei er besonders auf das Western-Genre spezialisiert war. Hauptrollen erhielt er primär in Filmen der B-Kategorie. In der Zeit von 1947 bis 1960 war er zweimal Präsident der Schauspieler-Gewerkschaft »SAG«, womit seine politische Karriere ihren Anfang nahm. In diesen Jahren war er aber auch als Informant für das FBI tätig, dem er Informationen über vermutliche Sympathisanten der kommunistischen Ideologie unter seinen Schauspielerkollegen zukommen ließ. Öffentlich sprach er sich jedoch gegen die staatliche Verfolgung von möglichen Anhängern des Kommunismus aus.

1940 heiratete Ronald Reagan die Filmschauspielerin Jane Wyman, die acht Jahre später sogar mit einem Oscar ausgezeichnet wurde. Im selben Jahr endete auch Ronald Reagans erste Ehe, und 1952 heiratete er die um zehn Jahre jüngere Nancy, die ebenfalls als Schauspielerin tätig war.

Nachdem Ronald Reagan 1954 seine Karriere als Schauspieler beendet hatte, arbeitete er als Moderator für Werbesendungen des Elektrokonzerns »General Electric«. Dabei kam ihm die Aufgabe zu, die Produkte der Firma zu bewerben, aber auch den Mitarbeitern aktuellen Klatsch aus Hollywood zu vermitteln. Diesem Auftrag kam er nur bedingt nach und nützte stattdessen die Chance, bei seinen Reisen zu den einzelnen Niederlassungen des Konzerns in vierzig Bundesstaaten der USA über politische Inhalte zu sprechen. So thematisierte er die Vorzüge des freien Unternehmertums oder die Probleme eines staatlichen Rentensystems. Dabei wandelte er sich von einem liberalen Demokraten immer mehr zu einem Anhänger konservativer Werte. Aufgrund seines politischen Engagements verlor Ronald Reagan seinen Job bei »General Electric«, da er sich weigerte, seine Tätigkeit ausschließlich auf das Bewerben der Firmenprodukte zu beschränken und politischen Aktionismus zu unterlassen.

1962 wurde Ronald Reagan Mitglied der Republikanischen Partei und unterstützte im Wahlkampf von 1964 den Präsidentschaftskandidaten der Republikaner, Barry Goldwater. Zwar konnte er ihm nicht zum Sieg verhelfen, machte in seinen Unterstützungsreden aber seine eigenen politischen Ideen deutlich. So sprach er sich für die Befreiung der Menschen in den kommunistischen Ländern Europas aus und propagierte für den innenpolitischen Bereich die totale Zurücknahme des staatlichen Einflusses auf das Wirtschaftsleben.

1966 wurde er zum Gouverneur von Kalifornien gewählt und besiegte den liberalen Demokraten und zweimaligen Amtsinhaber Edmund G. Brown. 1970 wurde Ronald Reagan wiedergewählt und setzte im bevölkerungsreichsten Staat der USA sein konservatives Programm, das massive Kürzungen im Sozialbereich, aber auch im Bildungs- und Gesundheitswesen vorsah, um und verringerte auf diese Weise das Haushaltsdefizit. Gleichzeitig unterzeichnete er ein für die damalige Zeit sehr liberales Abtreibungsgesetz, von dem er sich im Laufe seines politischen Lebens allerdings immer mehr distanzierte. Er setzte sich auch für den Umweltschutz ein, indem er staatliche Umweltschutzagenturen schuf, und sprach sich gegen die Diskriminierung homosexueller Lehrer an öffentlichen Schulen aus. Andererseits verurteilte er jedoch in öffentlichen Reden die Proteste gegen den Vietnamkrieg, die während seiner Amtszeit speziell an kalifornischen Universitäten zunahmen.

1968 bewarb sich Ronald Reagan zum ersten Mal um die Nominierung als Präsidentschaftskandidat der Republikaner, musste sich aber sowohl Richard Nixon, als auch Nelson Rockefeller als Kandidat für das Vizepräsidentenamt geschlagen geben. Einer möglichen dritten Wiederwahl als Gouverneur von Kalifornien stellte sich Reagan nicht mehr und schied 1975 aus dem Amt aus, nicht zuletzt, da er sich erneut um die Nominierung als republikanischer Präsidentschaftskandidat bewerben wollte. Bei seinem zweiten Versuch unterlag er nur ganz knapp dem damaligen amtierenden Präsidenten Gerald Ford, der sich wiederum bei den Präsidentschaftswahlen Jimmy Carter geschlagen geben musste.

Sein Auftreten und seine Reden brachten Ronald Reagan jedoch großen, überregionalen Bekanntheitsgrad und viele Sympathien bei konservativen Republikanern ein, deren Erwartungen er mit seiner patriotischen, antikommunistischen und nationalistischen Haltung perfekt erfüllte. Im Juli 1980 wurde er im Rennen um die Präsidentschaftskandidatur der Republikaner mit großer Mehrheit gewählt. Souverän setzte er sich gegen seine innerparteilichen Konkurrenten Bob Dole und George H. W. Bush durch. Ursprünglich hatte Ronald Reagan geplant, gemeinsam mit dem früheren Präsidenten Gerald Ford als seinem Vizepräsidentschaftskandidaten ins Rennen zu gehen, entschied sich aber dann doch für George H. W. Bush. Sie gewannen daraufhin im November 1980 mit großem Vorsprung die Präsidentschaftswahlen. Zudem erzielten die Republikaner zum ersten Mal seit 1955 wieder eine Mehrheit im US-Senat. Die Wähler hatten sich somit für das republikanische Programm ausgesprochen, das eine weitgehende Nichteinmischung des Staates in wirtschaftliche Belange, Steuersenkungen, die Ablehnung einer nationalen Gesundheitsversicherung und die Erhöhung der Verteidigungsausgaben zur Schaffung einer militärischen Überlegenheit der USA über die Sowjetunion vorsah. Nach der wenig erfolgreichen Präsidentschaft Jimmy Carters setzte man nun voll auf den vermeintlich starken, wertekonservativen und handlungsorientierten Ronald Reagan.

Sein Amtsantritt am 20. Januar 1981 war begleitet von hohem Optimismus in Wirtschaftskreisen, was Dollar- und Aktienkurse steigen ließ. Gleich zu Beginn seiner Amtszeit senkte Ronald Reagan die Einkommensteuer und schuf durch weitere Steuerbegünstigungen ein investitionsfreudiges Klima. Im Ost-West-Konflikt verfolgte er weiter eine harte Linie. Seine Popularität war enorm und stieg noch weiter, als er am 30. März 1981 bei einem Attentat in Washingtons schwer verletzt wurde. Nur wenige Wochen später nahm Ronald Reagan die Amtsgeschäfte wieder auf, was ihm zusätzlichen Respekt einbrachte.

Ronald Reagans Regierungsmannschaft bestand hauptsächlich aus konservativen Männern, die über enge, persönliche Beziehungen in die Welt der Großkonzerne verfügten. Konsequent verfolgten sie eine Politik, in der Sozialprogramme gekürzt, Steuersenkungen vorgenommen und die staatliche Wirtschaftsregulierung so weit wie möglich zurückgenommen wurde.

Außenpolitisch war das Vorgehen des Präsidenten geprägt von einem starken Antikommunismus und dem Sendungsbewusstsein, der Welt Freiheit, Selbstbestimmung und Demokratie verschaffen zu wollen. Die Sowjetunion sah er als »Reich des Bösen« und war bestrebt, ihren Einfluss vor allen Dingen in den Ländern der Dritten Welt zu bekämpfen. Daher war er bereit, jede antikommunistische Militärdiktatur zu unterstützen, auch wenn es diesbezüglich häufig innen- und außenpolitische Bedenken gab. Besonders tragische Folgen hatte diese Politik in El Salvador, wo ein von den USA unterstütztes korruptes Regime einen grausamen Bürgerkrieg gegen Oppositionelle führte. Die US-Regierung verharmloste die im Zuge dieser Auseinandersetzungen begangenen Massenmorde an politischen Gegnern und machte sich mitschuldig am Tod von zehntausenden Menschen.

Die Entspannungspolitik seiner Vorgänger lehnte Ronald Reagan ab und forderte stattdessen eine weitere Erhöhung der Militärausgaben, um die USA besser gegen den Angriff feindlicher Atomraketen schützen zu können und die Flottenstärke der Marine zu erhöhen. Ronald Reagan entschied in seiner ersten Amtszeit den Rüstungswettlauf mit der Sowjetunion für sich, da diese aufgrund immer größer werdender wirtschaftlicher Schwierigkeiten nicht mehr mithalten konnte. Nachdem er zum zweiten Mal zum Präsidenten gewählt worden war, konnte er sich daher Abrüstungsinitiativen widmen und unterschrieb etwa 1987 mit Michail

Gorbatschow einen Vertrag, in dem man übereinkam, die in Europa positionierten nuklearen Mittelstreckenraketen abzurüsten. Inwieweit Ronald Reagans Politik der Demonstration von Rüstungsstärke den Zusammenbruch des Ostblocks mitbegünstigte, ist bis heute nicht eindeutig geklärt. Seine euphorischen Reden, die auch in Osteuropa durch den Radiosender »Radio Free Europe« empfangen werden konnten, trugen sicher zum Widerstand und einer Aufbruchsstimmung bei der dortigen Bevölkerung bei.

In seinem Kampf gegen den kommunistischen Einfluss in Lateinamerika beteiligte sich Ronald Reagan in indirekter Form auch am Krieg gegen die sandinistische Regierung in Nicaragua, bei dem mehr als sechzigtausend Menschen getötet wurden. Eine amerikanische Untersuchungskommission wies dem Präsidenten in diesem Zusammenhang schwere Verfehlungen nach, und einige von Ronald Reagans Mitarbeitern mussten aus dem Amt scheiden. Auch der Internationale Gerichtshof in Den Haag verurteilte die USA für ihre Interventionen in Nicaragua und forderte Reparationszahlungen. Ronald Reagan weigerte sich, dieses Urteil anzuerkennen, was zu einer Resolution des UNO-Sicherheitsrates führte, in der von allen Staaten die Befolgung internationaler Gesetze gefordert wurde. Dagegen legten die USA allerdings ihr Veto ein.

1983 kam es zu einem weiteren Zwischenfall, als amerikanische Truppen die Karibik Insel Grenada besetzten. Offiziell wollte man einer kubanischen Intervention zuvorkommen, da der Ministerpräsident von Grenada Kuba um militärische Unterstützung gebeten hatte. Kuba lehnte dies jedoch ab, zumal man den USA keinen Anlass für eine Invasion Kubas bieten wollte. Die Kämpfe auf Grenada dauerten eine Woche an und kosteten mehr als fünfhundert Amerikanern, Kubanern und Inselbewohnern das Leben. Der UNO-Sicherheitsrat verurteilte die USA in einer Resolution daraufhin ein weiteres Mal für die Verletzung internationalen Rechts, gegen die Amerika umgehend abermals ein Veto einlegte.

Anlässlich des vierzigsten Jahrestages des Endes des Zweiten Weltkrieges besuchte Ronald Reagan 1985 Deutschland und traf sich mit Michail Gorbatschow zu Abrüstungsverhandlungen. 1987 kam es dann, wie erwähnt, tatsächlich zur Unterzeichnung des Vertrages zur Abschaffung von amerikanischen und sowjetischen Mittelstreckenraketen in Europa. Im selben Jahr forderte Ronald Reagan Michail Gorbatschow bei einer Rede am Brandenburger Tor in Berlin auf, die Berliner Mauer niederzureißen. Nur zwei

Jahre später wurde die ganze Welt dann tatsächlich Zeuge des Falls dieses Symbols der Trennung von Ost und West.

1984 wurde Ronald Reagan bei den Präsidentschaftswahlen mit großer Mehrheit wieder gewählt. Nur in Minnesota, dem Heimatstaat seines demokratischen Rivalen Walter Mondale, und in der Hauptstadt Washington unterlag er stimmenmäßig seinem Gegner.

Die wirtschaftliche Situation der USA hatte sich allerdings immer mehr verschlechtert, was sich in einer steigenden Inflation und der Stagnation des wirtschaftlichen Wachstums zeigte. Ein weiteres Problem waren die hohen Arbeitslosenraten. Ronald Reagan verfolgte während seiner zweiten Amtszeit den Weg einer angebotsorientierten Wirtschaftspolitik, mit deren Hilfe bessere Bedingungen für das wirtschaftliche Wachstum erzielt werden sollten. Dazu wurden eine Steuerreform, sowie Veränderungen des Sozialversicherungssystems beschlossen. Diese Politik der »Reagonomics« unterstützte auch Steuersenkungen für Unternehmen, um mehr Anreize für Investitionen zu bieten und auf diese Weise die Arbeitslosenraten zu senken, was wiederum zu höheren Steuereinnahmen führen sollte. Langsam erholte sich die Wirtschaft, die Arbeitslosenquoten sanken und auch die Inflationsrate konnte reduziert werden. Durch die hohen Militärausgaben vergrößerten sich allerdings das Haushaltsdefizit und die Staatsverschuldung der USA, weshalb sich die Regierung zu massiven Kürzungen von Sozialprogrammen entschied. Ronald Reagans bisheriger Vizepräsident, George H. W. Bush, sollte nach Ablauf seiner Amtszeit diese Politik weiterführen. Dass dies ganz im Sinne der amerikanischen Bevölkerung war, bewies dessen Erfolg bei den Präsidentschaftswahlen von 1988.

Seit den neunziger Jahren des vorigen Jahrhunderts litt Ronald Reagan an der Alzheimerschen Krankheit. Er starb im Jahr 2004 im Alter von dreiundneunzig Jahren und wurde in Kalifornien beigesetzt. Als er mit neunundsechzig Jahren Präsident der USA wurde, war er der älteste, der jemals dieses Amt übernommen hatte. Bis heute gilt er bei vielen konservativen Amerikanern als der beste Präsident nach dem Zweiten Weltkrieg. Bei seinem Ausscheiden aus dem Amt war er trotz vieler bedenklicher politischer Entscheidungen seit Dwight D. Eisenhower auch der populärste.

GEORGE HERBERT WALKER BUSH

* 12. Juni 1924 in Milton, Massachusetts

41. Präsident der Vereinigten Staaten
(1989–1993) – Republikaner

»Read my lips: no new taxes.«

(VERSPRECHEN VON GEORGE BUSH ANLÄSSLICH
SEINER PRÄSIDENTSCHAFTSKANDIDATUR)

George Bush wurde am 12. Juni 1924 in Milton, Massachusetts, in wohlhabende Verhältnisse hineingeboren. Sein Vater war Bankier und ehemaliger Senator aus Connecticut, weshalb George Bush schon früh mit dem politischen Leben in Berührung kam. Er besuchte die Philips Academy in Andover, Massachusetts, und sollte 1942 sein Studium an der Yale University beginnen. Allerdings entschied er sich im selben Jahr nach dem Angriff der Japaner auf Pearl Harbor, in die US-Navy einzutreten. Er machte sich als Pilot sehr verdient und verließ nach der japanischen Kapitulation im September 1945 die Navy mit hohen Ehren. Im selben Jahr heiratete er Barbara Pierce, die Tochter des Herausgebers des populären Magazins McCalls und Nachfahrin des ehemaligen Präsidenten Franklin Pierce. Sie haben sechs Kinder, von denen eine Tochter noch im Vorschulalter an Leukämie verstarb. Einer der Söhne, George W. Bush, sollte später zum 43. Präsidenten der Vereinigten Staaten werden und ein anderer, Jeb Bush, zum Gouverneur von Florida.

Zwischen 1945 und 1948 absolvierte George Bush sein Studium der Wirtschaftswissenschaften an der Yale University, das er in Rekordzeit beendete. Daraufhin begann er sich in Texas im Ölgeschäft zu etablieren und gründete 1953 die Firma Zapata Petroleum. Er begann seine politische Karriere 1962 als Vorsitzender der republikanischen Partei in einem texanischen County. Zwei Jahre später blieb er bei den Senatswahlen zwar erfolglos, wurde aber 1966 als Abgeordneter in das US-Repräsentantenhaus gewählt und 1968 für eine weitere Legislaturperiode bestätigt. Als er 1966 ganz in die

Politik wechselte, verkaufte er seine Firmenanteile für einen hohen Betrag. Ein weiterer Versuch, in den Senat gewählt zu werden, scheiterte 1970 abermals.

Präsident Nixon bot ihm den Posten des US-Botschafters bei der UNO an, den er zwischen 1971 und 1973 bekleidete. 1973/1974 war er Vorsitzender des »Republican National Committee«. In seiner Funktion als Leiter dieses Republikanischen Nationalkomitees war er vor allen Dingen dafür verantwortlich, die Republikanische Partei nach den Skandalen während der Amtszeit von Richard Nixon zusammen zu halten und den allgemeinen Schaden für die Partei zu beschränken.

Unter Richard Nixons Nachfolger Gerald Ford wurde George Bush zum Leiter des Verbindungsbüros in Peking. Präsident Gerald Ford betraute ihn wenig später auch mit der Leitung des CIA, einem Posten, den er nur nach langen Überlegungen annahm, da dieser Job kaum geeignet war, seine weiteren politischen Ambitionen zu begünstigen. Seine Tätigkeit beim Geheimdienst beschränkte sich weitgehend auf dessen Neuorganisation und einer stärkeren Kontrolle seiner Aktivitäten. Als Jimmy Carter die Präsidentschaftswahl gewann, musste George Bush den Posten des CIA-Direktors wieder räumen.

Von 1977 bis 1979 war George Bush dann einer der Direktoren des »Council on Foreign Relations«, eines einflussreichen Think Tank der USA. Als er sich 1980 um die Präsidentschaftskandidatur der Republikaner bewarb, wurde Renald Reagan der Vorzug gegeben. Zuvor war er auch für das Amt des Vizepräsidenten sowohl von Richard Nixon, als auch 1974 von Gerald Ford abgelehnt worden. Ronald Reagan bot ihm allerdings diesmal die Stelle als Vizepräsidentschaftskandidat an, und gemeinsam gewannen sie die Wahl gegen den amtierenden Präsidenten Jimmy Carter und seinen Vizepräsidentschaftskandidaten Walter Mondale. In seiner Position als Vizepräsident stand George Bush Ronald Reagan loyal zur Seite, und versuchte kaum, sich ein eigenes Profil zu geben. Die Präsidentschaftswahlen im November 1984 wurden abermals von Ronald Reagan gewonnen und George Bush blieb sein Vizepräsident.

Vier Jahre später wurde er dann selbst als Präsidentschaftskandidat der Republikaner nominiert und gab auf dem Nominierungsparteitag das Versprechen ab, als Präsident keine Steuererhöhungen zuzulassen, sondern durch sein Veto zu verhindern. Er siegte über seinen demokratischen Gegenspieler Michael Dukakis, den Gouverneur von Massachusetts. Bei den Kongresswahlen konnten die Demokraten allerdings in beiden Kammern ihre Mehrheit behalten. 1989 wurde George Bush als 41. Präsident der Vereinigten Staaten vereidigt und betonte die Notwendigkeit einer Konsolidierung des Staathaushaltes und der Reduzierung des Haushaltsdefizits. Dies wollte er durch Ausgabenkürzungen erreichen, während die Demokraten Steuererhöhungen forderten. Man einigte sich 1990 auf einen Kompromiss, wobei George Bush den Forderungen des Kongresses nachgab und doch Steuererhöhungen für Benzin, Zigaretten und einige Luxusgüter zustimmte, womit er sein Wahlversprechen von 1988 brach. In den eigenen Reihen erntete er dafür viel Kritik, und besonders der spätere Sprecher des Repräsentantenhauses, Newt Gingrich, ging auf Konfrontationskurs gegen seine Politik.

Während George Bushs Präsidentschaft wurde der »Clean Air Act« verabschiedet, der ein wichtiger Schritt zu mehr Bewusstsein in der Umweltpolitik war. Der »Civil Rights Act« von 1990 sah eine bessere Integration körperlich Behinderter in den Arbeitsmarkt vor. Die Demokraten wurden bei den Kongresswahlen noch stärker und gewannen sowohl im Senat, als auch im Repräsentantenhaus Mandate dazu, was die politische Handlungsfähigkeit von George Bush weiter beschränkte. Gleichzeitig war dieses Ergebnis auch Ausdruck einer hohen Unzufriedenheit vieler Wähler mit seiner Politik. Die wirtschaftlichen und sozialen Probleme nahmen weiter zu, und das Haushaltsdefizit blieb erschreckend hoch. Notwendig wurde auch die staatliche Sanierung von zahlungsunfähigen Sparkassen. Die Konjunktur brach weiter ein, und die Arbeitslosenraten stiegen entsprechend an. Lediglich die Inflationswerte blieben einigermaßen stabil. Um das Haushaltdefizit zu reduzieren, wurde 1990 ein weiteres Gesetz verabschiedet, das weitere Steuererhöhungen für Benzin, Tabak und Alkohol vorsah, jedoch wiederum wenig bewirkte.

Zwar sah George Bush von weiteren Kürzungen im Sozialbereich ab, dennoch gelang es ihm nicht, die immer teurer werdenden Sozialhilfeprogramme angesichts weiter zunehmender Arbeitslosigkeit und Armut in den Griff zu bekommen. Immer mehr Amerikaner rutschten unter die Armutsgrenze, wobei speziell Schwarze davon betroffen waren. George Bush setzte ganz auf die Steuerung durch den Markt und vertraute auf einen neuen Wirtschaftsaufschwung. Viele soziale Probleme würden sich seiner Meinung nach ganz einfach durch die Stärkung der Eigenverantwortlichkeit des Einzelnen lösen lassen.

George Bush plante aber auch, durch gezielte Maßnahmen das Bildungswesen zu reformieren, die hohen Kriminalitätsraten zu senken und die Drogenprobleme zu bekämpfen. Dem steigenden Drogenkonsum in der amerikanischen Gesellschaft versuchte er einerseits, mit einigen Programmen zur Drogenberatung in Schulen beizukommen, und andererseits mit der Bekämpfung der Drogenmafia in lateinamerikanischen Staaten wie Kolumbien, Peru und Bolivien. Der steigenden Kriminalität wollte er mit einer Verstärkung der polizeilichen Einsatzkräfte und härteren Strafen begegnen. Das Bildungsprogramm »Amerika 2000«, welches 1991 etabliert wurde, sollte den Bildungsrückstand amerikanischer Schüler in Fächern wie Englisch, Mathematik oder Naturwissenschaften verringern. Mit diesen Maßnahmen sollten die Schulen verbessert und neue Schultypen geschaffen werden. Außerdem wurden zur Qualitätssicherung des Schulsystems zentrale nationale Prüfungen eingeführt, die alle Schüler absolvieren mussten. Auch die berufliche Bildung sollte einer Reform unterzogen werden. George Bushs ambitioniertes Bildungsprogramm konnte allerdings nur teilweise umgesetzt werden, da der Kongress viele Maßnahmen nicht mittragen wollte. Speziell die freie Schulwahl von Eltern, die selbst entscheiden wollten, ob sie ihre Kinder in öffentliche oder in die meist besseren privaten Schulen schicken wollten, wobei es für die kostenpflichtigen privaten Institutionen dann staatliche Unterstützungen gegeben hätte, stieß auf massiven Widerstand bei vielen Demokraten und der Lehrergewerkschaft. Man ortete durch solche Subventionen eine Schwächung des öffentlichen Schulwesens und eine ungerechtfertigte Unterstützung von Privatschulen durch Steuergelder.

1973 hatte der Oberste Gerichtshof die Schwangerschaftsunterbrechung bis zum dritten Monat erlaubt, eine Entscheidung, die Abtreibungsgegner jedoch in mehreren Einzelstaaten anfochten. Neue Gesetze erschwerten die Abtreibung wiederum, und auch George Bush legte sein Veto gegen Gesetzesvorschläge der Demokraten im Kongress ein, die die Verwendung öffentlicher Mittel zur Unterstützung von Schwangerschaftsunterbrechungen in den ersten drei Monaten vorsahen und bei Beratungsleistungen zur Familienplanung auch die Möglichkeit von Abtreibungen thematisieren sollten. 1990 unterzeichnete George Bush ein Anti-Raucher-Gesetz und ein neues Einwanderungsgesetz, welches die Quote für hochqualifizierte Personen erhöhte. George Bushs Popularität sank kontinuierlich, da die inneren Schwierigkeiten des Landes nicht bewältigt wurden. Speziell die Kritik an seiner Wirtschaftspolitik wurde immer lauter.

Erfolgreicher war George Bush im Bereich der Außenpolitik, in einem Bereich, in dem er schon bei Amtsantritt auf viel Erfahrung verweisen konnte, die er in den siebziger Jahren als UNO-Botschafter und später als Verbindungsmann in China hatte erlangen können. Nach dem Ende des Kalten Krieges verhielt sich George Bush abhaltend pragmatisch und setzte den von Ronald Reagan begonnenen Dialog über Abrüstung mit dem sowjetischen Präsidenten Michail Gorbatschow fort. 1989 verkündeten beide bei einem Gipfeltreffen auf Malta das Ende des Kalten Krieges. Man überlegte die Reduzierung der strategischen und konventionellen Waffen in Europa und stellte verbesserte Handelsbeziehungen in Aussicht. Die Gespräche wurden bei einem weiteren Treffen der beiden Staatsoberhäupter 1990 in Washington fortgeführt und mehrere Abkommen zur Verbesserung der allgemeinen und der wirtschaftlichen Beziehungen unterzeichnet. 1991 wurde von George Bush und Michail Gorbatschow in Moskau der START-I-Vertrag unterschrieben, der eine verstärkte Kontrolle und Reduktion von Atomwaffen auf beiden Seiten vorsah. Die ehemalige UdSSR begann, immer mehr auseinander zu fallen, und die USA sahen sich nun einer Reihe von Nachfolgestaaten gegenüber. Die Beziehungen zu Russlands Präsidenten Boris Jelzin waren für die USA dabei von besonderer Bedeutung. Die Administration von George Bush war bestrebt, Russland als Partner für die Lösung von weltpolitischen Problemen zu gewinnen, und bereit, dafür Wirtschaftshilfe zu leisten. Dies brachte George Bush den Vorwurf ein, die Reform- und Demokratieprozesse in den anderen Nachfolgestaaten der UdSSR zu wenig unterstützt zu haben. Nach dem Fall der Berliner Mauer 1989 und der Wiedervereinigung Deutschlands verhielt sich George Bush grundsätzlich zustimmend, wollte aber in dieser Situation die Sowjetunion nicht provozieren. Er forderte allerdings, dass Deutschland ein Mitglied der NATO bleiben müsse, was von der Sowjetunion akzeptiert wurde.

1989 griffen die USA militärisch in Panama ein, um General Manuel Antonio Noriega, den Staatschef des Landes, der am internationalen Drogenhandel beteiligt war, zu verhaften und vor Gericht zu stellen. Diese Intervention war international umstritten und schürte vor allem in Lateinamerika die Angst vor einem neuen Interventionismus der USA.

Anlässlich des Massakers auf dem Tiananmen-Platz in der chinesischen Hauptstadt Peking, wo im März 1989 ein demokratisch motivierter Protest durch das Militär gewaltsam niedergeschlagen wurde, beschloss George Bush, die chinesisch-amerikanischen Beziehungen nicht zu gefährden, da dies für ihn, einem Kenner der chinesischen Mentalität, für die Erhaltung des Weltfriedens erforderlich schien.

Als 1990 der irakische Diktator Saddam Hussein Kuwait überfiel, wurde dieser Aggressionsakt von George Bush und Michail Gorbatschow gleichermaßen verurteilt. Daraufhin ersuchte Saudi-Arabien um Unterstützung. George Bush entsandte Truppen und wollte Kuwait befreien, ohne jedoch zuvor dafür ein UNO-Mandat erhalten zu haben. Dem Irak wurde eine Frist eingeräumt, um sich aus Kuwait zurückziehen zu können. Als diese verstrichen war, begannen wenig später die Luftschläge von einer Gemeinschaft aus achtundzwanzig Staaten gegen dieses Land. Nach einem Monat wurden die Kampfhandlungen eingestellt, da der Irak mit dem Abzug begonnen hatte. Von einer Besetzung des Irak sah George Bush ab, da er nicht den Ausbruch eines Bürgerkrieges in diesem Land riskieren wollte und keine Sicherheitsinteressen der USA in diesem Land zu erkennen glaubte. Die Hoffnungen, Saddam Hussein würde nach dem Krieg im eigenen Land gestürzt werden, erfüllten sich allerdings nicht. Die Interessen der USA im Nahen und Mittleren Osten waren immer sehr groß, da die Region von wesentlicher Bedeutung für die Versorgung der Weltwirtschaft mit Erdöl ist. Durch die Intervention im Golfkrieg zur Befreiung Kuwaits bauten sie ihre Rolle als Stabilisator in diesem Gebiet zwar weiter aus, lösten jedoch die dortigen Probleme nicht. Auch die israelisch-arabischen Beziehungen verbesserten sich dadurch nicht. Im Rahmen des Bürgerkrieges im ehemaligen Jugoslawien gab es von Seiten der US-Politik kaum Lösungsversuche, die Administration von George Bush war vielmehr daran interessiert, sich aus dem Konflikt möglichst heraus zu halten.

George Bushs Popularität sank weiter, da ihm vielfach vorgeworfen wurde, sich zwar erfolgreich um außenpolitische Belange zu kümmern, den innenpolitischen Bereich jedoch weitgehend zu

vernachlässigen. Dies sah man allerdings als dringend erforderlich an, da das Land unter einer schweren Wirtschaftskrise litt. So
verlor George Bush 1992 die Wahl gegen den jungen, noch völlig
unverbrauchten Bill Clinton, nicht zuletzt auch deshalb, weil der
texanische Milliardär, Ross Perot, als parteiloser Präsidentschaftskandidat auch bei vielen Republikanern durchaus populär war
und George Bush wichtige Wählerstimmen wegnahm.

In den letzten Tagen seiner Amtszeit schickte George Bush noch
Truppen nach Somalia, um ein UNO-Mandat auszuführen und
die dortige Bevölkerung mit humanitärer Hilfe zu unterstützten.
Zu Beginn des Jahres 1993 wurde von ihm und dem russischen
Präsidenten Boris Jelzin der START-II-Vertrag unterzeichnet, der
eine weitere Abrüstung von Nuklearwaffen vorsah.

George Bush zog sich nach seiner politischen Tätigkeit nach
Texas bzw. auf seinen Sommersitz nach Maine zurück und bekam
2011 von Präsident Barack Obama die »Presidential Medal of Free-
dom«, die höchste zivile Auszeichnung der Vereinigten Staaten von
Amerika verliehen. Er ist gegenwärtig der älteste noch lebende
ehemalige Präsident der Vereinigten Staaten.

WILLIAM JEFFERSON CLINTON

* 19. August 1946 in Hope, Arkansas

42. Präsident der USA (1993–2001) – Demokrat

> »*I did not have sexual relations with
> that woman, Miss Lewinsky.*«
>
> (BILL CLINTON, DER IM FERNSEHEN SEINE AFFÄRE MIT DER
> PRAKTIKANTIN MONICA LEWINSKY ÖFFENTLICH LEUGNETE)

Bill Clinton folgte George H. W. Bush mit sechsundvierzig Jahren als einer der jüngsten Amtsinhaber als Präsident nach. Er wurde am 19. August 1946 als William Jefferson Blythe in Hope, Arkansas, geboren. Sein Vater, ein Handelsreisender, kam bereits drei Monate vor seiner Geburt bei einem Autounfall ums Leben. Bill Clinton wuchs daher während der ersten Lebensjahre bei den Großeltern mütterlicherseits auf, die in seiner Geburtsstadt einen kleinen Laden führten. Seine Mutter, die einige Zeit lang als Krankenpflegerin in New Orleans tätig war, heiratete nach ihrer Rückkehr den Autohändler Roger Clinton, einen Spieler und Alkoholiker, der die Familie regelmäßig misshandelte, wie Bill Clinton in seiner Biographie berichtet. Die neue Familie zog nach Hot Springs, Arkansas, um, wo Bill Clinton, der den Namen seines Stiefvaters angenommen hatte, und sein Stiefbruder die Schule besuchten.

Anschließend studierte er »Internationale Beziehungen« an der Georgetown University in Washington D. C. und erwarb erste politische Erfahrungen durch seine studienbegleitende Tätigkeit bei J. William Fulbright, einem demokratischen Senator aus Arkansas. Er gewann das prestigeträchtige »Rhodes-Stipendium«, das ihm einen zweijährigen Studienaufenthalt an der University of Oxford in England ermöglichte. Anschließend widmete er sich dem Studium der Rechtswissenschaften an der renommierten Yale University, wo er auch seine spätere Ehefrau Hillary Rodham kennen lernte. Nach Beendigung seiner universitären Ausbildung nahm er eine Stelle an der University of Fayetteville an. Nur wenig später bewarb er sich 1974 bei den Kongresswahlen um einen Abgeordnetensitz im

Repräsentantenhaus. Dabei scheiterte er vermutlich auch, weil ihm seine republikanischen Gegenspieler vorwarfen, sich der Einberufung zum Militärdienst in Vietnam entzogen zu haben. Bill Clinton war in jungen Jahren ein entschiedener Gegner des Vietnamkrieges und tief beeindruckt von der Bürgerrechtsbewegung der schwarzen Amerikaner, die von Martin Luther King angeführt wurde. Er selbst hatte die Diskriminierung der afro-amerikanischen Bevölkerung in seinem Heimatstaat hautnah miterlebt und verurteilte sie aufs Schärfste.

1975 heirateten Bill und Hillary Clinton, fünf Jahre später wurde die gemeinsame Tochter Chelsea geboren. Auch Bill Clintons Frau arbeitete zunächst an der Universität, entschied sich dann aber für eine Anwaltskarriere. Zudem widmete sie sich Bildungsreformen in Arkansas und setzte sich massiv für Frauenrechte ein. Ihre beruflichen Erfolge und das engagierte Auftreten hatten wesentlichen Einfluss auf die spätere politische Karriere ihres Mannes. 1976 wurde Bill Clinton Justizminister seines Heimatstaates und zwei Jahre darauf Gouverneur. Er trat dieses Amt mit erst zweiunddreißig Jahren an und versprach, vor allen Dingen für Verbesserungen im Bildungsbereich und bei der Infrastruktur zu sorgen. Diese und andere politische Pläne wurden von der Bevölkerung von Arkansas, einem der ärmsten Bundesstaaten der USA, allerdings wenig goutiert, zudem erschien Bill Clinton vielen als zu jung, zu überheblich und unfähig, die Verantwortung für den Staat, der zu diesem Zeitpunkt von einer wirtschaftlichen Krise und mehreren Naturkatastrophen heimgesucht worden war, zu übernehmen. Daher gelang ihm zwei Jahre später keine Wiederwahl zum Gouverneur. Doch er gab nicht auf, lernte aus seinen Fehlern und überzeugte seine Wähler, die ihn 1983 ins Gouverneursamt in Little Rock zurückholten. Abermals waren seine vordringlichen politischen Ziele eine groß angelegte Schulreform, die Schaffung neuer Arbeitsplätze und die Senkung von Energiekosten. Er bewies Durchsetzungsvermögen und konnte eine Reihe von wirtschaftlichen Erfolgen verbuchen.

Sein Ansehen in der demokratischen Partei stieg weiter, und er wurde sogar als möglicher Präsidentschaftskandidat für die Wahlen von 1988 gehandelt. Daran war er vorerst nicht interessiert, bewarb sich aber vier Jahre später dann doch für das Amt des amerikanischen Präsidenten. Er konnte sich bereits in den Vorwahlen als Spitzenkandidat der Demokratischen Partei durchsetzen und stellte sich gemeinsam mit dem Kandidaten für das Amt des

Vize-Präsidenten, dem Senator von Tennessee, Al Gore, der Wahl für das höchste Amt im Staat.

Sein Wahlkampf schien kurz in eine ernste Krise zu geraten, als ein angebliches Verhältnis zu einer Nachtclubsängerin bekannt und die Vermutung laut wurde, er habe als Student illegale Drogen konsumiert. In einem TV-Interview, das er mit seiner Frau an der Seite gab, räumte er Probleme in der Ehe ein, bestritt jedoch die Affäre mit der Sängerin. Auch den Konsum von Marihuana gab er zu. Diese Eingeständnisse sicherten ihm dann letztendlich die Kandidatur für das Präsidentenamt.

Sein Gegenkandidat war der amtierende Präsident George H. W. Bush. Bill Clintons Wahlprogramm sah staatliche Maßnahmen zur Ankurbelung der Wirtschaft vor und hatte zum Ziel, das Haushaltsdefizit zu senken. Weitere Priorität waren Reformen im Gesundheits- und Bildungswesen. Er setzte ganz auf einen gesellschaftspolitischen Wandel und errang damit den Sieg. Ein dritter Präsidentschaftskandidat, der texanische Milliardär Ross Perot, zog viele konservative Wählerstimmen von den Republikanern auf sich. Bill Clinton erhielt vor allen Dingen die Stimmen der schwarzen und hispanischen Wähler, wurde aber auch von bildungsfernen Schichten und Frauen zum Präsidenten gewählt und am 20. Januar 1993 vereidigt.

Sein Kabinett war in repräsentativer Form mit Frauen und Angehörigen von ethnischen Minderheiten besetzt. Er hatte bewusst an den Mythos des ehemaligen Präsidenten John F. Kennedy angeknüpft, mit dem man ihn oft verglich. Zu seinem Wahlsieg trug weiterhin auch das nicht gehaltene Versprechen von George Bush bei, der einst Steuererhöhungen ausgeschlossen, diese dann aber doch für notwendig erachtet hatte.

Bill Clinton trat seine erste Amtszeit in einer Phase an, die geprägt war vom Zerfall des Sozialismus und einer wirtschaftlichen Aufbruchsstimmung. Die Staatsverschuldung der USA war so hoch wie nie zuvor, und das Haushaltsdefizit stieg jedes Jahr weiter an. Dies war eine Hinterlassenschaft der Präsidentschaft Ronald Reagans, und schon George Bush hatte während seiner Amtszeit den Versuch unternommen, die gigantischen Staatsschulden einzudämmen. Ein Programm, das Maßnahmen zur Reduzierung des Haushaltsdefizits enthielt, fand nur nach hartem Ringen die Zustimmung des Kongresses. Dennoch konnte Bill Clinton damit einen wichtigen politischen Erfolg für sich verbuchen. Zudem schrumpfte das Haushaltsdefizit tatsächlich, und im Jahr 2000 war bereits ein Überschuss erwirtschaftet worden.

Die haushaltspolitischen Entscheidungen der Regierung von Bill Clinton wirkten sich positiv auf die Entwicklung der amerikanischen Wirtschaft aus. Diese befand sich im Aufwärtstrend, die Wachstumsraten waren hoch und die Inflation niedrig. Dadurch sanken auch die Arbeitslosenzahlen.

Ein zentraler Punkt von Bill Clintons innenpolitischen Maßnahmen war eine grundlegende Reform des amerikanischen Gesundheitswesens. Dazu wollte er eine allgemeine Krankenversicherung einführen, auch um auf diese Weise die Kostenexplosion im Gesundheitswesen in den Griff zu bekommen. Er beauftragte seine Frau Hillary mit der Bildung und Leitung einer Arbeitsgruppe, die sich mit der Reform des Gesundheitswesens befassen sollte. Niemals zuvor hatte eine First Lady eine derart wichtige und anspruchsvolle Aufgabe übernommen. Bill Clinton schwebte eine Gesamtreform vor, die auch Kostenbeteiligungen der Arbeitgeber vorsah. Die Mehrheit der Kongressabgeordneten war aber nur bereit, Teilreformen mitzutragen, weshalb eine Verabschiedung der Gesundheitsreform 1994 misslang. Einen Teilerfolg mit seinem gesundheitspolitischen Konzept konnte Bill Clinton dann erst in seiner zweiten Amtszeit verbuchen, als er mit dem »State Children's Health Insurance Program« zumindest erreichte, dass mittels bundesstaatlicher Zuschüsse an die Einzelstaaten wenigstens Kinder und Jugendliche aus einkommensschwachen Familien krankenversichert wurden.

Im Rahmen von Maßnahmen zur Verbrechensbekämpfung setzte Bill Clinton den Ausbau von Gefängnissen, die Einstellung von hunderttausend neuen Polizisten, die Ausweitung von Verbrechenspräventionsprogrammen und das Verbot einiger halbautomatischer Waffen durch. Auch das Strafrecht wurde verschärft, wobei sich Bill Clinton für eine harte Linie gegenüber Delinquenten aussprach.

Weiterhin wurde die Anhebung des Mindestlohnes auf 5,15 Dollar pro Stunde festgelegt. Ein Gesetz, das Arbeitnehmern im Fall von Schwangerschaft und Krankheit das Recht auf unbezahlten Urlaub zusprach, wurde in Kraft gesetzt und ein weiteres verabschiedet, das auch Homosexuelle für den Militärdienst zuließ. Unter der Devise »Don't ask, don't tell« rief diese Bestimmung allerdings nicht nur die Kritik hoher Militärs und konservativer

Kreise hervor, sondern auch jene von homosexuellen Verbänden, die in dieser Bestimmung nach wie vor massive Diskriminierung orteten. Obwohl illegale Einwanderer auch weiterhin keinen Anspruch auf staatliche Sozialversicherungsleistungen hatten, legte Bill Clinton gegen einen Gesetzesvorschlag der Republikaner sein Veto ein, der vorsah, Kinder von illegalen Einwanderern nicht mehr den Besuch öffentlicher Schulen zu gestatten.

Die Skandale, welche so charakteristisch für beide Amtszeiten von Bill Clinton werden sollten, begannen bald nach seinem Amtsantritt. Dem Ehepaar Clinton wurde im »Whitewater-Skandal« Fehlverhalten im Zusammenhang mit Immobilienspekulationen vorgeworfen, und Bill Clinton von einer Staatsangestellten wegen sexueller Belästigung, die er angeblich während seiner Zeit als Gouverneur in Arkansas verübt hatte, angeklagt. Das Gerichtsverfahren konnte allerdings abgewendet werden, ohne dass Bill Clinton irgendeine Schuld eingestanden hätte. Außerdem gab es Korruptionsvorwürfe gegen zwei Kabinettsmitglieder der Clinton-Administration. 1994 war die Popularität von Bill Clinton auf einen Tiefpunkt gesunken, und die Republikaner erhielten zum ersten Mal nach vierzig Jahren wieder die Mehrheit sowohl im Repräsentantenhaus, als auch im Senat.

Außenpolitisch vermittelte Bill Clinton erfolgreich zwischen Israel und der palästinensischen Befreiungsorganisation PLO, wobei sich die PLO bereit erklärte, im Gegenzug für eine beschränkte Selbstverwaltung Angriffe auf Israel einzustellen. Amerikanischen Soldaten, die eine UNO-Truppe im bürgerkriegsgeschüttelten Somalia unterstützen sollten, fanden bei diesem humanitären Einsatz den Tod, woraufhin die USA ihre Truppen abzogen.

Beim Bürgerkrieg in Ruanda 1994 entschied sich Bill Clinton gegen eine Einmischung der USA, und unternahm damit nichts, um den Völkermord am Volk der Tutsi durch die Hutu zu verhindern. Dieses Versäumnis sollte er nach dem Ende seiner Amtszeit auch öffentlich bedauern. Nach Haiti entsandten die USA allerdings Truppen, um den ersten jemals demokratisch gewählten Präsidenten, Jean-Bertrand Aristide, nach dessen Vertreibung durch das Militär erneut als Präsidenten einzusetzen.

1996 gewann Bill Clinton abermals die Präsidentschaftswahl gegen seinen republikanischen Herausforderer Robert Dole, einem Senator aus Kansas, und wiederum gegen den texanischen Milliardär und unabhängigen Kandidaten, Ross Perot. Obwohl die

Wähler Bill Clinton nicht unbedingt vertrauten, erkannten sie doch an, dass er seinen Job gut machte.

Bill Clintons zweite Amtszeit stand zu einem nicht unwesentlichen Teil unter dem Eindruck seiner Affäre mit der Praktikantin Monica Lewinsky, die sogar ein Amtsenthebungsverfahren zu Folge hatte, welches jedoch scheiterte. Er war damit der zweite Präsident nach Andrew Johnson im Jahr 1868, gegen den ein Verfahren dieser Art eingeleitet wurde. Richard Nixon, gegen den ebenfalls eines geplant war, trat zuvor zurück. Bill Clinton gestand die Affäre erst nach anfänglichem Leugnen ein, wobei das Amtsenthebungsverfahren nicht wegen der Affäre mit der Praktikantin, sondern wegen Bill Clintons Falschaussage unter Eid, Leugnung der Liaison bzw. der damit verbundenen Behinderung der Justiz eingeleitet wurde. Letztendlich blieb das Verfahren zur Amtsenthebung erfolglos und Bill Clinton im Amt.

Während der zweiten Amtszeit von Bill Clinton entwickelte sich die Wirtschaft gut und im Rahmen des »Tax Payer Relieve Act« aus dem Jahre 1997 erfolgten Steuersenkungen. Ihm gelang es auch aufgrund der positiven Wirtschaftsentwicklungen und einem Plus bei den Sozialausgaben seit 1969 erstmals wieder, einen ausgeglichenen Staatshaushalt zu erzielen. Außenpolitisch war es ein Anliegen Bill Clintons, die Beziehungen zwischen den USA und Vietnam zu verbessern, und er setzte sich auch für die Unterzeichnung des Kyoto-Protokolls ein, was dann später durch die Regierung von George Bush wieder aufgehoben wurde. Im Nahostkonflikt war Bill Clinton bestrebt, zwischen Yassir Arafat und Ehud Barak zu vermitteln, und erzielte bei den Camp-David-Gesprächen im Sommer 2000 beinahe eine Einigung. Den Beginn der zweiten Intifada im Nahen Osten im Jahr 2000 konnte er allerdings nicht verhindern.

Die USA nahmen an NATO-Attacken während des Bosnien-Krieges teil, und im November 1995 unterschrieben die Präsidenten Kroatiens, Serbiens und Bosnien-Herzegowinas einen Friedensvertag in Dayton, Ohio. Bill Clinton war auch 1999 mitverantwortlich für den NATO-Einsatz im Rahmen des Kosovo-Krieges gegen die damalige Bundesrepublik Jugoslawien, nachdem die Verhandlungen gescheitert waren. Allerdings gab es keine Legitimation für den Einsatz durch den UNO-Sicherheitsrat, und es wurden bisweilen auch zivile Einrichtungen angegriffen, was Bill Clinton viel Kritik einbrachte.

Als Saddam Hussain, der Präsident des Irak, UNO-Waffenins-pekteure 1998 entgegen den Bestimmungen einer UNO-Resolution aus dem Jahr 1991 des Landes verwies, veranlasste Bill Clinton die Bombardierung militärischer Anlagen und Einrichtungen, von denen vermutet wurde, dass sie dem Bau von Massenvernichtungs-waffen dienten.

Im selben Jahr verübte das islamische Terrornetzwerk Al-Qaida Terroranschläge auf die Botschaften der Vereinigten Staaten in Tansania und Kenia, bei denen viele Menschenleben zu beklagen waren. Schon damals wurde Osama Bin Laden als Drahtzieher dieser terroristischen Aktivitäten vermutet, und Bill Clinton befahl, ihn auszuschalten. Im Jahre 2000 kam es zu einer Attacke eines US-Militärschiffes durch Terroristen im Jemen.

Auch wenn Bill Clintons Außenpolitik vielfach als zu zögerlich und zu wenig effizient eingestuft wurde und vor allen Dingen seine zweite Amtszeit stark geprägt war durch Skandale um seine Person, ist er bis heute äußerst populär. Seine Tätigkeit als Präsident der Vereinigten Staaten endete am 20. Januar 2001. Seitdem widmet er sich seiner Stiftung, die sich besonders mit der Bekämpfung von AIDS befasst und bereits wichtige Erfolge bei Verhandlungen mit Pharmafirmen in Hinblick auf eine Senkung der Preise für Medikamente erzielte. Bill Clintons Autobiographie mit dem Titel »My Life« wurde ein weltweiter Erfolg, und auch als Redner konnte er sich auf der ganzen Welt profilieren. Seine angeschlagene Gesundheit machte 2004 eine Bypass Operation notwendig, allerdings war er schon im darauffolgenden Jahr als Sonderbeauftragter der Vereinten Nationen für die Koordination der Hilfs- und Wiederaufbaumaßnahmen im Indischen Ozean tätig, dessen Anrainerstaaten 2004 von einem Seebeben mit anschließendem Tsunami erschüttert worden waren. 2010 musste er sich einer weiteren Herzoperation unterziehen und unterstützte 2012 die Wiederwahl Barack Obamas für das Amt des Präsidenten.

GEORGE WALKER BUSH

* 6. Juli 1946 in New Haven, Connecticut

43. Präsident der Vereinigten Staaten
(2001–2009) – Republikaner

> »Für das Zuspitzen der Debatte bis zum Ausbluten
> von Alternativen, für das Umformen der Wirklichkeit
> zur Übereinstimmung mit seiner Vorstellung, für das
> Aufsspielsetzen seines – unseres – Geschicks aufgrund
> seines Glaubens in die Kraft der Führerschaft.«

(ZITAT AUS DEM »TIME MAGAZINE« AUS DEM JAHR 2004, WELCHES
IHN ZUR PERSON DES JAHRES 2004 GEWÄHLT HATTE)

George Walker Bush wurde am 6. Juli 1946 als Sohn von George H. W. Bush, dem 41. Präsidenten der USA, geboren. Auch aus der Familie seiner Mutter ging mit Franklin Pierce einst ein Präsident hervor. George Bush hat fünf jüngere Geschwister, von denen eine Schwester im Kindesalter an Leukämie verstarb. Er wuchs in Texas auf, absolvierte aber wie zuvor auch sein Vater die High School an der Phillips Academy in Massachusetts. Von 1964 bis 1968 studierte er an der Yale University Geschichte und folgte auch diesbezüglich dem Vorbild seines Vaters und Großvaters. George W. Bush war nur ein durchschnittlicher Student und genoss das College-Leben in vollen Zügen. 1966 verlobte er sich mit Cathryn Wolfram, eine Verbindung, die er nach nur kurzer Zeit wieder löste.

Wenig später erhielt er die Einberufung für den Krieg in Vietnam. Er wollte aber nicht in der Infanterie kämpfen, sondern wie sein Vater im Zweiten Weltkrieg auch Pilot werden. Aus diesem Grund schloss er sich 1968 der Nationalgarde an, in der er sechs Jahre lang jährlich 39 Tage dienen musste. Die Nationalgarde war allerdings primär innerhalb der USA tätig, weshalb George W. Bush später vorgeworfen wurde, er habe sich auf diese Weise einem Einsatz in Vietnam entzogen. Speziell während seiner zweiten Amtszeit als Präsident wurden weitere kritische Stimmen laut, die behaupteten, George W. Bush hätte auch seinen Dienst in der

»National Guard« nicht ordnungsgemäß erfüllt. Offizielle Akten bewiesen dies teilweise wirklich, dennoch war er im Oktober 1993 in Ehren aus dem Militärdienst ausgeschieden.

In jenen Tagen war er auch für die Republikanische Partei im Rahmen von drei Senatswahlen in verschiedenen Bundesstaaten tätig und unterstützte dabei etwa zwischen 1964 und 1970 die Kampagnen seines Vaters. Anschließend arbeitete er in einem Programm der »Professional United Leadership League«, die sich um in Schwierigkeiten geratene Teenager kümmerte. In dieser Zeit führte George Bush ein exzessives Privatleben mit vielen Frauenbekanntschaften, Alkoholexzessen und Drogenmissbrauch. Nachdem er an der University of Texas nicht zum Studium der Rechtswissenschaften zugelassen worden war, setzte er seine Studien ab 1972 an der Harvard Business School fort und schloss diese mit dem Master of Business Administration ab.

Anschließend kehrte er nach Texas zurück, um sich ganz in der Tradition des Vaters im Ölgeschäft zu profilieren. 1978 gründete er die »Arbusto Energy Company«, die er später in »George Bush Exploration« umbenannte. Bei seinen ersten eigenen politischen Versuchen musste er sich in den Kongresswahlen allerdings dem demokratischen Kandidaten geschlagen geben. Von seinen Gegnern wurde er nämlich als Mann des Nordostens betrachtet und als Fremdkörper in der Politik von Texas gesehen. Während der Wahlkampagne lernte er die Bibliothekarin Laura Welch kennen, die er drei Monate nach dem ersten Treffen 1977 heiratete und mit der er zwei Töchter hat.

Nach Einbruch des Ölpreises in den achtziger Jahren bekam George W. Buschs Unternehmen große Probleme und fusionierte 1984 mit der Firma »Spectrum 7 Energy Corporation«. Er wurde zum Vorsitzenden des Unternehmens, und als es zwei Jahre später zu einem weiteren Einbruch der Ölpreise kam und auch diese Firma bankrottging, wurde sie von »Harken Energy Corporation« aufgekauft. Bei diesem Unternehmen übernahm George W. Bush einen der Direktorenposten und war nur noch als Berater tätig. Der Verkauf von »Spectrum 7 Energy Corporation« bedeutete das Ende seiner Karriere im direkten Ölgeschäft.

In dieser Phase beschloss George W. Bush, der ein starker Alkoholiker war, auch das Trinken aufzugeben, und konvertierte von der anglikanischen zur methodistischen Kirche, um als Wiedergeborener Christ sein Leben völlig zu verändern. Schon 1976 war ihm in Maine wegen Trunkenheit am Steuer der Führerschein für eine bestimmte Zeit entzogen worden, und er musste eine Entziehungskur machen.

1988 zog George W. Bush mit seiner Familie nach Washington D. C., um die Präsidentschaftskampagne seines Vaters zu unterstützen. Nach dessen Wahlsieg kehrte George W. Bush ein Jahr später nach Texas zurück, wo er gemeinsam mit einigen Freunden das Baseball-Team »Texas Rangers« erwarb. Durch seine Tätigkeit als Manager des Teams erlangte er in diesem Bundesstaat einen hohen Bekanntheitsgrad. 1992 musste er allerdings die demütigende Abwahl seines Vaters miterleben, der sich dem jungen, dynamischen Hoffnungsträger Bill Clinton geschlagen geben musste. Er selbst begann, sich, unterstützt durch den republikanischen Wahlkampfstrategen Carl C. Rove, gezielt auf die Gouverneurswahlen in Texas vorzubereiten, die er 1994 gegen die demokratische Amtsinhaberin Ann Richards für sich entscheiden konnte. Er sprach seine Wähler mit einem Programm an, das verbesserte Bildungsmaßnahmen, strengere Strafen für Jugendtäter und Sozialreformen vorsah. Nach dem Wahlsieg verkaufte er seine Anteile am Baseball-Team.

Während seiner Amtszeit als Gouverneur setzte George W. Bush auch auf gute Beziehungen zu Schlüsselfiguren der Demokraten, um so eine breitere Basis für seine Reformen im Senat zu erhalten. So machte er auch einen Demokraten zu seinem Stellvertreter und wurde 1998 als texanischer Gouverneur wieder gewählt. Damit war er der erste in der texanischen Geschichte, dem dies je gelang. Während seiner Regierung wurden das Alter für jugendliche Straftäter gesenkt, sodass sie bereits in jungen Jahren wie erwachsene Kriminelle behandelt werden konnten, das Tragen von versteckten Waffen erlaubt, die Gehälter der Schulverwaltung an Schülerleistungen gekoppelt und die Arbeitsverpflichtung für Sozialhilfeempfänger verstärkt. George W. Bush war auch ein unerbittlicher Befürworter der Todesstrafe.

Seine Popularität im Heimatsstaat war hoch, und er wurde im Jahr 2000 von den Republikanern als Präsidentschaftskandidat nominiert. Als Gegenkandidaten stellten sich der damalige Vizepräsident Al Gore, Patrick Buchanan als Vertreter der Reform-Partei von Ross Perot und der Verbraucherschutzanwalt Ralph Nader, der von den Grünen nominiert worden war, der Wahl. George W. Bush und Al Gore lieferten sich einen harten Kampf um die Präsidentschaft. George W. Bush hatte die Versprechung abgegeben, die Steuern zu senken, Gesundheits- und Wohlfahrtsreformen durchzuführen und auch das Militär zu stärken. Dabei wurde er von Wahlstrategen geschickt geleitet und weitgehend von unangenehmen Fragen der Presse abgeschirmt.

Bei der Auszählung der Wahlergebnisse kam es in Florida, dessen Gouverneur in jenen Tagen George W. Bushs Bruder Jeb war, zu großen Unregelmäßigkeiten. Das Ergebnis war lange nicht eindeutig, weshalb einige Medien George W. Bush zum Sieger erklärten und andere Al Gore. Erst eine Entscheidung des Supreme Court unterbrach die Neuauszählungen der abgegebenen Wählerstimmen. Dieses erklärte eine neue Auszählung, die sowohl von Al Gore, als auch dem Obersten Gericht von Florida gefordert worden war, für verfassungswidrig, da diese in der dafür eingeräumten Frist nicht möglich gewesen wäre. Auch das Höchstgericht stimmte allerdings mit vier zu fünf Richtern nur ganz knapp für diese Lösung. Damit wurde der Vorsprung von George W. Bush, der nach der ersten Auszählung in Führung lag, auch bestätigt. Er erlangte zwar weniger Wählerstimmen, gewann die Wahl aber aufgrund der höheren Anzahl an Wahlmännerstimmen, was bei der indirekten Wahl des Präsidenten in den USA entscheidend ist. Zum vierten Mal war in der Geschichte der Vereinigten Staaten damit ein Präsident gewählt worden, der die Mehrheit der Wählerstimmen nicht erringen konnte. Zuvor war dies bei John Quincy Adams 1824, Rutherford Hayes 1876 und Benjamin Harrison 1888 der Fall gewesen. Al Gore, dem besonders Ralph Naders Kandidatur geschadet hatte, da dieser viele Stimmen abzog, akzeptierte die Entscheidung des Obersten Gerichtshofs und erkannte George W. Bush als Wahlsieger an. Dies wandte die drohende Verfassungskrise ab, da Kritiker die Entscheidung des Obersten Gerichtshofs als ungerechtfertigte Einmischung in das Recht eines Bundesstaates sahen, Kriterien für eine Wahl festzulegen. Für viele erschien die Entscheidung des Gerichts als ein willkürlicher Akt, mit dem George W. Bush die Präsidentschaft zugesprochen wurde, ohne dass der Wille der Wähler berücksichtigt worden wäre.

2001 begann für George W. Bush somit die erste Amtszeit als Präsident, wobei er von der Mehrheit der Amerikaner als rechtmäßiger Präsident akzeptiert wurde. Er war nach John Quincy Adams der zweite in der amerikanischen Geschichte, dessen Vater zuvor auch Präsident gewesen war. Bei der Wahl seiner Mitarbeiter nominierte George W. Bush teilweise wieder Personen, die schon unter seinem Vater wichtige Positionen bekleidet hatten. So wurden zum Beispiel Dick Cheney als Vizepräsident und Donald Rumsfeld als Verteidigungsminister vereidigt. Zum Außenminister wurde Colin Powell ernannt, der ein erfolgreicher General im Golfkrieg gewesen war. Edward Kennedy, einer der wichtigsten Vertreter der Demokratischen Partei, wurde im Senat zu einem entscheidenden Kooperationspartner von George W. Bush. George W. Bushs politische Ziele waren die Verbesserung des Bildungswesens, die Senkung von Steuern, die Stärkung des Militärs und die umfassendere Rechenschaftslegungspflicht von Politikern gegenüber ihren Wählern. Speziell Bezieher sehr niedriger Einkommen und jener sehr hoher kamen in den Genuss von Steuererleichterungen. Durch die Bestimmungen des »No Child Left Behind Act«, einer Initiative, die über alle Parteigrenzen hinweg mitgetragen wurde, sollte die Qualität des öffentlichen Schulwesens verbessert werden, indem die Vergabe von öffentlichen Geldern an Schulbezirke mit den Testergebnissen von Schülern und damit ihren Lernfortschritten gekoppelt wurden. Außerdem erfolgte im März 2001 die Ablehnung des Kyoto-Abkommens seitens der Vereinigten Staaten, welches die weltweite Reduzierung der Treibhausgase vorsieht. Die Förderverbote von Erdöl im »Arctic National Wildlife Refuge« wurden ebenfalls aufgehoben. George W. Bush sprach sich in der Ethikdebatte für eine eingeschränkte Förderung der embryonalen Stammzellenforschung aus.

Ein dramatischer Einschnitt in George W. Bushs erster Amtszeit waren die Ereignisse vom 11. September 2001, als Terroranschläge islamistischer Fanatiker auf die Türme des World-Trade-Centers erfolgten. Der Angriff auf das World Trade Center und das Pentagon war die schlimmste Attacke auf amerikanischem Boden seit Pearl Habor im Jahr 1941. Aufgrund der hohen Opferzahlen und der direkten Attacken auf amerikanischem Hoheitsgebiet sah sich George W. Bush veranlasst, nach den Ereignissen von 11. September 2001 den Krieg gegen den Terrorismus zu verkünden. Mit großer internationaler Unterstützung und der Genehmigung des Sicherheitsrates der Vereinigten Nationen begannen die Vereinigten Staaten und Großbritannien ab 7. Oktober 2001 mit kriegerischen Aktivitäten in Afghanistan, wo sich die Basis der für die Anschläge verantwortlichen Terrororganisation Al-Qaida befand. Weiterhin verfolgte man den Plan, das islamistische Regime der Taliban in Afghanistan zu stürzen. 2001 ernannten die USA Hamid

Karzai, den Führer der Pashtu, der größten ethnischen Gruppe Afghanistans, zum Präsidenten der Übergangsregierung. George W. Bush etablierte in den USA ein »Office of Homeland Security«, dessen Führung der Gouverneur von Pennsylvania, Tom Ridge, übernahm. 2002 wurde dieses Büro zum »Departement of Homeland Security« und mit erweiterten Kompetenzen ausgestattet. Wenig später wurden vergiftete Briefe an hochrangige Personen in der Regierung und den Medien versandt, was auch einigen Menschen das Leben kostete. Die Urheber dieser Giftanschläge konnten bis heute nicht ausfindig gemacht werden.

Im Oktober 2001 wurde vom Kongress der »Patriot Act I« verabschiedet, der im Zuge des Kampfes gegen den Terrorismus Einschränkungen der amerikanischen Bürgerrechte und strengere Einreisebestimmungen in die USA vorsah. Kritiker sahen darin allerdings eine Aushöhlung des Rechtstaates und die Beschränkung der verfassungsrechtlich gewährleisteten persönlichen Freiheit, da es staatlichen Organen gestattet wurde, auch unschuldige und unverdächtige Bürger zu kontrollieren. Ausländer können auf dieser Grundlage ohne Gerichtsverfahren ins Gefängnis kommen, sobald sie eine mögliche Gefahr für die nationale Sicherheit darstellen. Auch die Befugnisse des FBIs wurden ausgedehnt.

Ab Januar 2002 begann die US-Regierung, Gefangene der Taliban und der Al-Qaida nach Guantanamo Bay in Kuba zu transferieren, wo die USA einen Marinestützpunkt halten. Den Gefangenen wurde Kriegsgefangenenstatus abgesprochen, weshalb sie nicht den Schutzbestimmungen der Genfer Konvention oder anderer internationaler Bestimmungen unterlagen. Aus diesem Grund wurde ihnen jeder Rechtsbeistand untersagt und auch der Kontakt zu ihren Familien nicht gestattet. Die Gefangenschaft erfolgte ohne offizielle Anklage oder Aussicht auf ein Gerichtsverfahren. Der Oberste Gerichtshof fällte im Jahr 2004 allerdings das Urteil, dass alle Inhaftierten in Guantanamo Bay das Recht hätten, Petitionen einzubringen, um die Rechtmäßigkeit ihrer Gefangenschaft ohne Anklage überprüfen zu lassen.

In einer Nahost-Rede im Jahr 2002 forderte George W. Bush eine neue palästinensische Führung und Überlegungen zu einer »Road Map«, einem gemeinsamen Friedensplan der Vereinigten Staaten, der Europäischen Union, Russlands und der Vereinten Nationen für dieses Gebiet. Im selben Jahr wandte sich der Fokus der Außenpolitik der Bush-Administration vom Krieg gegen den

Terror jenem gegen den Irak zu. Die »Bush-Doktrin« sah als neue nationale Sicherheitsstrategie die Genehmigung von amerikanischen Präventivschlägen bei einer Bedrohung durch Waffenvernichtungswaffen vor. George W. Bush koppelte den Krieg gegen den Terrorismus mit seinem Kampf gegen den irakischen Präsidenten Saddam Hussein, dem er vorwarf, Massenvernichtungswaffen zu besitzen. Dies wurde nie bewiesen und von Anfang an vielfach mit großer Skepsis betrachtet. Ein einige Zeit später veröffentlichter CIA-Bericht kam vielmehr zum Schluss, dass der Irak niemals Massenvernichtungswaffen besessen und lediglich die hypothetische Fähigkeit gehabt hatte, solche in Zukunft zu produzieren. Ein Zusammenhang zwischen Al Qaida und dem Irak, der von George W. Bush immer als Teil der Rechtfertigung für seine Invasion in dieses Land genannt wurde, konnte auch nie bestätigt werden. Allerdings gelang es dem Weißen Haus zum damaligen Zeitpunkt, beide Häuser des Kongresses zu einer Verabschiedung der Resolution zu bewegen und den Präsidenten zu ermächtigen, militärische Aktionen durchzuführen, sollten diplomatische Verhandlungen scheitern und Saddam Hussein sich weigern zurück zu treten. Ein UNO-Mandat für den Angriff auf den Irak gab es nie, da die Opposition im Sicherheitsrat der Vereinten Nationen viel zu stark war. Dennoch begann im März 2003 der Irak-Krieg mit dem Einmarsch britischer und amerikanischer Truppen. George W. Bush bezeichnete Nord-Korea, den Iran und den Irak als die Achse des Bösen, indem er sie als Länder identifizierte, die aktiv den Terrorismus unterstützen. Die Koalition der Willigen, bestehend aus Großbritannien, Spanien, Italien, Polen und Australien und dreißig weiterer Staaten, unterstützten die Invasion in den Irak, während die Regierungen Deutschlands, Frankreichs, Russlands oder Österreichs sich dagegen aussprachen. Diese Staaten sahen die Tätigkeit der Internationalen Atomenergie Behörde, die fortlaufende Waffeninspektionen vornahm, als ausreichende Maßnahme an, um den Irak zu kontrollieren. Nach dem Sieg über Saddam Husseins Armee war es das Ziel, demokratische Verhältnisse herzustellen. In vielen Ländern gab es Massendemonstrationen gegen den Irak-Krieg, da George W. Bush vor allem vorgeworfen wurde, dass es nicht so sehr der Kampf gegen den Terrorismus, sondern vielmehr wirtschaftspolitische Überlegungen, strategische Interessen der USA und die Sicherung des Zuganges zu den irakischen Erdölregionen waren, die zu diesem Krieg geführt hatten. Massenvernichtungswaffen wurden nie gefunden und der Terrorismus durch den Krieg auch nicht eingedämmt. Stattdessen häuften sich regional, aber auch international Terroranschläge der Al-Qaida, bei denen etwa in Istanbul oder Madrid viele unschuldige Menschen starben.

Informationen über systematische Folter und Misshandlungen in irakischen Gefängnissen durch amerikanische Soldaten, die mehrere Todesopfer zu Folge hatten, gelangten an die Öffentlichkeit und riefen weltweit Empörung hervor. Der Irak-Krieg wurde innerhalb von nur wenigen Wochen gewonnen und das Regime von Saddam Hussein beendet, allerdings das Land ins totale Chaos gestürzt. Die Infrastruktur war fast vollkommen zerstört und der Wiederaufbau ging nur langsam voran.

Unklar ist, ob man die terroristisch motivierten Anschläge vom 11. September 2001 hätte verhindern können. Zwar hatten sich der FBI und die »National Security Agency« (NSA) in einem Memorandum im Jahre 2001 über Terrorbedrohungen der Vereinigten Staaten geäußert, blieben in ihren Hinweisen aber sehr allgemein und formulierten entsprechende Handlungsempfehlungen nicht deutlich genug, als dass man bessere Schutzmaßnahmen hätte vorsehen können. Geschockt durch diese Terroranschläge und George W. Bushs aktiven Kampf gegen den Terrorismus, erzielte er zu diesem Zeitpunkt die höchsten Umfragen und große Zustimmungswerte der Bevölkerung. Auch die Beschränkung der Bürgerrechte durch den »Patriot Act I« ging so gut wie ohne Proteste von Seiten der Bevölkerung über die Bühne. Kritische Stimmen gab es jedoch, als der »Patriot Act 2« in Kraft gesetzt wurde und mit dem Hinweis auf die Notwendigkeit der Bekämpfung des Terrorismus bestimmte Institutionen wie die Zollbehörde, die Küstenwachen oder die Katastrophenschutzbehörde in einem großen »Department of Homeland Security« (»Ministerium für Innere Sicherheit«) zusammen gefasst wurden. Die »Homeland Security Presidential Directive 20«, die von George W. Bush im Mai 2002 unterzeichnet wurde, sah vor, dass zum Schutz der amerikanischen Bevölkerung und des Staatsgebietes vor terroristischen oder sonstigen Bedrohungen oder Angriffen und bei nationalen Katastrophen die Fortsetzung der konstitutionellen Arbeit der Regierung garantiert wird, indem die Leitung der gesamten Bundesregierung auf den amerikanischen Präsidenten übergeht. Er ist dann verantwortlich für die Koordination und Kooperation von Exekutive, Legislative und Judikative. Auch das Gesetz zur Informationsfreiheit wurde stark eingeschränkt, womit viele Regierungsakten geheim blieben und einer Veröffentlichung entzogen wurden.

2001 hatte George W. Bush, ohne die Öffentlichkeit davon zu informieren, ein Abwehrprogramm im Kampf gegen den Terrorismus installiert, um internationale Telefongespräche amerikanischer Staatsbürger abzuhören und E-Mails zu lesen, ohne dass dafür eine gerichtliche Genehmigung erforderlich gewesen wäre. 2005 wurde dieses Programm publik und ein Bundesgericht in Detroit erklärte das Abhörgesetz 2006 für verfassungswidrig.

Einfuhrzölle auf Stahlprodukte, die George W. Bush 2002 zu erheben begann, um die amerikanischen Firmen vor der Konkurrenz ausländischer Mitbewerber zu schützen, provozierten Strafzölle der europäischen Union, die von der WTO auch genehmigt wurden. Die Republikanische Partei konnte im Jahr 2002 bei den Senatswahlen ihre Mehrheit im Kongress ausbauen, und 2003 wurden Steuererleichterungen zur Ankurbelung der Konjunktur beschlossen. Im selben Jahr gelang Präsident George W. Bush auch eine größere Reform des Gesundheitswesens, und er gewährte ein Jahr später der NASA Fördermittel, um eine bemannte Station auf dem Mond errichten zu können. Diese sollte dann als Basis für Flüge zum Mars fungieren. Im Rahmen der Gesundheitsreform wurden staatliche Zuschüsse für Medikamente, die ältere Staatsbürger benötigen, beschlossen. Eine flächendeckende Krankenversicherung wurde von George W. Bushs Regierung jedoch nie ins Auge gefasst, auch wenn die Zahl der nichtversicherten arbeitenden Amerikaner und ihrer Familien kontinuierlich anstieg. Das Budgetdefizit erreichte Rekordhöhen, obwohl es bei Amtsübernahme von George W. Bush noch einen Überschuss gegeben hatte. Dennoch hielt die Bush-Administration an Steuersenkungen fest. Die Arbeitsplatzsituation wurde ebenfalls prekärer, zumal viele Firmen begannen, Arbeitsplätze in Billiglohnländer auszulagern.

Auch wenn die Öffentlichkeit immer enttäuschter war über den Mangel an Fortschritten im Irak und viele Entscheidungen der Bush-Administration ablehnte, bestanden dennoch Bedenken, den Präsidenten in einer Zeit des Kriegszustandes zu wechseln. Bei den Wahlen von 2004 war John Kerry der demokratische Herausforderer von George W. Bush. Die amerikanische Bevölkerung schenkte dem amtierenden Präsidenten wieder ihr Vertrauen, wobei es vor allen Dingen die von George W. Bush so propagierten moralischen

Werte waren, die die Amerikaner in ihrem Wahlverhalten beeinflussten. Auch im Kongress bauten die Republikaner in beiden Häusern ihre Mehrheit aus.

Zu Beginn seiner zweiten Amtszeit tauschte George W. Bush viele der ehemaligen Mitarbeiter aus. Colin Powell, sein früherer Außenminister, trat zurück, und Condoleezza Rice übernahm das Amt. Paul Wolfowitz wurde auf Drängen von George W. Bush 2005 der Präsident der Weltbank und John R. Bolton UNO-Botschafter der Vereinigten Staaten, ohne dass seine Ernennung bedingt durch die Sommerpause vom Senat genehmigt worden wäre. Damit fehlte John R. Bolton sowohl der Zuspruch der Demokraten als auch jener von vielen Republikanern.

Im Sommer 2005 verursachte Hurrikan »Katrina« an der Südküste der USA große Zerstörungen. Teile der Stadt New Orleans wurden überflutet, viele Menschen kamen ums Leben und die Sachschäden stiegen in die Milliardenhöhe. Das Krisenmanagement von George W. Bush wurde von Medien und Betroffenen heftig kritisiert, nicht zuletzt deswegen, weil er zu wenig in den Katastrophenschutz investiert, sondern die nötigen Mittel für den Irak-Krieg verwendet hatte. George W. Bush gelang es während seiner Amtszeit, zwei Sitze am Supreme Court mit seinen Gefolgsleuten zu besetzen. In der Plame-Affäre wurden hochrangigen Mitarbeitern der Bush-Administration vorgeworfen, die Identität einer CIA-Agentin enthüllt zu haben, die die Frau eines Diplomaten war, der immer wieder Kritik an George W. Bush geübt hatte.

2006 unterzeichnete George W. Bush ein Gesetz zum weiteren Ausbau und zur Verstärkung der Grenze mit Mexiko. Allerdings sprach er sich auch für erleichterte Aufenthaltsbedingungen für illegale Einwanderer aus. Texas, jener Bundesstaat, dem er einst als Gouverneur vorstand, ist am meisten von der Zuwanderung aus dem Süden getroffen. Dies erklärte auch seine liberale Haltung in Hinblick auf die Legalisierung des Aufenthaltsstatus von Zuwanderern, was jedoch in den eigenen Kreisen nicht selten auf Kritik stieß. Lange Zeit versuchte George W. Bush, negative Berichte und Studien zu den Gefahren des Klimawandels zu reglementieren und zu entschärfen. Erst 2006 erkannte er im Klimawandel ein ernsteres Problem. Gegen ein Gesetz, welches bestimmte Foltermethoden, die die CIA einsetzte, untersagen sollte, legte George W. Bush ein Veto ein und verwies darauf, dass die großen Erfolge dieser Methoden ihre Anwendung rechtfertigten.

2006 mussten die Republikaner eine schwere Wahlniederlage im Repräsentantenhaus, aber auch im Senat hinnehmen. Dies stand im engen Zusammenhang mit der allgemeinen Unzufriedenheit mit den Entwicklungen im Irak. Verteidigungsminister Donald Rumsfeld trat zurück, und 2007 schieden auch noch andere Mitarbeiter mit Regierungsverantwortung aus ihren Ämtern aus. Gegen Ende seiner zweiten Amtszeit, die mit so viel Vertrauensvorschuss begonnen hatte, wurde George W. Bush immer unpopulärer und häufig versagten ihm auch die eigenen Parteifreunde ihre Unterstützung bei gewissen politischen Entscheidungen. Dazu kam noch seine ohnehin schon geschwächte Position im nun demokratisch beherrschten Kongress, was sein politisches Handeln weiter erschwerte. Auch die offene Kritik am Irak-Krieg wurde in Hinblick auf die horrenden finanziellen Belastungen für die USA und vielen gefallenen Amerikaner immer lauter. Im Irak selbst war zwar 2005 eine Übergangsregierung gewählt und eine neue Verfassung beschlossen worden, allerdings kam es zu ständigen terroristischen Übergriffen. Zudem herrschten im Land bürgerkriegsähnlichen Zustände, da sich Kurden, Schiiten und Sunniten gegenseitig bekämpften. Eine Kommission, die 2006 vom Kongress ins Leben gerufen wurde, entwickelte Vorschläge, nach denen bis zum Jahr 2008 alle amerikanischen Truppen aus dem Irak abzuziehen wären. George W. Bush berücksichtigte diese nicht und verfolgte ab 2007 eine Gegenstrategie, welche unter dem Namen »Surge« bekannt wurde. Dabei entsandte er weitere Soldaten in den Irak mit dem Argument, dass nur so eine Lösung herbeigeführt werden könnte. Seiner Meinung nach war es erst möglich, alle ausländischen Truppen abzuziehen, wenn der irakische Staat aus eigenen Kräften fähig wäre, im Land für Stabilität zu sorgen. Die meisten europäischen Regierungen und auch weite Kreise der amerikanischen Bevölkerung hatten wenig bis garkein Verständnis für diese Politik von George W. Bush.

Mangelnder intellektueller Weitblick, fehlendes Verständnis von komplexen Zusammenhängen und sprachliche Unsicherheiten (»Bushism«) machten ihn zum Gespött vieler Talkshows und kritischer Presseberichte. Auslandsreisen von George W. Bush führten in den jeweiligen Ländern immer wieder zu massiven Protesten gegen seine Politik. Nach dem Ende seiner Präsidentschaft kehrte George W. Bush nach Texas zurück, verfasste seine Memoiren und absolvierte wie Bill Clinton regelmäßige Auftritte als Redner.

BARACK HUSSEIN OBAMA

* 4. August 1961 in Honolulu, Hawaii

44. Präsident der Vereinigten Staaten
(2008–heute) – Demokrat

> »Es gibt nicht ein liberales Amerika und ein konservatives
> Amerika – es gibt die Vereinigten Staaten von Amerika.
> Es gibt kein schwarzes Amerika und kein weißes Amerika
> und kein Latino-Amerika und kein asiatisches Amerika – es
> gibt die Vereinigten Staaten von Amerika. Kritiker möchten
> unser Land gerne in rote und blaue Staaten zerstückeln. Rote
> Staaten für Republikaner und blaue Staaten für Demokraten.
> Aber auch für jene habe ich Neuigkeiten. Wir beten zu einem
> ehrfurchtgebietenden Gott in den blauen Staaten und wir mögen
> keine Bundesagenten, die in unseren Bibliotheken in den roten
> Staaten herum stöbern. Wir trainieren die Little League in den
> blauen Staaten, und ja, wir haben ein paar schwule Freunde in
> den roten Staaten. Es gibt Patrioten, die gegen den Krieg im Irak
> waren, und es gibt Patrioten, die ihn unterstützten. Wir sind ein
> Volk, wir schwören dem Sternenbanner Gefolgschaft, wir alle
> verteidigen die Vereinigten Staaten von Amerika.«

> (MIT DIESER REDE, DIE ER AUF DER DEMOKRATISCHEN NATIONAL
> KONVENTION IN BOSTON IN 2004 ZUR UNTERSTÜTZUNG DES
> PRÄSIDENTSCHAFTSKANDIDATEN JOHN KERRY HIELT, ERLANGTE
> ER NATIONALE BEKANNTSCHAFT UND SYMPATHIEWERTE)

Barack Hussein Obama wurde am 4. August 1961 in Honolulu, Hawaii, als Sohn eines Keniaten und einer Amerikanerin aus Wichita,
Kansas, geboren. Barack Obamas Eltern, die sich als Studenten an
der University of Hawaii at Manoa kennen gelernt hatten, heirateten im Jahre 1961, als es in den USA noch weitgehend verboten
war, dass Weiße und Schwarze miteinander Ehen eingingen. Wenig
später ließen sich die Eltern scheiden, weshalb auch Barack Obamas Kontakt zum Vater immer geringer wurde. Die Mutter, eine
promovierte Anthropologin, heiratete ein zweites Mal und zog mit
ihrem Sohn nach Indonesien in die Heimat ihres neuen Mannes.

Dort besuchte Barack Obama eine katholische Grundschule. 1971 erfolgte seine Rückkehr nach Hawaii, wo er bei den Eltern seiner Mutter aufwuchs. In Honolulu besuchte er bis 1979 die angesehene private Punahou School.

Anschließend studierte Barack Obama zwei Jahre am Occidental College in Los Angeles und weitere zwei Jahre an der Columbia University in New York City Politikwissenschaft. 1983 begann er, für das Unternehmen »Business International Corperation« zu arbeiten. Wenig später ging Barack Obama nach Chicago und war dort für eine gemeinnützige Organisation tätig. 1988 begann er mit dem Studium der Rechtswissenschaft an der HarvardLaw School und war dort der erste schwarze Amerikaner, der zum Herausgeber der Fachzeitschrift »Harvard Law Review« gewählt wurde. 1991 beendete er sein Studium mit Auszeichnung. Er kehrte nach Chicago zurück und engagierte sich bei der Registrierung afro-amerikanischer Wähler und unterstützte auf diese Weise Bill Clinton bei der Wahl zum US-Präsidenten. Ab 1993 arbeitete er als Anwalt und lehrte an der University of Chicago. 1992 heiratete Barack Obama Michelle Robinson, eine Studienkollegin von der Harvard LawSchool, die als Anwältin arbeitete. Das Ehepaar hat zwei Töchter.

1996 begann Barack Obamas politische Karriere, als er in den Senat von Illinois gewählt wurde. Dort war er primär zuständig für die Einrichtung von Unterstützungsprogrammen für sozial schwache Menschen und Personen ohne Krankenversicherung. Außerdem trat er für mehr Rechte für Homosexuelle ein und unterstützte Initiativen zur Erhöhung öffentlicher Mittel für die AIDS-Vorsorge und -Behandlung. 1998 und 2002 wurde Barack Obama wieder in den Senat gewählt. In beiden Legislaturperioden setzte er sich für verstärkte Waffenkontrollen und eine erweiterte Verpflichtung von Krankenversicherungen, Vorsorgeuntersuchungen zu übernehmen, ein. Im Jahr 2000 blieb Barack Obama bei den Vorwahlen für einen Sitz im Repräsentantenhaus erfolglos. Vier Jahre später entschied er jedoch die Vorwahlen bei seiner Kandidatur für den US-Senat mit großem Vorsprung für sich. Er gewann auch mit hervorragendem Ergebnis die Wahl in den Senat und vertrat Illinois ab 2005 in dieser Institution. Als Senator engagierte er sich speziell in bildungs- und umweltpolitischen Angelegenheiten. Auslandsreisen führten ihn 2005 nach Osteuropa, 2006 nach Kuwait und in den Irak. Bei einem Besuch in Israel betonte er, dass der Hamas solange die Anerkennung als offizielle Palästinenserregierung versagt bliebe, solange sie die Vernichtung Israels anstrebe und weitere Gewalttakte verübe. Im Rahmen einer Reise nach Afrika besuchte er auch den Geburtsort seines Vaters, wo er die Korruption in Kenia und die Rivalitäten zwischen den verschiedenen ethnischen Gruppen scharf kritisierte. Im Jahr 2008 begleitete er zwei weitere Senatoren zu den amerikanischen Truppen nach Afghanistan und in den Irak, um dann weiter nach Europa zu reisen.

2007 verkündete Barack Obama seine Kandidatur für die Präsidentschaft der Vereinigten Staaten. Dabei sprach er sich für ein ehestmögliches Ende des Irakkrieges, eine nachhaltige Energie- und Umweltpolitik und die Einführung einer allgemeinen Krankenversicherung für alle US-Amerikaner aus. Auch Barack Obamas Präsidentschaftskampagne wurde von Beginn an massiv von Spendengebern unterstützt, woraufhin er auf die öffentliche Wahlkampffinanzierung vollständig verzichtete und seine Kandidatur ausschließlich durch private Spenden finanzierte. Am 3. Juni 2008 hatte Barack Obama endgültig die erforderliche Mehrheit der Delegiertenstimmen für eine Nominierung zum demokratischen Präsidentschaftskandidaten erlangt, und seine bisherige Gegenspielerin, Hillary Clinton, beendete ihre eigene Kampagne für eine Präsidentschaftskandidatur. Joe Biden, ein Bundessenator aus Delaware, wurde zum Vizepräsidentschaftskandidaten ernannt.

Barack Obamas Gegner bei den Präsidentschaftswahlen war der Republikaner John McCain, ein Senator aus Arizona, und Sarah Palin, die Gouverneurin von Alaska, die als Kandidatin für das Vizepräsidentenamt ins Rennen ging. Während seines Wahlkampfes stützte sich Barack Obama, wie noch nie ein Präsident zuvor, auf das Internet. Mit diesem Medium konnte er auch die hohen Spendeneinnahmen erzielen. Barack Obama identifizierte sich während seines Wahlkampfes bewusst mit seiner afro-amerikanischen Herkunft und verwies des Öfteren auf seinen ethnisch-multikulturellen Hintergrund. Damit wurde er in gewisser Hinsicht zu einer Integrationsfigur vieler Subgruppen der Vereinigten Staaten. Allerdings hatte er im Gegensatz zu anderen Afro-Amerikanern eine sehr elitäre Ausbildung im Ausland und an amerikanischen Eliteuniversitäten genossen und kam nicht aus der Bürgerrechtsbewegung, wie etwa Jessie Jackson. Mediale Kampagnen, die das Ziel verfolgten, Barack Obama aufgrund seines zweiten Vornamens Hussein als Moslem und damit als Feindbild darzustellen, schlugen fehl. Im Wahlkampf um die Präsidentschaft unterstützte nicht einmal sein Hauptgegner, John McCain, diese Strategie. Wiederholt sprach sich Barack Obama auch noch später als Präsident gegen den nach wie vor existierenden Rassismus gegen schwarze Amerikaner, die Diskriminierung der Homosexuellen, Antisemitismus und die negative Haltung vieler Amerikaner gegenüber Einwanderern aus. Von Äußerungen schwarzer Rassisten distanzierte sich Barack Obama ebenso deutlich. Er verstand sich vielmehr als Integrationsfigur bei der Überwindung des Rassismus in den USA und propagierte eine Abkehr von der Opferidentität seiner schwarzen Landsleute. Barack Obama und Joe Biden erlangten einen großartigen Wahlsieg und sowohl im Senat, als auch im Repräsentantenhaus konnten die Demokraten ihre Mehrheit ausbauen.

Barack Obama war damit der 44. Präsident der Vereinigten Staaten und in dieser Funktion der erste Afro-Amerikaner. Besonders Angehörige von Minderheiten hatten ihm ihr Vertrauen ausgesprochen. Er war es auch, dem die Bevölkerung eher zutraute, die Finanzkrise, die die amerikanische Wirtschaft schwächte, zu beenden. Mit Barack Obama als Präsidenten waren viele Ziele schwarzer Verfechter der Bürgerrechte erreicht. »Rosa sat so Martin could walk; Martin walked so Barack Obama could run; Barack Obama is running so our children can fly«, verdeutlicht, welche tiefe Bedeutung ein afro-amerikanischer Präsident für die schwarze Minderheit in den USA hat. Barack Obama besuchte als Vertreter aller Amerikaner 2008 während des Präsidentschaftswahlkampfes allerdings auch ein Indianerreservat und berief zudem sechs indianische Berater in sein Kabinett.

Die Inauguration Barack Obamas erfolgte am 17. Januar 2009. Seine ersten Handlungen als Präsident waren die juristische Überprüfung der laufenden Militärgerichtsverfahren gegen die Gefangenen in Guantanamo Bay, das Verbot der Anwendung von Folter durch die CIA und die Schließung aller Geheimgefängnisse. Weiterhin wurden Regierungsbeschlüsse, die unter der Präsidentschaft von George W. Bush geheim gehalten worden waren, veröffentlicht, und eine Grenze für Einkommen von Regierungsmitgliedern eingeführt. Auch die Einführung strengerer Abgasvorschriften in einzelnen Bundesstaaten unterstützte Barack Obama und schuf gesetzliche Möglichkeiten für Frauen und Angehörige von ethnischen Minderheiten, in einem vereinfachten Verfahren gerechte Arbeitslöhne einzufordern.

Barack Obama war ein Gegner des Irak-Krieges und befahl 2009 den Abzug eines Großteils der amerikanischen Truppen, die dort seit 2003 stationiert waren. Ein Jahr später hatten die meisten Soldaten das Land verlassen, und nur noch wenige Truppen waren zum Schutz der amerikanischen Botschaft und zur Ausbildung des irakischen Militärs im Land geblieben. Im Nahost-Konflikt versuchte Barack Obama, eine Lösung auf der Grundlage von zwei Staaten, nämlich Israel und einem unabhängigen Palästina, zu erzielen. 2010 traf er sich mit dem israelischen Premierminister Benjamin Netanjahu und dem palästinensischen Präsidenten Mahmud Abbas zu direkten Gesprächen in Washington. Barack Obama forderte auch von der UNO-Vollversammlung die volle Unterstützung für das von ihm propagierte Modell mit zwei unabhängigen Staaten.

In Afghanistan unterstützte Barack Obama die Fortsetzung des Anti-Terror-Krieges und entsandte Ende 2009 weitere Soldaten in dieses Land, um gegen die Al-Qaida und die Taliban-Kämpfer vorzugehen und die Zivilbevölkerung zu schützen. Die entsandten US-Truppen sollten ab Mitte 2011 nach und nach wieder in die USA zurückkehren. Die Angriffe in Pakistan und Afghanistan gegen mutmaßliche Terroristen wurden auch unter Barack Obama durch unbemannte Luftfahrzeuge (»Drohnen«) weitergeführt und sogar noch verstärkt, obwohl die völkerrechtliche Basis für solche Einsätze umstritten ist. Schwere Luftangriffe in Afghanistan kosteten nicht selten Zivilisten das Leben. 2011 wurde der Al-Qaida-Führer Osama Bin Laden in Pakistan aufgespürt und getötet, was Barack Obama viel Unterstützung wegen seiner harten Antiterror-Haltung in der Öffentlichkeit brachte. Ansonsten war seine Politik auf dem internationalen Parkett bislang betont versöhnlich und um Ausgleich bemüht. Ebenso wie er um verbesserte bilaterale Beziehungen mit dem Iran interessiert war, trat er auch für die Aufnahme der Türkei in die Europäische Union ein und forderte von der arabischen Welt mehr demokratisches Bewusstsein.

Die Abschaffung sämtlicher Atomwaffen in der Welt nannte Barack Obama als ausdrückliches Ziel seiner Politik und unterzeichnete 2010 als wichtigen Schritt in diese Richtung ein Abkommen mit dem russischen Staatspräsidenten Dmitri Medwedew, welches die Atomsprengköpfe Russlands und der USA stark reduzieren sollte. Diese Vereinbarung gilt als großer außenpolitischer Erfolg der Obama-Administration.

Mit Nord-Korea nahm Barack Obama 2009 bilaterale Gespräche über dessen Atomwaffen auf und verzichtete auf die Installierung von Abwehrraketen in Polen, die als Abwehrsystem gegen iranische Mittelstreckenraketen geplant waren. 2009 leitete er eine Sitzung des UNO-Sicherheitsrates und machte sich durch das Einbringen einer UNO-Resolution für ein gemeinsames Vorgehen aller fünfzehn Mitgliedsstaaten des Sicherheitsrates gegen die Verbreitung von Atomwaffen, für eine weitere atomare Abrüstung und für die Sicherung von nuklearen Materialien stark. Einstimmig wurde die Resolution angenommen und das Ziel einer Aussetzung aller Atomtests beschlossen. Einem vollständigen Verbot von Streumunition und Landminen stimmte Barack Obamas Administration bis heute allerdings nicht zu. Bei einem Gipfeltreffen von sechsundvierzig Staaten in Washington, D. C., im Jahr 2010 einigte man sich auf gemeinsame Beschlüsse, um weltweit nukleares Material besser kontrollieren zu können.

Barack Obama verurteilte den Völkermord in Darfur im Sudan und unterstützte Somalias Regierung im Kampf gegen islamistische Organisationen, um auf diese Weise den islamistischen Terror einzudämmen. Dem 2010 von einem Erdbeben schwer getroffenen Haiti wurde ebenso großzügige amerikanische Hilfe zuerkannt, wie den Flutopfern in Pakistan. Barack Obamas Reaktion auf die aufflammenden Proteste in arabischen Ländern war anfangs zurückhaltend, dann aber unterstützend, um die Demokratisierung in Tunesien und die anfangs friedliche Revolution in Ägypten zu fördern.

2011 begannen die US-Streitkräfte unter der Führung der NATO Luftschläge gegen die Armee Muammar al-Gaddafis in Libyen durchzuführen. Man wollte die Revolution in diesem Land unterstützen, da Muammar al-Gaddafi nach Einschätzung der USA seine legitime Führungsrolle verloren hatte. Barack Obamas Meinung nach war es Aufgabe der USA, jene Nationen zu unterstützen, deren Völker demokratische Bestrebungen verfolgen. Humanitäre Militäreinsätze wären demnach auch bei Naturkatastrophen, Völkermord, für die Aufrechterhaltung der regionalen Sicherheit und den Welthandel erforderlich. Barack Obama besuchte auch als erster Präsident der Vereinigten Staaten Myanmar und traf dort mit der Oppositionsführerin Aung San Suu Kyi und mit dem Staatspräsidenten Thein Sein zusammen.

Innenpolitisch versuchte Barack Obama mit dem American »Recovery and ReinvestmentAct« von 2009 das Konjunkturprogramm der USA anzukurbeln und so die Finanzkrise zu mildern. Dies geschah speziell durch Zuschüsse zu staatlichen und kommunalen Projekten, wodurch Arbeitsplätze erhalten bzw. geschaffen wurden. Dennoch blieb die Arbeitslosigkeit hoch, weshalb Barack Obama ein Jahr später nochmals fünfzig Milliarden Dollar in ein weiteres Konjunkturpaket investierte. Er beschloss auch Steuersenkungen für mittlere und schwache Einkommensbezieher und eine Reduktion der Staatsschulden. Zu diesem Zweck plante er Subventionen für die Raumfahrt- und Ölindustrie zu kürzen. Mit einer ganz großen Gesundheitsreform sollten alle US-Bürger bis zum Jahr 2013 krankenversichert werden. 2010 wurde die gesetzliche Grundlage für diese Pflichtversicherung geschaffen und den Krankenversicherungen untersagt, Personen wegen der Vorerkrankungen oder der zu hohen Arztkosten abzuweisen. Nach harten Verhandlungen konnte das Gesetz auch eine Mehrheit im Kongress erzielen und wurde daraufhin gleich von mehreren Bundestaaten angefochten. Barack Obama konnte eine staatliche Krankenversicherung zwar noch nicht durchsetzen, die privaten Anbietern durch sehr niedrige Beiträge Konkurrenz machen sollte, allerdings erzielte er Steuerentlastungen für Personen mit niedrigen oder mittleren Einkommen, wenn diese eine Krankenversicherung vorweisen können.

2009 ernannte Barack Obama mit Sonia Sotomayor zum ersten Mal eine Vertreterin aus der Gruppe der Hispanics zur Richterin am Oberstern Gerichtshof der USA und ein Jahr später wurde mit Elena Kagan eine weitere Frau Höchstrichterin. Eine neu geschaffene Regulierungsbehörde kontrollierte stärker den Finanzmarkt, und die Rettung von in Krisen geratenen Banken aus Steuermitteln wurde beschränkt. Für diese Maßnahmen musste Barack Obama starke Kritik von der Opposition und Vertretern der Banken entgegennehmen.

In seinem Programm des »New Nationalism« verurteilte Barack Obama 2011 die großen Einkommensunterschiede in den USA und sprach sich für eine Regulierung von Wirtschaftsauswüchsen und Programmen zur Unterstützung der Mittelschicht aus. Kritiker von Barack Obamas Wirtschaftspolitik bemängelten, dass er niemals Pläne für eine langfristige Reduktion des Budgetdefizits vorgelegt habe und niedrigere Steuersätze für die breite Masse nicht zielführend wären, da die Kosten etwa im Gesundheitswesen viel zu hoch wären. Das Budget nur mit zusätzlichen Abgaben von wohlhabenden Amerikanern sanieren zu wollen, sei unmöglich. Barack Obamas Politik setzte auch auf die Investitionen in erneuerbare Energien und stärkere Energiesparmaßnahmen. Neben dem Ausbau der Solarenergie und der Förderung von Biotreibstoffen wurden aber auch neue Atomkraftwerke, sowie die weitere Erschließung von amerikanischen Erdöl- und Erdgasförderstätten geplant. Zu diesem Zweck gestattete Barack Obama Ölbohrungen nur achtzig Kilometer vor den Küsten Alaskas und im Golf von Mexiko, was bis dahin nicht genehmigt worden war. Nach einem Zwischenfall auf einer Bohrinsel geriet er jedoch unter starke Kritik und setzte die amerikanischen Probebohrungen teilweise aus, um Sicherheitsfragen von einer unabhängigen Kommission beurteilen zu lassen. 2010 wurde der Stopp der Ölbohrungen von Barack Obama allerdings wieder aufgehoben. Ein Gesetzesentwurf für eine weitere Abkehr von fossilen Brennstoffen, die Einführung von Emissionsstrafsteuern sowie die Erhöhung der Mittel für die Energieforschung scheiterten am Widerstand des Senats, weshalb Barack Obamas Umwelt- und Energiepolitik bislang als wenig erfolgreich betrachtet werden muss.

Barack Obama ist ein vehementer Verfechter der Bürgerrechte, setzt sich für den Schutz von Minderheiten ein und befürwortet die Todesstrafe bei Vergewaltigungen, bei der Ermordung von Kindern und für Massenmorde. 2009 sprach er sich für eine Verlängerung der Vorbeugehaft für Gefangene aus, denen gefährliche terroristische Aktivitäten vorgeworfen werden, auch wenn ihnen bislang keinerlei Taten in einem Strafprozess nachgewiesen werden konnten. Dieses Vorgehen wurde häufig kritisiert und der Vorwurf laut, dass es im krassen Gegensatz zu den rechtsstaatlichen Traditionen der USA stehe.

Die Schließung des Gefangenenlagers von Guantanamo Bay, welche Barack Obama wiederholt angekündigt hatte, gelang ihm bislang nicht. Barack Obamas Regierung erhob 2010 Klage gegen ein Gesetz in Arizona, das gegen das Verfassungsgebot der Diskriminierung verstößt, da dort lebende Einwanderer verpflichtet werden, ständig Ausweispapiere bei sich zu tragen, und Anzeigen gegen sie zulässig sind, wenn der bloße Verdacht besteht, dass sie sich illegal im Land aufhalten.

2010 unterzeichnete Barack Obama ein Gesetz, das die Entlassung bekennender Homosexueller aus der US-Army für unzulässig erklärt. Damit wurde die »Don't Ask Don't Tell«-Regelung außer Kraft gesetzt. Auch seiner Forderung nach der Anerkennung von gleichgeschlechtlichen Ehen gab er vehement Ausdruck, obwohl er die Ehe unter Homosexuellen in früheren Zeiten abgelehnt hatte.

2011 unterzeichnete er ein Sicherheitsgesetz, welches es US-Behörden gestattet, terrorverdächtige Ausländer für unbegrenzte Zeit in Haft zu nehmen. Dieses Gesetz, das vom Senat und vom Repräsentantenhaus beschlossen worden war, wurde von Barack Obama trotz anderwärtiger Ankündigungen nicht mit einem Veto versehen.

Auch wenn sich Barack Obama stets für parteiübergreifende Lösungen einsetzte und auch den Konsens mit den oppositionellen Republikaner suchte, unterstützten diese ihn bei seiner Politik selten. Lediglich bei der Finanzierung des Antiterrorkrieges gab es weitgehende Einigung über die Parteigrenzen hinweg. 2010 büßten die Demokraten im Repräsentantenhaus zwar die Mehrheit ein, konnten sich aber im US-Senat weiter behaupten.

2012 bewarb sich Präsident Barack Obama für eine zweite Amtsperiode als Präsident und gewann auch diese Wahlen gegen seinen Konkurrenten Willard Mitt Romney, den ehemaligen Gouverneur von Massachusetts. Im Vergleich zu seiner ersten Wahl im Jahr 2008 verlor Obama 2012 allerdings knapp 3,5 Millionen Wähler- und 43 Wahlmännerstimmen. Konnte er sich bei seiner ersten Kandidatur gegen John McCain noch deutlich durchsetzen, fiel seine Bilanz vier Jahre später im Wahlkampf gegen Mitt Romney somit wesentlich schwächer aus. Trotzdem reichte es für eine zweite Amtszeit Obamas, die im Januar 2013 offiziell begann.

Die zweite Regierungsperiode war von Anfang an geprägt von internationalen Krisen und wiederkehrenden Problemen mit der politischen Opposition im eigenen Land. Für den Zeitraum von 2013 bis 2017 hatte sich Obama viel vorgenommen, sah sich aber auch einem Kongress gegenüber, der immer mehr durch Wahlsiege der Republikaner übernommen wurde. Dies erschwerte von Beginn an die Umsetzung vieler Bereiche seiner Agenda.

Bereits bei seiner ersten Wahl hatte Obama versprochen, das US-Gefangenenlager Guantanamo auf Kuba zu schließen. Doch auch acht Jahre später existierte es immer noch. 91 Inhaftierte, die dort teilweise ohne Prozess oder Anklage festgehalten wurden, und jährliche Kosten von 475 Millionen US-Dollar für die amerikanischen Steuerzahler und Steuerzahlerinnen verursachten, blieben in Gefangenschaft. Bis zuletzt versuchte Obama die Schließung des Lagers durchzusetzen. Der republikanische Kongress blockierte dieses Vorhaben aber erfolgreich. Guantanamo ist damit als großer Fehlschlag in Obamas Regierungsbilanz zu werten. Auch der geplante Abzug der US-Truppen aus Afghanistan war unter Obamas Präsidentschaft nicht möglich. Zu unsicher blieb die Lage in diesem Land. Als außenpolitischer Erfolg kann hingegen die Aussöhnung mit Kuba gesehen werden. Ferner gelang es Obama, ein Atomabkommen mit dem Iran zu unterzeichnen, das allerdings im eigenen Land ebenfalls nicht unumstritten ist.

Die Immobilienkrise von 2007 hatte Obama nicht zu verantworten, dennoch prägte sie auch die wirtschaftliche Entwicklung seiner Regierungsjahre. Zwar wurden unter Obamas Präsidentschaft über zehn Millionen Arbeitsplätze geschaffen, gleichzeitig stieg aber auch die Rate jener Menschen in der amerikanischen Bevölkerung, die unter der Armutsgrenze leben. 38 % der US-Haushalte sind verschuldet, wobei besonders die Schulden von Studierenden, die für ihren Collegeabschluss teilweise hohe Kredite aufnehmen müssen, und die weiter gestiegene Armut der schwarzen Bevölkerung, welche besonders auf einen Wandel durch Obama gehofft hatte, bedenklich stimmen.

Auch unter Obama kam es zu exorbitanten Ausgaben für das Militärbudget. Mit fast 600 Milliarden US-Dollar gab die USA 2015 mehr Geld für ihr Militär aus, als China, Russland, Saudi-Arabien, Deutschland, Frankreich, Japan und das Vereinigte Königreich zusammen. Dies zementierte einerseits die militärische Vormachtstellung der USA, gleichzeitig musste sich Obama allerdings besonders nach den schrecklichen Terroranschlägen von Paris im Jahr 2015 von politischen Gegnern vorwerfen lassen, den Kampf gegen den internationalen Terrorismus nicht hart und entschlossen genug zu führen. Zudem stieg Russlands Einfluss in der Weltpolitik während Obamas Amtszeit wieder deutlich an.

Auch bei der Lösung der Schusswaffenproblematik im eigenen Land blieben alle Vorstöße Obamas erfolglos. Seine Pläne, mit Hilfe von schärferen Waffengesetzen gegen die Massaker und Amokläufe vorzugehen, erwiesen sich als nicht umsetzbar. Zu stark waren die Waffen-Lobby und die politischen Gegner, weshalb trotz unzähliger Schießereien und Toter während Obamas Amtszeit noch immer die liberalen Waffengesetze gelten.

»Obamacare« gilt als Obamas größter innenpolitischer Triumph. Vier Jahre nach deren Umsetzung erreichte die umfassendste Gesundheitsreform der jüngeren US-Geschichte 2014 die geplante Anzahl an Versicherten. Was für Demokraten und »Obamacare«-Befürworter eine Erfolgsgeschichte darstellt, ist für Republikaner und Kritiker aber trotz der erreichten Planungsziele ein Fehlschlag. Fakt ist, dass nun dank dieser Reform für Millionen Amerikaner und Amerikanerinnen eine Gesundheitsversorgung möglich wurde, die für sie vor Obama nicht denkbar gewesen wäre.

Zusammenfassend sei bemerkt, dass sich Barack Obama als erster afroamerikanischer Präsident der US-Geschichte sicherlich einer unrealisierbaren Erwartungshaltung gegenüber sah. Er sollte die Staatsverschuldung, den Rassismus, den Terrorismus und die außenpolitischen Spannungen beenden und gleichzeitig auch noch ein neues Gesundheitssystem einführen. Dass er diesen Ansprüchen nicht vollends gerecht werden würde, war abzusehen, aber dass sein Vermächtnis rückblickend mehr Fehlschläge als Erfolge hinterlässt, hätten sich seine Wähler und Wählerinnen wohl nicht gedacht, als sie ihm zweimal hintereinander ihre Stimme und das Vertrauen übertrugen. Außerhalb der USA genoss Obama hingegen während seiner gesamten Amtszeit fast überall großes Ansehen und in Europa, Asien und Südamerika waren seine Beliebtheitswerte deutlich höher als die so mancher seiner Vorgänger im Präsidentenamt.

Positiv wird sicherlich Michelle Obama in Erinnerung bleiben, die für ihren Mann während seiner Präsidentschaft eine tragende Stütze darstellte. Selten war eine First Lady so beliebt bei der Bevölkerung. Die Harvard-Absolventin engagierte sich vor allem für gesundheitspolitische Themen, trat regelmäßig in Talkshows auf und zierte nicht nur einmal das Cover der Modezeitschrift »Vogue«.

Donald John Trump

* 14. Juni 1946

45. Präsident der Vereinigten Staaten
(2017–heute) – Republikaner

»Make America great again«

Donald John Trump wurde am 14. Juni 1946 als viertes von fünf Kindern eines Immobilienunternehmers in Queens, New York City, geboren. Alle vier Großeltern kamen aus Europa. Die Mutter stammte ursprünglich aus Schottland und die väterlichen Vorfahren waren aus dem heutigen Deutschland. Von seinen deutschen Wurzeln distanzierte sich Trump noch im Jahre 1987, als er in einer Autobiografie mit dem Titel »The Art of the Deal« auf die angebliche schwedische Herkunft seines Großvaters verwies. Sein Vater hatte dies während der Zeit des Zweiten Weltkrieges behauptet und Trump stellte das erst viele Jahre später richtig. Donald Trump wuchs gemeinsam mit seinen Geschwistern in wohlhabenden Verhältnissen auf. Sein Vater war durch den Bau von Mietskasernen in New York reich geworden. Sein älterer Bruder Fred starb 1981 an den Folgen seiner Alkoholerkrankung. Diese traurige Erfahrung veranlasste Trump eigenen Angaben zufolge dazu, bis heute weder Alkohol zu trinken noch zu rauchen.

In den Jahren 1956 bis 1959 besuchte Donald Trump die Kew-Forest-School in New York, von der er mit 13 Jahren an die New York Military Academy in Cornwall-on-Hudson wechselte. Dies war ein privates Internat, wo er eine vormilitärische Ausbildung durchlief und 1964 den Highschool-Abschluss erwarb. Anschließend begann er ein Studium der Wirtschaftswissenschaften an der Fordham University in der Bronx, einem Stadtteil von New York City. Dieses setzte er ab 1966 an der Wharton School an der University of Pennsylvania in Philadelphia fort. Dort entschied er sich für den Ausbildungsschwerpunkt »Immobilienwirtschaft« und beendete sein Studium 1968 mit dem Bachelor of Science in Volkswirtschaft. Während der Studienzeit betätigte er sich nicht politisch und hatte das Glück, aufgrund eines ärztlichen Attests keinen Wehrdienst leisten zu müssen. Dies bewahrte ihn auch vor einem möglichen Einsatz im Vietnamkrieg. In dieser Zeit begann er allerdings bereits an seiner Karriere im Immobiliensektor zu arbeiten. Er war im Unternehmen seines Vaters tätig, kaufte baufällige Häuser, sanierte sie und veräußerte sie dann weiter. Als er in den Siebzigerjahren das Familienunternehmen übernahm, änderte er dessen Namen auf »The Trump Organization«. Fortan war er hauptsächlich in Manhattan tätig, wo er eine Reihe größerer Immobilienprojekte umsetzte. Schon damals bewies Trump kaufmännisches Geschick und es gelang ihm mit der Stadtverwaltung große Steuernachlässe für seine Bauten auszuhandeln. Sein erstes großes Vorhaben war die Renovierung des Grand Hyatt Hotels in New York im Jahr 1978. Es folgte die Errichtung des Trump Towers, eines 202 Meter hohen Wolkenkratzers in Manhattan, welcher 1983 fertiggestellt wurde.

Bis heute befinden sich sowohl der Hauptsitz der Trump Organization, als auch Trumps privates Penthouse in diesem Gebäude. Während des Baus des Trump Towers soll es zur Beschäftigung von illegalen Einwanderern gekommen sein, die für Zwölf-Stunden-Schichten weniger als fünf Dollar pro Stunde verdienten. Ein gerichtliches Nachspiel hatte dies für Trump jedoch nicht. 1986 renovierte er das Wollman Rink im Central Park in New York und erwarb zwei Jahre später das Plaza Hotel in Manhattan, welches von seiner damaligen Frau Ivana Trump gemanagt wurde. Acht Jahre später errichtete er das Trump Building an der Wall Street, im Jahr 2001 den Trump World Tower und noch einige weitere Wohn- und Geschäftsgebäude in New York City.

Weitere Immobilientransaktionen, an denen Trump maßgeblich beteiligt war, umfassten den Kauf und die Renovierung des Resorts Mar-a-Lago in Palm Beach, Florida, welches er nicht nur zeitweise privat bewohnte, sondern auch zu einem exklusiven Club mit hohen Mitgliedsbeiträgen ausbaute, und des Trump Plaza of the Palm Beaches, eines mondänen Wohnungskomplexes. Auch in Chicago, Las Vegas, Honolulu, Toronto und einer Reihe von anderen Städten errichtete Donald Trump Hotels, Wohn- und Geschäftsgebäude.

Neben seinem Engagement im Baugewerbe begann sich Trump auch im Casinobereich zu betätigen. 1988 erwarb er das Taj Mahal Casino in Atlantic City, New Jersey. Dieses wurde 1990 eröffnet und war zur damaligen Zeit das teuerste jemals gebaute Casino. Das Unternehmen geriet allerdings bald in finanzielle Schwierigkeiten und schlitterte in die Insolvenz. Dasselbe Schicksal ereilte eine Reihe von weiteren Unternehmen Trumps, so etwa im Jahr 2009 die Trump Entertainment Resorts. Trump musste in der Folge Teile des Taj Mahal und des Plaza Hotels verkaufen. Wenig später konnte er auch seine Yacht und die Fluggesellschaft Trump Shuttle nicht mehr halten. Ab 2009 beschränkte sich Trump auf den Verkauf von Lizenzen im Casinobereich und ist nicht mehr aktiv im Glücksspielsektor tätig.

Der einstige Immobilientycoon baute in letzter Zeit auch kaum mehr Nennenswertes. Er betätigte sich vielmehr als Teilhaber an Bauobjekten, verkaufte seinen Namen als Marke an andere Immobilienunternehmer und kassierte dafür Lizenzgebühren.

Immer wieder machte Donald Trump auch als Autor oder durch seine Präsenz in Film und Fernsehen auf sich aufmerksam. Insgesamt veröffentlichte er 16 Bücher, die allerdings vermutlich alle von Ghostwritern verfasst wurden. Sie beschäftigen sich mit Tipps und Tricks für den Erfolg in der Geschäftswelt. Das 1987 erschienene Buch »The Art of the Deal« wurde zum Bestseller. 2015 kam sein Werk »Crippled America« heraus, in welchem er Pläne für die politische Zukunft der USA entwarf.

Trump war auch Mitinhaber der Miss Universe Organization, die verantwortlich zeichnet für die jährliche Durchführung von nationalen und internationalen Schönheitswettbewerben. Zudem wirkte er in einer Reihe von Filmen mit. Unter anderem übernahm er Rollen in »Kevin – Allein in New York« (1992), »Zoolander« (2001) und in TV-Serien wie »Der Prinz von Bel-Air« sowie »Sex and the City«. Regelmäßige Auftritte hatte Trump auch in der Sendung Fox News und in der Radiosendung »Trumped«. In der TV-Sendung »The Apprentice« machte sich Trump auf die Suche nach einem Mitarbeiter oder einer Mitarbeiterin für sein Firmenimperium. Den Gewinnern bzw. Gewinnerinnen winkte ein Vertrag für ein Jahr mit einem Gehalt von 250 000 US-Dollar. Die Sendung war sehr erfolgreich und bescherte nicht nur dem Sender NBC hohe Einschaltquoten, sondern auch Trump große Popularität. Mehrere TV-Sender entschlossen sich allerdings, die Zusammenarbeit mit Trump aufgrund von rassistischen Äußerungen im Zuge seiner Präsidentschaftskandidatur zu beenden.

Donald Trump ist zum dritten Mal verheiratet und Vater von fünf Kindern. Seine erste Ehe ging er mit der Tschechin Ivana Marie Zelnickova ein. Mit ihr hat er drei Kinder, Donald (*1977),

Ivanka (*1981) und Eric (*1984), die alle beruflich erfolgreich im Trump-Konzern tätig sind und ihren Vater auch massiv während seiner Präsidentschaftskampagne unterstützten. Nach der Scheidung heiratete er 1993 Marla Maples, mit der er eine Tochter, Tiffany (*1993) hat. Seit 2005 ist er mit der Slowenin Melania Knauss, einem ehemaligen Model verheiratet. Sie haben einen gemeinsamen Sohn namens Barron William, der 2006 geboren wurde. Trumps Schwester Maryanne Trump-Barry machte eine juristische Karriere und arbeitet als Bundesrichterin.

Donald Trump spielte schon lange mit dem Gedanken, sich für die amerikanische Präsidentschaft zu bewerben. Auch das Gouverneursamt von New York erschien ihm als attraktiver Posten, allerdings kandidierte er nie dafür. Er nahm jedoch immer wieder öffentlich zu politischen Themen Stellung und wechselte in den letzten 30 Jahren mehrmals seine Parteizugehörigkeit. Trump deklarierte sich zeitweise als Anhänger der Republikaner, dann wieder als Demokrat. Er spendete zudem nicht nur für die Clinton-Foundation, sondern war auch lange dem ehemaligen Präsidenten und dessen Frau freundschaftlich verbunden.

Es sollte bis zum Jahr 2015 dauern, bis Donald Trump bekannt gab, dass er als Kandidat für das höchste Amt im Staat ins Rennen gehen würde. Er stellte seine Kandidatur unter das Motto »Make America Great Again«, ein Slogan, den schon Ronald Reagan während seines Wahlkampfes verwendet hatte. Er sagte der illegalen Immigration den Kampf an, versprach amerikanische Arbeitsplätze zu sichern und sich dem islamischen Terrorismus zu stellen. Er betonte patriotische Werte und beschrieb sich selbst als konservativen Menschen.

In den Vorwahlen musste sich Trump anfänglich gegen 16 Mitbewerber behaupten und gewann trotz rassistischer Äußerungen gegenüber Latinos und diskriminierender Bemerkungen zu Frauen und Mitbewerbern immer mehr an Popularität. Nach seinem Erdrutschsieg in Indiana am 3. Mai 2016 gaben auch seine beiden letzten Kontrahenten Ted Cruz und John Kasich das Ende ihrer Kandidatur bekannt.

Lange Zeit war Trumps Präsidentschaftskandidatur auch innerhalb der eigenen republikanischen Reihen höchst umstritten, da er sich wiederum zu rassistischen Äußerungen im Zusammenhang mit einem Gerichtsverfahren gegen die Trump University hinreißen ließ. Ehemalige Studierende erhoben aufgrund der schlechten, überteuerten Ausbildung an dieser Institution Anklage wegen Betruges, und Trump unterstellte dem Richter aufgrund seiner mexikanischen Herkunft Befangenheit wegen seiner Pläne, eine Mauer zwischen den USA und Mexiko zu bauen. Die allgemeine Empörung war groß und hochrangige Republikaner, wie etwa der Sprecher des Repräsentantenhauses, Paul Ryan, spielten sogar mit dem Gedanken, beim Nominierungsparteitag trotz der Delegiertenmehrheit für Trump einen Gegenkandidaten aufzustellen. Auch einige Senatoren distanzierten sich vorerst öffentlich, da man glaubte, mit Trump die Wahl nicht gewinnen zu können. Letztendlich wurden am republikanischen Parteitag in Cleveland, Ohio dann doch Donald Trump als Präsidentschaftskandidat und Mike Pence, der Gouverneur von Indiana, als »Running mate«, nominiert.

Von da an konzentrierte sich Trump ganz auf seine Gegnerin, die demokratische Präsidentschaftskandidatin Hillary Clinton. Immer wieder gab es Phasen, in denen er bei Umfragen hinter sie zurückfiel und dann wieder aufholte. Zu Hilfe kamen ihm dabei Berichte, dass Clinton während ihrer Tätigkeit als Außenministerin in den Jahren 2009 bis 2013 vorschriftswidrig und laut FBI grob fahrlässig dienstliche E-Mails über ihren privaten Server verschickt hatte. Trump sprach seiner politischen Gegnerin die Vertrauenswürdigkeit ab, woraufhin sie ihn eines Mangels an politischer Erfahrung bezichtigte. Das erste Fernsehduell im September gewann Hillary Clinton. Renommierte Tageszeitungen wie die »New York Times«, »USA Today« und die »Washington Post« gaben zumindest indirekte Wahlempfehlungen für Clinton aus. Letztere veröffentlichte am 8. Oktober 2016 auch ein Video aus dem Jahr 2005, das Trumps vulgäre Bemerkungen über Frauen dokumentierte. All dies sollte ihm jedoch nicht schaden, denn am 8. November 2016 entschied Donald Trump den Präsidentschaftswahlkampf gegen Hillary Clinton für sich. Bei seiner ersten Rede nach der Wahl wies er da-rauf hin, dass er »der Präsident aller Amerikaner« sein wolle. Seine Vereidigung als 45. Präsident der USA folgte am 20. Januar 2017.

Was Donald Trump die Wahl gewinnen ließ, bleibt spekulativ. Einig ist man sich in Expertenkreisen darüber, dass die offene, direkte Sprache, mit der er seine Kritik am politischen System der Vereinigten Staaten vorbrachte, ebenso ankam, wie sein als authentisch gewertetes Auftreten, seine vermeintliche Unabhängigkeit von jeglichen Einflussgrößen, sein Erfolg als Unternehmer und das Image des starken Mannes eines Wirtschaftsimperiums. Wahlentscheidend waren vor allen Dingen die Stimmen der »schweigenden Mehrheit«. Trump sprach jene Wähler und Wählerinnen an, die wütend waren über die gegenwärtige Situation im politischen Establishment der USA und welche durch die Wahlentscheidung ihrem diesbezüglichen Protest Ausdruck verleihen konnten. Für sich gewinnen konnte er auch die Globalisierungsverlierer und große Teile der weißen Bevölkerung aus bildungsfernen Schichten.

Selten war so undurchsichtig, wie der neue Präsident der USA sein Amt anlegen würde. Trump verfügt über keinerlei politische Erfahrung. Stattdessen verweist er stets auf seine erfolgreiche Karriere als Unternehmer, die ihn in seinen Augen auch für das höchste Amt im Staat qualifiziert. Über einige seiner Vorhaben gab er bereits während des Präsidentschaftswahlkampfes Auskunft. So plant er, zwischen den USA und Mexiko eine Mauer zu errichten, um der illegalen Immigration aus dem Süden Einhalt zu gebieten. Illegale Zuwanderer und Zuwanderinnen will er abschieben, dafür aber den Zuzug von qualifizierten Kräften unterstützen. Überhaupt nicht mehr ins Land lassen möchte er hingegen Personen muslimischen Glaubens. Zu seinen weiteren Plänen zählt u. a. die Reform des Steuersystems, wodurch er die Mittelschicht und Unternehmen entlasten will. Diese soll neben der Stärkung der Kaufkraft das Wirtschaftswachstum ankurbeln und zugleich mehr Arbeitsplätze schaffen. Trump möchte zudem die Produktionsverlagerung ins Ausland stoppen, den Mindestlohn anheben und »Obamacare«, die unter Präsident Obama initiierte Reform des amerikanischen Gesundheitswesens, zumindest teilweise rückgängig machen. Als höchstproblematisch wird seine Einstellung zum Klimawandel betrachtet, da er öffentlich bekundete, nicht an die von Menschen verursachte globale Erwärmung zu glauben, sondern diese als eine natürliche Entwicklung betrachte. Demgemäß erkennt er auch keinen Handlungsbedarf in Hinblick auf die amerikanische Industrie und lehnt weitere Regulierungen und Vorschriften zum Klimaschutz ab. Trump spricht sich auch gegen eine Verschärfung des Waffenrechtes aus, will an der Todesstrafe festhalten und den Kampf gegen den Terrorismus intensivieren. Außenpolitisch gilt für ihn die Devise »America First«, was bedeutet, dass die Interessen Amerikas über allem stehen.

LITERATURVERZEICHNIS

George Washington
Chernow, Ron: Washington: A Life, New York 2010.
Cope, Kevin Lee: George Washington in and as culture – bicentenary explorations, New York 2000.
Fischer, David Hackett: Washington's Crossing, New York 2006.
Lengel, Edward G.: Inventing George Washington: America's Founder, New York 2011.
Overhoff, Jürgen: Friedrich der Große und George Washington, Stuttgart 2011.
John Adams
Diggins, John P.: John Adams, New York 2003.
McCullough, David: John Adams. Simon & Schuster, New York 2001.
Thomas Jefferson
Bernstein, R.B.: Thomas Jefferson, Oxford 2005.
Cunningham, Noble E.: Jefferson vs. Hamilton. Confrontations that shaped a nation, Boston, MA 2000.
Krippendorff, Ekkehart: Jefferson und Goethe. Europäische Verlagsanstalt, Hamburg 2001.
Meacham, Jon: Thomas Jefferson: The Art of Power, New York/Toronto/London/Sidney/Auckland 2012.
James Madison
Rakove, Jack N.: James Madison and the Creation of the American Republic, Glenview, Illinois 1990.
Rutland, Robert A.: The Presidency of James Madison, Kansas 1990.
James Monroe
Ammon, Harry: James Monroe: A Bibliography, London 1990.
Dangerfield, George: The Era of Good Feelings, Chicago 1989.
John Quincy Adams
Danzer, Gerald A.: The Americans, Boston, Mass. 2003.
Remini, Robert: John Quincy Adams, New York 2002.
Andrew Jackson
Brands, H.W.: Andrew Jackson. His Life and Times, Anchor, 2006.
Cole, Donald B.: The Presidency of Andrew Jackson, Kansas 1993.
Martin Van Buren
Cole, Donald B.: Martin Van Buren and the American Political System. Princeton, New Jersey 1984.
Wilson, Major L.: The Presidency of Martin Van Buren. Lawrence, Kansas 1984.
James K. Polk
Dusinberre, William: Slavemaster President: The Double Career of James Polk, New York 2003.
Leonard, Thomas M.: James K. Polk: A Clear and Unquestionable Destiny, Wilmington 2000.
Zachary Taylor
Lewis, Felice Flanery: Trailing clouds of glory: Zachary Taylor's Mexican War campaign and his emerging Civil War leaders, Tuscaloosa 2010.
Franklin Pierce
Gara, Larry: The Presidency of Franklin Pierce, Kansas 1991.
Hawthorne, Nathaniel: The Life of Franklin Pierce, New York 1970.
James Buchanan
Sloan, Irving J.: James Buchanan, New York 1968.
Smith, Elbert B.: The Presidency of James Buchanan, Kansas 1975.
Abraham Lincoln
Dilorenzo, Thomas J.: The Real Lincoln, New York 2003.
Goodwin, Doris Kearns: Team of Rivals. The Political Genius of Abraham Lincoln, London 2013.
McPherson, James M.: Abraham Lincoln, New York 2009.
O'Reilly, Bill, Dugard, Martin: Killing Lincoln, New York 2011.
Percy, William Armstrong : The Intimate World of Abraham Lincoln, New York 2005
Andrew Johnson
Castel, Albert E.: The Presidency of Andrew Johnson. Lawrence, Kansas 1979.
Trefousse, Hans Louis: Andrew Johnson: A Biography, New York 1989.
Ulysses S. Grant
Kelsey, Marie Ellen: Ulysses S. Grant: A Bibliography, Westport 2005.
Longacre, Edward G.: General Ulysses S. Grant. The Soldier and the Man, Cambridge, MA 2006.
Rutherford B. Hayes
Millard, Candice: Destiny of the Republic: A Tale of Madness, Medicine and the Murder of a President, Anchor 2012.
Rutkow, Ira: James A. Garfield, New York 2006.
Chester A. Arthur
Dehler, Gregory J.: Chester Alan Arthur. The life of a gilded age politician and president, Hauppauge 2011.
Grover Cleveland
Marszalek, John F.: Grover Cleveland: A Bibliography, Westport, Connecticut 1988.
Welch, Richard E. jr.: The Presidency of Grover Cleveland. Lawrence, Kansas 1988.

Die amerikanischen Präsidenten

Benjamin Harrison
Sievers, Harry J.: Benjamin Harrison: Hoosier President, New York 1968.
Socolofsky, Homer E./Spetter, Allan B.: The Presidency of Benjamin Harrison. Lawrence, Kansas 1987.
William McKinley
Armstrong, William: William McKinley and the Civil War, Kent, Ohio 2000.
Theodore Roosevelt
Naylor, Natalie A. et al.: Theodore Roosevelt: Many-Sided American, Interlaken, NY 1992.
Woodrow Wilson
Ambrosius, Lloyd E.: Wilsonianism. Woodrow Wilson and his Legacy in American Foreign Relations, New York 2002.
Clements, Kendrick A., Cheezum, Eric A.: Woodrow Wilson, Washington 2003.
Startt, James D.: Woodrow Wilson and the Press. Prelude to the Presidency, New York 2004.
Calvin Coolidge
Cohen, Warren I.: Empire Without Tears. America's Foreign Relations 1921–1933, New York 1987.
Silver, Thomas B.: Coolidge and the Historians, Durham 1992.
Herbert Hoover
Wilson, Joan H.: Herbert Hoover: forgotten progressive, Prospect Heights 1992.
Franklin D. Roosevelt
Gerste, Ronald D.: Roosevelt und Hitler. Todfeindschaft und totaler Krieg, Berlin 2011.
Posener, Alan: Franklin Delano Roosevelt, Hamburg 1999.
Harry S. Truman
Hamby, Alonzo: Man of the People: A Life of Harry S. Truman. – New York, 1995.
McCullough, David: Truman, New York 1992
Dwight D. Eisenhower
Osgood, Kenneth: Total Cold War. Eisenhower's Secret Propaganda Battle at Home and Abroad, Kansas 2006.
John F. Kennedy
Dallek, Robert: John F. Kennedy. Ein unvollendetes Leben, München 2003.
Freedman, Lawrence: Kennedy's Wars. Berlin, Cuba, Laos and Vietnam, New York 2000.
Posener, Alan: John F. Kennedy, Hamburg 2013.
Lyndon B. Johnson
Dallek, Robert: Lyndon B. Johnson: Portrait of a President, Oxford 2004.
Unger, Irwin/Unger, Debi: LBJ: A life, New York 1999.
Richard Nixon
Kimball, Jeffrey: The Vietnam War Files – Uncovering the Secret History of Nixonera Strategy, Kansas 2004.
Olson, Keith W.: Watergate: The Presidential Scandal that Shook America, Kansas 2003.
Gerald Ford
Firestone, Bernard J. (Hrsg.): Gerald R. Ford and the politics of post-Watergate America, Westport 1993.
Greene, John Robert: Gerald R. Ford: A bibliography, Westport 1994.
Jimmy Carter
Dumbrell, John: The Carter Presidency, Manchester 1993.
Ronald Reagan
Schaller, Michael: Ronald Reagan, Oxford 2010.
George H. W. Bush
Green, John Robert: The Presidency of George Bush, Lawrence 2000.
Kelley, Kitty: The Family: The True Story of the Bush Dynasty, London 2004.
Bill Clinton
Clinton, Bill: Mein Leben, Berlin 2004.
Klein, Joe: Das Naturtalent – Die verkannte Präsidentschaft Bill Clintons, München 2002.
George W. Bush
Scholl-Latour, Peter: Weltmacht im Treibsand. Bush gegen die Ayatollahs, Berlin 2005.
Singer, Peter: Der Präsident des Guten und Bösen. Die Ethik George W. Bushs, Erlangen 2004.
Unger, Craig: Die Bushs und die Saudis. Öl, Macht und Terror, München 2004.
Barack Obama
Abramsky, Sasha: Obamas kleines Weißbuch. Faszinierende Einblicke in den Führungsstil von Präsident Obama, München 2010.
Günther, Markus: Barack Obama. Amerikas neue Hoffnung, Augsburg 2007.
Remnick, David: Barack Obama Leben und Aufstieg, Berlin 2010.
Scheffer, Sabine: Barack Obama. Sein Weg nach oben, München 2009.
Schläger, Philipp: Der entzauberte Präsident. Barack Obama und seine Politik, Berlin 2010.
von Marschall, Christoph: Barack Obama. Der schwarze Kennedy, Zürich 2007.
Woeste, Peter (Hrsg.): Barack Obama. Aufbruch in eine neue Zeit, Köln 2009.
Donald Trump
Johnston, David Cay: Die Akte Trump. Wien: Wals: Ecowin, 2016.
Trump, Donald: Great Again: How to Fix our Crippled America. New York: Simon & Schuster, 2015.
Trump, Donald/Schwartz, Tony: Trump. The Art of the Deal. New York: Ballantine, 2015.